他们无孔不入，世界各地都有他们的暗影

俄罗斯情报组织

艾红 王君 慕尧◎著

时事出版社

目　录

第一章　俄罗斯情报机构的历史演变 …………………………（1）
　第一节　沙皇俄国时期的情报机构 …………………………（1）
　第二节　苏联时期的情报机构 ………………………………（6）
　第三节　俄联邦成立之后的情报机构……………………………（43）

第二章　俄罗斯当前的主要情报机构……………………………（52）
　第一节　联邦安全总局……………………………………………（52）
　第二节　对外情报总局……………………………………………（59）
　第三节　总参情报总局……………………………………………（63）
　第四节　国家反恐委员会…………………………………………（68）
　第五节　联邦警卫总局……………………………………………（74）

第三章　俄罗斯情报工作机制……………………………………（77）
　第一节　领导机制…………………………………………………（77）
　第二节　协调机制…………………………………………………（78）
　第三节　监督机制…………………………………………………（83）
　第四节　情报机构设置机制………………………………………（85）

第四章　俄罗斯情报立法工作……………………………………（87）
　第一节　俄罗斯情报立法的历史回顾……………………………（87）

第二节　俄罗斯现行情报法律体系的构成……………………（92）
第三节　俄罗斯情报立法的特点…………………………………（95）

第五章　俄罗斯情报机构对情报官员的管理 ……………………（101）
第一节　情报官员的招收 ………………………………………（101）
第二节　情报官员的培训 ………………………………………（109）
第三节　情报官员的派遣 ………………………………………（119）
第四节　情报官员的保护 ………………………………………（128）
第五节　情报官员的奖励和惩处 ………………………………（134）

第六章　影响俄罗斯情报机构的重要人物 ………………………（141）
第一节　“俄罗斯情报之父”捷尔任斯基 ……………………（141）
第二节　“格鲁乌”创始人别尔津 ……………………………（145）
第三节　斯大林与苏联情报机构的“大清洗”时期 …………（148）
第四节　安德罗波夫与苏联情报机构的大发展 ………………（150）
第五节　戈尔巴乔夫与苏联情报机构的改革 …………………（157）
第六节　叶利钦与俄罗斯情报机构的分立 ……………………（163）
第七节　普京与俄罗斯情报机构的重振 ………………………（167）

第七章　俄罗斯情报机构的秘密行动 ……………………………（172）
第一节　“燕子”和“乌鸦”的诱惑…………………………（172）
第二节　“间谍暗杀”和“直接清除” ………………………（176）
第三节　假情报行动 ……………………………………………（178）
第四节　情报人员的外派渗透 …………………………………（180）
第五节　搜集科学技术情报 ……………………………………（181）

第八章　俄罗斯情报机构的传奇特工 ……………………………（184）
第一节　活跃在日本的“德国记者”理查德·佐尔格 ………（188）

第二节　隐藏在美国社会的“千面人”鲁道夫·阿贝尔 …（203）
第三节　插入英国军情六局的“尖刀”金·菲尔比 ………（212）
第四节　埋在中央情报局的“炸弹”奥尔德里奇·埃姆斯 …（226）
第五节　藏在联邦调查局的“隐身人”罗伯特·汉森 ……（233）

第九节　俄罗斯情报机构的变节者 ……………………………（242）
第一节　格鲁乌上校奥列格·佩尼科夫斯基 ………………（243）
第二节　克格勃驻伦敦情报站代理站长
奥列格·戈尔季耶夫斯基 ……………………………（250）
第三节　克格勃驻赫尔辛基情报站副站长
阿纳托利·戈利岑 ……………………………………（255）
第四节　克格勃第一总局反间谍局局长奥列格·卡卢金 …（260）
第五节　联邦安全总局中校亚历山大·利特维年科 ………（266）

结语 ………………………………………………………………（273）

第一章

俄罗斯情报机构的历史演变

第一节　沙皇俄国时期的情报机构

俄罗斯情报机构的历史可以追溯到沙皇伊凡四世于1565年成立的近卫部队——特辖军团。

1547年，莫斯科公国大公瓦西里三世之子伊凡四世开始亲政，并正式加冕称沙皇，成为了俄罗斯历史上的第一位沙皇，莫斯科公国则改称沙皇俄国，又称俄罗斯。当时，瓦西里三世刚刚完成了领土的统一，原来各公国的王公贵族虽然臣服于莫斯科大公，但仍然掌握着领主大权，大公的权利很小，没有“贵族委员会”的同意，大公既不能颁布法令，也不能处理重大的司法纠纷和外交事务。

伊凡四世的政治主张是废除贵族领主政体，建立沙皇专制政体。为此，采取措施，不断加强中央集权，还独创了“特辖制度”，即将国家领土划分为两个部分，一为特辖区，归沙皇直接管理，一为普通区，主要为边远落后地区，归贵族领主管理。这项旨在削弱地方割据势力的制度遭到了大贵族们的强烈反对，各种形式的反抗行动时有发生。为了对付向皇权挑战的贵族领主，保卫刚刚建立的统一政权，1565年，伊凡四世依靠中小贵族组建了俄罗斯历史上的第一支秘密警察部队——特辖军团。特辖军团配有最好的武器和坐骑，拥有统一着装和专用徽章，享有高度的特权，直接由沙皇本人调遣，用以铲除一切对沙皇的威胁。这支对沙皇绝对忠诚，对臣民冷酷专横的队伍深受沙皇倚重，很快便由最初的1000人扩编到6000多人，军团的将士们还得到了伊凡四世奖赏的废黜贵族的产业。

近卫军虽在巩固皇权方面发挥了应有的作用，但声名狼藉，据统计，在1565—1572年实行特辖制期间，大约有4000多名有实力抵抗沙皇的封建王公和大贵族被杀，成千上万的妇女婴儿被抛进护城河。伊凡四世以极其血腥的手段废除了领主政体，统一了俄罗斯，建立了中央集权的沙皇专制政体，被称为“恐怖的伊凡”，特辖军团则作为俄罗斯秘密警察机构的始祖与他同载史册。1584年伊凡四世死后，特辖军团随之被取消。

1689年，罗曼诺夫王朝的第四代沙皇彼得一世开始掌权，他在自己的国家发起了一场涉及政治、经济、军事、文化和宗教等各个方面的大改革，这场声势浩大而又严厉无比的改革运动彻底改变了俄罗斯国家的命运。

彼得一世的改革措施遭到了旧贵族、守旧僧侣和其他顽固势力的非议与责难，他们甚至企图阴谋政变，彼得一世不得不采取强硬手段进行镇压。1697年，彼得一世下令成立普列奥布拉任斯基公署（Преображенскй Приказ），该部门除了负责防范国内颠覆活动、惩治渎职行为外，还被赋予防范国外间谍活动的职能，成为俄国历史上第一个正式的国家反间谍机构。

最令他头痛的是以皇太子阿列克谢为首的所谓“太子帮”，在皇后的暗中支持下破坏改革。1718年，雄心勃勃的彼得一世决定以严厉的手段对付他的不肖之子和“太子帮”。他下令逮捕皇太子及其同谋犯，押送到新首都彼得堡进行审讯。为了审理这一案件，彼得一世成立了特设秘密办公厅。阿列克谢被处死后，特设秘密办公厅并没有就此撤消，而是成为了侦查和审理涉及国家安全的重大政治案件的专门机构。它不仅负责对国内一切有关地区、机构和外国人进行监视与调查，同时还开始有目的地向俄罗斯的几个主要国际对手瑞典、土耳其、英国、法国、普鲁士等国派出以外交官身份作为掩护的间谍，并对往来的信件进行邮政检查。

1729 年，彼得一世去世 4 年后，普列奥布拉任斯基公署被撤销。但类似特设秘密办公厅的秘密警察组织在此后的历代沙皇时期都得到了保留。例如，彼得一世的孙子彼得二世病逝后，由于他没有留下子嗣，罗曼诺夫王朝男系继承谱系就此断绝。最高秘密委员会成员们决定拥立库尔兰女公爵，沙皇伊凡五世的次女安娜继承皇位。1730 年，安娜女皇回到俄罗斯继承皇位。第二年，她成立了秘密刑侦事务衙门，由自己的情人埃尔奈斯特·比龙领导。突然登上皇位的安娜时刻担心别人会阴谋地推翻她，因此一再加强秘密刑侦事务衙门，使其在很短的时间内便获得了很大的权力。为了讨取女皇的欢心，秘密刑侦事务衙门大肆滥用职权，甚至捕风捉影，歪曲他人言论，逮捕关押了很多人，有人甚至因为某个手势而招致怀疑，被抓进了刑侦事务衙门。据统计，被秘密刑侦事务衙门流放到西伯利亚的有 2 万多人，5000 多人被捕后下落不明，1000 多人被杀，这还不包括在流放和关押途中死掉的人。1762 年，在位仅半年的彼得三世组建了直属于俄罗斯参议院和总检察长的秘密局，负责维护沙皇政权的安全。

叶卡捷琳娜二世在位期间，秘密警察机构再次得到了极大的发展。1762 年，叶卡捷琳娜二世发动宫廷政变，废黜丈夫彼得三世，登上皇位。在对内政策方面，叶卡捷琳娜二世力图加强贵族官僚的国家机器，扩大贵族特权，维护和发展农奴制。她颁布《全俄帝国各省管理体制敕令》，加强了贵族在各地的权力，颁布《御赐贵族特权诏书》和《御赐城市特权诏书》，使贵族成为社会上的特权阶级，赐给贵族大批土地和农奴，先后颁布地主有权放逐农民，农民必须服从地主的诏书，使农奴制度发展到顶点。叶卡捷琳娜二世的政策加剧了贵族农奴主和农奴两个阶级的矛盾对立，使农奴所受的剥削和压迫进一步加深。贵族和专制国家的不断压迫，激起了人民群众的强烈反抗。1773年，爆发了席卷乌拉尔河和伏尔加河广大地区的普加乔夫农民起义。叶卡捷琳娜二世在派出大量军队围剿起义军的同时，命令秘密警察机构四处搜集情报，组织地主武装，捕杀起义领袖，配合军队的围剿行动。镇压普加乔夫农民起义后，叶卡捷琳娜二世在国内建立了统一的秘密警察系统，负责防范外来威胁和对付国内的颠覆活动。

1825年12月14日，尼古拉一世刚刚登基，便爆发了具有自由主义思想的贵族军官发动的十二月党人起义，尼古拉对起义采取了严厉镇压措施。十二月党人的起义使尼古拉一世从正式登上俄罗斯帝国皇位的那一天开始，就不遗余力地扼杀一切革命和变革思想。1826年7月，尼古拉一世在沙皇内廷设立第三处。沙皇内廷是沙皇个人的办公机构，除第三处外，还设有负责起草和收发皇帝的文件的第一处、负责俄罗斯帝国司法工作的第二处、负责俄罗斯的学校和慈善机关工作的第四处、专门负责农民问题的第五处和专门负责高加索事务的第六处。第三处是秘密警察机关，其领导人同时也兼任内务部部长。因此，“第三处”集统辖秘密警察和宪兵的权力于一身，有权干预一切领域的事务。第三处的主要任务是压制任何形式的不同政见，它每年都要向沙皇提交公共舆论方面的研究报告，还实施了许多肃清政治思想、防止变革思潮的蔓延、审查出版物、压制文化和教育界自由派人士方面的行动。俄罗斯的伟大诗人亚历山大·普希金也曾被第三处的秘密警察跟踪过。

1880年8月，尼古拉一世的继任者亚历山大二世把“第三处”改组为国家警察厅。国家警察厅是俄罗斯历史上第一个常设的安全机构，下设特别部和安全处。特别部负责调查政治犯罪，监控的对象包括国内外的敌人，流亡国外的持不同政见者，处于沙皇统治下的非俄罗斯民族的民族主义者等企图颠覆沙皇政权的敌对势力。特别部活动的范围不仅在俄罗斯国内，还在西欧各国遍布谍报网络，监视流亡在这些国家的俄国移民。为了挫败反对势力的活动，特别部国外处还努力渗透各移民组织，从内部破坏移民反对沙皇政权的努力。安全处的分支机构遍布全国各重要城镇，形成了一个系统的“暗探局”网络。“暗探局”有权对任何人进行监视，有权不经审判把人流放到西伯利亚，对重要案犯有权不经审判而判处死刑。

1883 年，末代沙皇尼古拉二世下令将国家警察厅改称警察厅。警察厅后来隶属于外交部，最后划归内务部管辖，但实际上它一直是个独立机构。警察厅的职责除了跟踪和搜捕俄国国内和流亡到国外的革命者外，还派遣大批特务渗透到奥国、德国和日本等国从事间谍活动。1914 年俄国军队入侵奥国时，其所以能够节节胜利，如入无人之境，就是因为俄国统帅部对奥国军政情况了如指掌。

警察厅的工作人员曾多达 15000 人，是当时世界上最庞大的情报机构。但是，到了俄罗斯帝国末期，这个机构明显地削弱，主要力量用于对付人民革命，已无力对付渗透进沙皇军队、仓库和兵工厂里的外国间谍。1917 年二月革命后，克伦斯基的资产阶级临时政府仍保留着沙皇俄国时期的情报机构。

沙皇俄国时期，中央集权与贵族利益的冲突和尖锐的阶级矛盾为秘密警察的生存培植了肥沃的土壤，不仅催生了各种秘密警察机构，还形成了深厚的秘密警察制度传统。秘密警察机构为历代沙皇政权的延续立下了汗马功劳。但是，它并不能挽回沙皇对俄国的反动腐朽统治走向灭亡的趋势，连它自身也在十月革命的炮火声中土崩瓦解。

第二节　苏联时期的情报机构

一、国家情报机构的历史演变

（一）全俄肃反委员会（Всероссийская чрезвычайная комиссия，ВЧК）(1917 年 12 月至 1922 年 2 月)

1917 年 11 月 7 日（俄旧历 10 月 25 日），俄罗斯的十月社会主义革命取得胜利，世界历史上第一个社会主义政权——“工农兵代表苏维埃”宣告成立。十月革命摧毁了资产阶级和地主阶级的国家机器以及一切主要机构，包括军队、警察、法院及其他专政机关，建立了新的国家组织。但是，社会主义革命的任务还远远没有完成。西方势力对苏维埃政权虎视眈眈，实行政治孤立、经济封锁的政策，沙皇残余势力和社会革命党人不甘失败，不断策划针对苏维埃政权的破坏活动，伺机卷土重来，甚至连不理解革命的知识分子、旧职员等中产阶层，也对苏维埃政权持消极的不合作态度。

在这种形势下，列宁意识到，要保卫新生的苏维埃政权，仅仅依靠红军这支武装力量是不够的，还有必要成立一个从事隐蔽战线斗争的“专门机构”，以非常措施打击针对苏维埃政权的颠覆和破坏活动，惩戒消极怠工、投机倒把等危害社会安定的不法行为，肃清内部隐患，巩固国家政权。

1917 年 12 月 20 日，根据列宁的指示，俄罗斯联邦苏维埃社会主义共和国苏维埃人民委员会通过了关于立即成立“全俄肃清反革命和怠工特设委员会”的决议，标志着俄苏时期的第一个国家安全机构诞生了。

“全俄肃清反革命和怠工特设委员会”简称“全俄肃反委员会”，或“契卡”（俄语缩之与音译文），直属于苏维埃人民委员会。

“契卡”主席由深受列宁信任的老布尔什维克党员费利克斯·埃德蒙多维奇·捷尔任斯基（Ф. Э. Дзержинский）担任。从1917年12月20日到委员会被撤销的1922年2月6日的绝大部分时间里，他一直担任主席职务，1918年7月至8月期间，彼得斯（Я. Х. Петерс）临时担任过主席职务。

根据苏维埃人民委员会的决议，全俄肃反委员会的基本任务包括：在全俄罗斯所有城市和农村范围内侦察、发现、制止、肃清一切反革命及怠工的企图与行动；将所有怠工分子和一切反革命分子送上革命法庭进行审判，并制订与之进行有效斗争的策略和措施；为有效地、成功地镇压一切危害革命政权的阴谋活动，进行前期的侦察和必要的预审工作。

成立之初，全俄肃反委员会的条件十分简陋，办公地点就设在彼得格勒（圣彼得堡）霍瓦亚大街2号的一栋小房子里（1920年迁至位于莫斯科卢比扬卡广场11号的原全俄保险公司大楼，即现在俄罗斯联邦安全总局总部大楼），人员也只有40人左右。发现反革命分子后，全俄肃反委员会只有没收财产、驱逐、吊销购粮证、公布为反革命分子并送交革命法庭审判等权力。除了大量的侦察和监视工作之外，没有内务人民委员会和司法人民委员会的批准，委员会的工作人员和下属机构没有判决和执行死刑的权力。但1918年春天以后，在苏维埃政权的处境急剧恶化的背景下，全俄肃反委员会的权力开始迅速扩大。

1918年春，英、美、日等国的武装干涉军先后从沿海港口登上俄罗斯领土，不断向腹地推进，他们与俄罗斯各地的沙俄旧部和第一次世界大战时驻扎在俄国的外籍军团相互勾结，企图在短时间内将革命政权扼杀在襁褓之中。苏维埃政权面临着粉碎国内外敌对势力的军事进攻，建立全国统一的革命政权的艰巨任务。而在苏维埃政权内部，政府部门里发生的有组织的怠工活动，使国家机器无法正常运转；社会上投机倒把等不法行为严重威胁社会安定；苏维埃领袖不断遭到左翼社会革命党人的暗杀，红军官兵、苏维埃工作人员和红色政权拥护者遭到残忍杀害，全国笼罩在白色恐怖的阴影之下；一些红军高级将领和部队的集体叛变，对苏维埃革命政权造成了惨重的损失。为了加强对隐蔽在内部的敌人的攻击，在空前危急的历史关头保住十月革命的胜利果实，苏维埃革命政权对全俄肃反委员会的倚重不断加重，造成其组织系统不断扩充、职能范围不断扩大。

在全俄苏维埃中央执行委员会和俄共（布）中央委员会的支持下，捷尔任斯基采取了许多具体措施，使全俄肃反委员会的组织系统得到了发展和完善：一是在全俄肃反委员会组建特务支队和特别部队两个专门的组织，担负保卫苏维埃党政高级领导人，对苏维埃政权的所有党政、财经和重要军事机关及设施提供警卫的特殊使命。1919 年，成立了专门负责该项工作的警卫局。二是在全俄肃反委员会统一领导下，在俄罗斯各地区建立了地区肃反委员会组织，在全国范围内构建了协调打击隐蔽反革命势力的庞大网络，使全俄肃反委员会发展成为无所不在的强大组织。三是在前线红军和各军种内建立肃反委员会组织，负责军队内部的安全保卫工作，对通敌等反革命活动进行侦察。1918 年 12 月 19 日，在军事监督处、前线肃反委员会和军队肃反委员会的基础上组建了全俄肃反委员会特别处，负责红军中的反革命和反间谍工作，使全俄肃反委员会实现了对军队的监督和控制。四是针对交通、通信和出版等部门成立了专门的监视和检查机构，而且在各地的肃反委员会组织中设专人负责对当地宗教活动进行控制和干预。到 1918 年底，全俄肃反委员会的队伍迅速扩大至 3 万余人，组织机构更加完善，成为了一个情报兼安全保卫性质的机构。

尽管苏维埃政权高级领导层内部对全俄肃反委员会的成立，及其权力的扩大也存在争议。以全俄苏维埃人民委员会第一司法人民委员施坦因贝格为代表的一些领导干部，明确反对成立全俄肃反委员会这种凌驾于法律和执法机构之上的特别组织，对委员会采取的强力的，甚至是极端的、红色恐怖的手段和不符合司法程序的做法非常不满，但列宁等全俄苏维埃中央执行委员会和布尔什维克党中央最高领导层对全俄肃反委员会给与了大力支持。

1918年底，列宁亲笔签署了一项名为《社会主义祖国处在危难中》的全俄苏维埃人民委员会法令。针对隐蔽战线上已经接近白热化的残酷斗争形势，法令明确指出："敌人的代理人、受派遣者、投机倒把分子、刺客、恶霸、反革命煽动分子、外国间谍，一旦被我抓获，应立即就地枪决。"这项具有极大权威和效力的特别法令使全俄肃反委员会非正式获得了不经过任何审判、不通过任何司法程序便执行死刑的特别司法权和执法权，将全俄肃反委员会的权力推向了巅峰。从此，全俄肃反委员会的组织性质发生了变化，发展成为了一个既有司法权又有执法权的特别机构，它可以根据所掌握的证据，对各种反革命分子进行逮捕、审讯以至处以极刑。

1919年6月20日，全俄苏维埃中央执行委员会颁布的一项法令，使全俄肃反委员会所采取的各种秘密手段，甚至某些恐怖措施获得了法律依据。这项法令规定："对于一切叛变革命，从事间谍活动，阴谋破坏军事和交通设施，抢夺和盗窃国家物资，纵火，隐藏叛徒、间谍和用于反革命活动的武器，利用投机倒把的手段制造粮食等市场的恐慌等罪行，全俄肃反委员会应该采取独立的、直接的有效打击行动。"同年10月21日，全俄肃反委员会建立了专门对上述种种犯罪行为进行审判的特别法庭。

1920年9月7日，全俄苏维埃劳动国防委员会做出决定，把全俄肃反委员会各级组织由民政机关改为军事机关，其工作人员在粮食和物品供应方面，与红军战士享有同等待遇。1920年11月24日，根据全俄苏维埃劳动国防委员会的一项决议，保卫国家边境的任务由全俄肃反委员会承担，原来由贸易和工业人民委员会管辖的边防部队也移交全俄肃反委员会特别局指挥。此后，全俄肃反委员会在边境地区建立了负责边境安全的特别委员会组织，通过其对边防部队实行统一的领导和指挥，从而将保卫国家边境、打击走私活动、防止国外情报人员渗透等任务纳入全俄肃反委员会的职权范围内。1920年12月20日，在委员会成立三周年之际，俄苏第一个对外情报机构全俄肃反委员会国外处成立，委员会的职能正式延伸到了国外，并将搜集境外政治和军事情报、遏制西方国家对苏维埃国家的有组织颠覆和破坏活动、监视和分化瓦解流亡在国外的反苏反共势力等工作，统归于自己的管理之下。

上述措施和法令使全俄肃反委员会对敌斗争的能力和效率得到了很大程度的提高，从成立之初就肩负着特殊使命的全俄肃反委员会组织，得以雷厉风行地完成自己的历史使命。尽管它采取的以红色恐怖对付反革命分子的手段也造成了一些错抓和错杀的情况，但它的工作在苏维埃政权处境最危险的时期发挥了不可替代的作用，工作成效也得到了列宁的高度肯定。

与此同时，这些措施和法令也使全俄肃反委员会得到了空前发展的机会，并在国家政治生活中确立了举足轻重的特殊地位。在1918年初到1921年这短短的几年中，全俄肃反委员会在组织系统、政治权利、法律地位等方面均得到了极大的发展，它的职权从监视苏维埃政权内部和国内居民中潜在的破坏行为，侦察军队中的反革命行为，到对外情报搜集，无所不包，它涉及的领域从政治、军事，到交通、通信、出版和宗教，无所不在。

国内战争胜利之后，苏维埃革命政权得到了十月革命以来从未有过的巩固和发展。在多数城市，工业化建设开始初步恢复，在广大农村，生产集体化运动也正在酝酿，国家的各项事业逐渐转入和平时期的正常轨道。在这种情况下，继续保留全俄肃反委员会这种形式的组织已不合时宜，对其进行改革也势在必行。于是，1922年2月6日，全俄苏维埃中央执行委员会正式颁布命令，向全体俄罗斯公民宣布，撤消全俄肃反委员会组织。

全俄肃反委员会虽然从形式上消失了，但它的组织形式、领导体制、职能任务等都对苏联情报机构的发展产生了极其深远的影响。

（二）内务人民委员会下属国家政治保卫局（Государственное политическое управление（ГПУ）при НКВД）（1922 年 2 月 6 日至 1923 年 11 月 2 日）

内战的胜利为俄罗斯苏维埃联邦社会主义共和国赢得了宝贵的喘息的时机。但俄罗斯党和国家领导人清醒地意识到，在大规模开展社会主义建设的同时，与各种更加隐蔽和狡猾的敌对活动进行斗争，对国家安全仍然至关重要，组建专门负责从事隐蔽斗争的组织依然是内外环境的现实要求。正是在这样的背景下，1922 年 2 月 6 日，全俄苏维埃中央执行委员会在撤消全俄肃反委员会组织的同时，宣布成立国家政治保卫局和民警总局。新成立的国家政治保卫局隶属于俄罗斯苏维埃联邦社会主义共和国内务人民委员会，开启了苏联情报机构数次并入内务机构，又数次从中独立的历史。

内务人民委员会下属国家政治保卫局仍然由内务人民委员捷尔任斯基领导。它接收了全俄肃反委员会的大部分工作人员，其下设各局分别被改组为国家政治保卫局各处，同时增设专门负责铁路治安工作的运输处。1922 年 5 月，成立了反间谍特别处。1923 年又增设专门分管边防工作的边防处。

国家政治保卫局的基本职责包括：监视、侦察和镇压隐蔽的反革命活动及匪帮的有组织犯罪活动；保卫国家的交通、通信线路和重要枢纽；保卫苏维埃国家的边防和海关，与越境的犯罪行为和走私活动作斗争；侦察、破获境内外针对苏维埃国家的间谍活动等。原来全俄肃反委员会在内战时期所具有的独立处决权等权力被取消了，仅保留对个别罪犯处以流放或监禁三年以下的权力，大多数案件均由革命法庭审判。但为了便于同各种隐蔽的敌对活动和潜在的破坏活动做斗争，国家政治保卫局继承了全俄肃反委员会的广泛存在于社会各个重要部门之中的特点。而且，与全俄肃反委员会相比，国家政治保卫局的组织体系更加精干、技术保障更加精良、人员素质更加过硬，活动方式更加隐蔽、更加灵活。

（三）苏联人民委员会下属国家政治保卫总局（Объединенное Государственное Политическое Управление（ОГПУ）при СНК СССР）（1923 年 11 月 2 日至 1934 年 7 月 10 日）

1922 年 12 月 30 日苏维埃社会主义共和国联盟（简称“苏联”）成立后，全俄国家机构随之进行了调整。1923 年 11 月 2 日，根据苏共中央执行委员会主席团的命令，国家政治保卫局脱离内务人民委员会，升级为直属苏联人民委员会的国家政治保卫总局（ОГПУ），捷尔任斯基继续担任局长。

摆脱了内务人民委员会直接管辖的国家政治保卫总局在国家政府机构中的地位得到了提高，根据 1924 年 1 月 31 日通过的《苏维埃社会主义共和国联盟宪法（根本法）》，在苏联最高苏维埃人民委员会中将为国家政治保卫总局的主席保留一个固定的席位。1924 年宪法第 61 条规定，国家政治保卫总局的责任是：“与苏维埃联盟的其他执法机关共同协调工作，维护社会主义共和国联盟的团结，同在政治、经济领域中与苏维埃联盟为敌的反革命分子、匪帮以及间谍活动进行不懈的斗争。”

1924 年宪法的相关规定，以国家基本法律的形式确定了国家政治保卫总局这个情报机构的存在，标志着苏联情报机构的发展经历了苏维埃政权成立之初的草创时期之后，迈上了正规化建设的道路。

1926 年 7 月 20 日，捷尔任斯基因病逝世。7 月 30 日，国家政治保卫总局主席一职由维亚切斯拉夫 · 鲁道夫维奇 · 缅任斯基（В. Р. Менжинский）接任。他担任这一职务直到 1934 年 5 月逝世为止。

缅任斯基担任主席的 8 年时间中，在苏联国内形势发展的推动下，国家政治保卫总局的权力开始不断扩大。20 年代末期，苏联政府开始在广大农村推行轰轰烈烈的合作化、集体化运动。来自民间的不满情绪对这场规模宏大的运动形成了空前的阻力。1929 年 12 月 27 日，联盟最高苏维埃颁布了一项严厉的法令，要求国家政治保卫总局也投入到保卫农村合作化和集体化运动的工作中去。缅任斯基积极执行该法令，把富裕农民作为一个阶级来斗争和消灭。随着集体化运动的推进，国家政治保卫总局的权利开始逐渐扩大，超出了 1924 年宪法的相关规定。除镇压反革命外，它还开始负责审查党内问题，监视苏联国内的敌对势力，对新闻、出版、电影等各种媒体进行监督和审查。根据 1930 年 4 月 7 日的一项法令，国家政治保卫总局还享有了“对反革命分子进行驱逐、强制劳改和判处死刑的权力”。同时，其组织体系也不断扩展，1930 年，国家政治保卫总局成立劳动改造管理局，把各地劳改营和集中营纳入了自己的管辖范围。

（四）内务人民委员会（Народный комиссариат внутренних дел（НКВД）СССР）（1934 年 7 月 10 日至 1941 年 2 月）

为加强对情报和安全机构的统一领导，1934 年 7 月 10 日，根据苏共中央执行委员会主席团的命令，国家政治保卫总局被改组为国家安全总局（ГУГВ），并再次转为隶属最高苏维埃内务人民委员会。原国家政治保卫总局副局长根里赫·戈里高里耶维奇·雅格达（Г. Г. Ягода）被任命为内务人民委员，兼任国家安全总局局长。雅格达之后，尼古拉·伊凡诺维奇·叶若夫（Н. И. Ежов）和拉夫连季·巴甫洛维奇·贝利亚（Л. П. Берия）先后在 1936 年至 1938 年、1938 年至 1945 年期间担任内务人民委员一职。将国家安全总局纳入麾下后，内务人民委员会成为了一个集对内进行政治监督、对外进行反间谍渗透和情报侦察于一身的情报机构，除国家安全总局之外，其下还设立了一个专门管理边防部队、内卫部队、民警、集中营和劳改营的总局，在一些国民经济重要部门中也设置了分支机构，以专门负责这些系统的反间谍和安全工作。

随着国际斗争形势的复杂变幻和苏联国内政局的发展，内务人民委员会迎来了一个权力极度膨胀、因深度介入国家政治生活而地位显赫一时的时期。推动内务人民委员会发展的是大清洗运动。20世纪30年代初，苏联共产党内发生了不同政见的斗争。在这场斗争中，雅格达、叶若夫、贝利亚领导的内务人民委员会站在斯大林的一边，成为了斯大林肃清反对派势力的重要力量之一。斯大林大肆运用内务人民委员会的秘密力量和手段，对所有异己人物和势力进行无所不至的监视和调查，并以彻底剪除为目的而大加杀戮。这场使上自苏联共产党中央政治局成员、下至成千上万普通党员遭受了前所未有的严酷迫害，对苏联党和国家造成重大损失的大清洗运动直接将内务人民委员会推上了权力的顶峰。

1. 雅格达时期

1934年12月1日，苏联共产党中央委员会委员、列宁格勒市委第一书记和列宁格勒州委第一书记基洛夫遇刺身亡。这一突发事件使苏联共产党的内部斗争开始公开化，斯大林借此机会，开始了对异己势力的大清洗运动。苏联军事委员会主席，苏联红军和海军的缔造者，享有极高声望的世界共产主义运动领袖列夫·托洛茨基被驱逐出境。早期革命活动家季诺维耶夫和加米涅夫被雅格达领导的内务人民委员会逮捕。1935年1月，苏联内务人民委员会和司法人民委员会以参与谋杀基洛夫的罪名，对季诺维耶夫和加米涅夫进行了旷日持久的“精心审判”，并于1936年8月将他们处决。

然而，雅格达的表现未能让斯大林满意。1936年，他因为“不能胜任揭露托洛茨基—季诺维耶夫反党集团的斗争”，被斯大林免去了内务人民委员的职务，改任邮电人民委员。1937年，苏共“党内头号思想家”、原联共（布）中央政治局委员和《真理报》主编布哈林被开除出苏联共产党。1938年2月，苏联成立了特别军事法庭，对布哈林、李可夫为首的“右派和托洛茨基联盟阴谋集团”进行公开审讯，布哈林等被以“叛国罪”判处死刑，并被秘密枪决。布哈林事件发生不久，雅格达被扣上了“布哈林同谋”的帽子，因而被解除了职务，最后他被内务人民委员会以反革命杀人犯和外国资产阶级间谍的罪名执行了枪决。

2. 叶若夫时期

1936 年雅格达被撤职后，斯大林任命叶若夫担任内务人民委员。在叶若夫任职期间，大清洗运动的规模开始扩大，逐渐达到了高潮。1936 年夏，苏共中央通过决议，由内务人民委员会全权负责彻底肃清人民的敌人，期限一年。1937 年，苏共中央 6 月会议决定，将此项授权无限期延长。

叶若夫明智地吸取了他的前任最终身败名裂的教训，更加变本加厉地利用内务人民委员会这个庞大、高效的组织体系，运用斯大林赋予他本人和内务人民委员会的几乎是至高无上的权力，不遗余力地推动大清洗，使其严重扩大化，发展成为了一场波及整个苏联所有社会阶层的运动。叶若夫比他的前任更加“具有创造性地”执行着对苏联共产党和国家机关内部的整肃，肃反的主要对象是党员，尤其是党内高级干部。他在全国范围内掀起了“揭发党和革命的敌人”的告密运动，整个苏联从国家党政机关，到边远山村的集体农庄，都笼罩在恐怖之中，不论是党员干部，文学和艺术界知名人士，还是普通工人、农民，几乎人人自危，对谁都不敢相信，包括自己的家人和最知心的朋友。内务人民委员会使用秘密监视、刑讯逼供等手段，使许多无辜的人被强行扣上“党和革命的敌人”的帽子，关进了监狱，甚至被处死。此次肃反扩大化造成了一大批高级干部和将领死于非命，国家的经济建设和反侵略战争准备工作受到严重干扰。

在对国内进行疯狂的政治审查的同时，叶若夫也加强了对国外的情报侦察工作，还将许多当时苏联驻西方国家的著名外交官列入了他的清洗名单。为了加强对向外国渗透工作的管理和指导，1936年9月，叶若夫下令组建了专门的“特殊任务局”。

尽管如此，叶若夫依然没能避免重蹈他前任的覆辙，1938年12月8日，在接替雅格达职务仅两年之后，他便被撤职，改任苏联水上运输人民委员一职。当然，按照当时苏联官方报纸的说法，是“经叶若夫本人的要求”做出免职决定的。1939年4月，叶若夫被内务人民委员会以“阴谋杀害斯大林”的罪名逮捕，关进了卢比扬卡监狱。1940年4月，叶若夫被交由苏联最高人民法院军事法庭进行审判。最后，据说以毫无根据地对人民进行清洗和镇压为罪名判处了死刑。时至今日，关于叶若夫的罪名和死因，仍有许多历史学家提出不同的看法，也为叶若夫这个被称为“冷血侏儒”的传奇人物增加了更多神秘的色彩。

3. 贝利亚时期

叶若夫被撤职后，接任内务人民委员一职的是贝利亚。在从1938年底开始直至1953年6月的将近15年的时间内，尽管国家安全机构和内务机构几易其名，有分有合，但贝利亚一直把持着对两个部门的实际领导权。因此，对苏联情报机构的历史来说，贝利亚时期直到1953年斯大林逝世才结束，但为方便了解苏联情报机构的演变过程，本书仍按照历次改组为顺序进行叙述。

为了在内务人民委员会站稳脚跟，贝利亚一上台便在内务人民委员会内部发动了清洗运动，清洗的主要对象是叶若夫曾经重用的亲信，从中央机关到地方内务机构，所有叶若夫的效忠者都难逃牵连。这次清洗对内务人民委员会自身造成了不小的创伤。

在整个30年代的“大清洗”运动中，无数优秀的党政干部、军队将领、科技人才蒙受冤狱，导致苏联元气大伤，在不久后爆发的卫国战争中付出了惨重代价。据统计，苏共十七大选出的139名中央委员中有近80%的人及候补中央委员受到审查，其中有98人被逮捕或枪毙，占总数的70%。到1938年，红军的5名元帅中有3名

（叶戈罗夫、图哈切夫斯基、加伦）被处死。苏联军队师以上的高级干部，只有39%还留任原职。社会上也有大量普通党员和民众遭到清洗，据苏联学者估计，1936—1939年间约有100万人被镇压。在这场大浩劫中，内务人民委员会扮演了极不光彩的角色，成为斯大林消灭异己的工具。而其自己也未能独善其身，仅1937年就有约3000名内务人民委员会官员被处死，内务人民委员会实力受到重创，战斗力大减。而且，最具讽刺意义的是，作为内务人民委员的雅格达、叶若夫最后也成了打入内务部心脏的“叛徒”，先后被执行死刑。

30年代末期，斯大林和贝利亚开始反省前一时期清洗运动扩大化的错误。1939年2月，联共（布）中央委员会召开了一次全体会议，检讨前一时期在苏联各级党组织和国家机关中进行大规模清洗的过激行为，并通过了一项决议案，批评内务人民委员会滥用职权，致使以肃清十月革命以来混进苏联共产党内异己分子为目的的清洗运动无限制地扩大化。联共（布）中央委员会还责成新任的内务人民委员贝利亚，对前一时期内务人民委员会所作的工作进行调查。因此，1939年以后，对国内和党内的清洗、迫害行动已有所收敛（尽管逮捕苏共党内高级干部和普通党员的事件仍时有发生），许多在叶若夫时期已经被立案收审的苏联共产党和国家政府机关的高级干部获得了平反，中下级普通党员干部中有数万人被宣布无罪释放，特别是在苏维埃军队中，一大批高级将领得以恢复职务和工作。

与此同时，随着法西斯势力在意大利、德国和日本的兴起，尤其是1939年9月第二次世界大战爆发之后，欧洲乃至整个世界形势发生的重大变化对苏联的国际安全环境构成了严重的现实威胁，内务人民委员会不得不将工作重心转向反对国外敌人的方面。从这时开始，贝利亚对内务人民委员会提出了一套新的方针、政策，并着手改组和加强国内的反间谍工作和国外情报工作。

（五）国家安全人民委员会（Народный комиссариат государственной безопасности（НКГБ）СССР）（1941 年 2 月至 1941 年 7 月）

1941 年 2 月 3 日，在欧洲战事对苏联的威胁日益加剧的形势下，国家安全总局再一次从内务人民委员会中分离出来，改称国家安全人民委员会。自 1938 年起担任内务人民委员会下属国家安全总局局长的弗谢沃洛德·尼古拉耶维奇·梅尔库洛夫（В. Н. Меркулов）担任国家安全人民委员，贝利亚本人则继续担任内务人民委员。1941 年到 1946 年期间，国家安全人民委员会和内务人民委员会还曾两度分合。

（六）内务人民委员会（Народный комиссариат внутренних дел（НКВД）СССР）（1941 年 7 月至 1943 年 4 月）

1941 年 7 月，卫国战争爆发后不久，国家安全人民委员会被改组为国家安全总局，再次并入贝利亚领导的内务人民委员会。在严峻的战争时期，内务人民委员会成为保障国家安全的重要力量，在德国入侵后成立的国防委员会中，贝利亚与斯大林、莫洛托夫、伏罗希洛夫和马林科夫同为国防委员会成员。

（七）国家安全人民委员会（Народный комиссариат государственной безопасности（НКГБ）СССР）（1943 年 4 月至 1946 年 3 月）

1943 年 4 月 13 日，苏联再次成立了梅尔库洛夫领导的苏联国家安全人民委员会，并对国家安全人民委员会和内务人民委员会的工作进行了明确的分工。国家安全人民委员会负责国内安全、反间谍、敌后地下游击活动和向敌对国家进行间谍渗透的工作，主管边防部队和劳改机构。内务人民委员会不再承担国外情报搜集职能，也不负责反间谍工作，成为了一个执法机构，主要负责对民政、警察机构及部队进行管理。

1941 年到 1946 年期间，内务人民委员会及国家安全人民委员会从事的主要活动包括以下三个方面：

1. 全力以赴保障卫国战争

卫国战争爆发之后，内务人民委员会和国家安全人民委员会的工作重心全部转向了为战争服务。有效地防范来自法西斯阵营和西方国家的渗透破坏活动，全面调查国内的各种通敌行为成为其首要任务。1943 年 4 月 19 日，根据苏联人民委员会的秘密决定，在内务人民委员会特别局的基础上成立了苏联国防人民委员会反间谍总局（СМЕРШ）、海军人民委员会反间谍局（СМЕРШ）和内务人民委员会反间谍处（СМЕРШ），这三个机构被总称为“消灭间谍!”（СМЕРШ——Смерть шпионам!），负责在战争期间防止外国间谍组织的渗透与颠覆，对敌后进行侦察和破坏。苏联国防人民委员会反间谍总局局长由原内务人民委员会特别局局长维克多·谢苗诺维奇·阿巴库莫夫（В. С. Абакумов）担任。

“消灭间谍!”的职责包括以下方面：（1）深入敌后，组织当地分散的苏联军队和游击队对德军的指挥、通信、后勤补给等要害设施进行破坏、干扰行动；调查当地在德伪政权中为敌人效力的苏联人，对其中罪恶极大和已对苏维埃人民构成危害的适时予以处决；消除当前和未来战后的隐患，侦察并破坏德军在当地建立的谍报网。（2）在后方严查敌方派遣的间谍和为敌方服务的通敌分子；及时发现敌人空投的伞兵和进行秘密渗透破坏的小股部队；严厉查处逃往后方的变节逃兵。在侦察和处置从事上述敌对活动的目标时均有权执行死刑。（3）在苏联军队解放的地区对有与德国军队合作嫌疑的所有苏联公民进行调查；调查敌军撤退时可能布置的谍报网与破坏活动组织；秘密调查苏联军队解放的非苏维埃国家和地区的人民同苏联当局的合作态度。（4）借敌军撤退和战争难民迁徙机会，向德国以及西方国家进行渗透；了解战争中被法西斯军队掠夺走的贵重文物和财产的去向；跟踪调查罪大恶极的德国战争罪犯和逃亡国外的俄奸分子；争取获得德国最新的军事科学及其他学科的尖端成果和机密，监视、跟踪并将掌握这些机密的专家和官员伺机裹胁入境。

由于战争时期的特殊要求，“消灭间谍”的工作带有浓厚的军事色彩，并且享有很大的权力。它在苏联军队各条战线和方面军中都设立了派出机构和特派人员，在后方和敌后派出了无数的组织和小分队，它在秘密战线上的斗争为卫国战争取得胜利发挥了重要作用。

2. 执行斯大林的民族政策

自1922年苏维埃社会主义共和国联盟成立以来，各加盟共和国与中央、与俄罗斯，以及它们相互之间的关系并非十分稳定和牢固。1941年德国法西斯入侵以后，在强大的外部势力的作用之下，各个以非俄罗斯民族为主体的加盟共和国，及其各地的非俄罗斯少数民族与苏联中央政府和俄罗斯之间的裂痕被无情地催化了。由于许多小民族从沙皇时期就对俄罗斯人积怨颇深，他们对德国人的到来并没有表现出明显的反感，个别地方的少数民族还与德国人建立的傀儡政权建立了某种程度上的合作。在斯大林看来，这种行径无异于背叛，令他十分恼火。于是，斯大林推行了更加强硬的民族政策，苏联内务人民委员会被授权对生活在伏尔加河下游地区的卡尔梅克人、生活在西伯利亚地区的朝鲜人和生活在南高加索地区的车臣—印古什人进行了大规模的强制性迁徙。尽管到后来的苏联“政治解冻”时期，这些少数民族都陆续迁回了原来的聚居地，但是这种民族敌视和民族消灭政策推行的结果，使苏联各民族之间，尤其是各少数民族与俄罗斯人之间的心理隔阂，却再也难以消除。

3. 控制重要工业部门

30年代，苏联重点建设了许多大型军事工业和能源工业。这些经济项目大都分布在俄罗斯历史上传统的流放地——乌拉尔以东的广大西伯利亚地区，有大批犯人被遣送到这里，从事各种艰苦条件下的工作。对这些犯人的看押和管理由国家安全人民委员会（国家安全总局）负责。在战争时期，国家安全人民委员会（国家安全总局）对这些事关国家经济命脉的工业企业实施了严格的控制，以保障各种矿产资源的开采和各类军事装备的生产。

（八）苏联国家安全部（Министерство государственной безопасности СССР，МГБ СССР）（1946 年 3 月 15 日至 1953 年 3 月 7 日）

1945 年 5 月，第二次世界大战结束，苏联也取得了卫国战争的最终胜利。世界范围内的法西斯主义被消灭之后，共产主义和资本主义两种不同意识形态的对立上升为战后世界的第一位基本矛盾，以苏联为首的社会主义阵营和以美欧为首的资本主义阵营之间的冷战拉开了序幕。作为东方阵营的旗舰，为了争取在这种特殊的对抗中处于主动地位，苏联对情报系统再一次进行了重要的调整和扩展。

1946 年 3 月 15 日，苏联改革了政府机构，国家安全人民委员会改称国家安全部，梅尔库洛夫任部长，1946 年 5 月，阿巴库莫夫继任部长。内务人民委员会改称内务部，由谢尔盖·尼基福罗维奇·克鲁格洛夫任部长。此时贝利亚已晋升为政治局委员、部长会议副主席，负责上述两个部的全面工作。此后，国家安全部的职权不断扩大，除了负责情报与反间谍工作外，还从内务部接管了边防部队。

1947 年 10 月，为加强对外情报工作，斯大林根据外交部长莫洛托夫的建议，设立了由国家安全部对外情报局、总参情报部战略情报局和外交部的某些机构组成的情报委员会。莫洛托夫、维辛斯基、马立克和佐林等人先后担任该委员会主席，直接负责人是阿巴库莫夫。此举意在协调苏联的对外情报活动，但由于各个机构之间的矛盾较多，工作效率不高，情报委员会并没有发挥应有的作用。总参情报部于 1948 年底脱离情报委员会，委员会实际上成了国家安全部的一个分支机构。1951 年，情报委员会被解散，大多数人员转隶国家安全部，重新组建了对外情报局。同年9月，贝利亚的亲信谢苗·杰尼索维奇·伊格纳季耶夫（С. Д. Игнатьев）就任国家安全部部长。

（九）内务部（Министерство внутренних дел СССР，МВД СССР）（1953年3月7日至1954年3月13日）

斯大林于1953年3月5日去世后，贝利亚很快再次将国家安全部并入内务部，并免去内务部长克鲁格洛夫和国家安全部长伊格纳季耶夫的职务，亲自兼任内务部部长，将全国情报机构（包括境外情报站组）、民警、30多万特种部队、劳改营强力系统等集中在他的统一号令之下，内务部这个国家特别权力部门变成了贝利亚的“独立王国”。

因为受到斯大林的高度赏识和信任，贝利亚是当时苏联政坛上炙手可热、显赫一时的重要人物。自从1938年底担任内务人民委员这一职务之后，贝利亚的仕途青云直上。卫国战争期间，贝利亚是国防委员会委员，负责支援前线的工作。他于1943年荣获“苏联英雄”称号，1945年晋升为苏联元帅，1946年任苏共中央政治局委员、苏联部长会议副主席。战后，贝利亚负责原子弹试制计划，1949年苏联原子弹爆炸成功后，贝利亚获得苏联最高奖赏——列宁勋章。尽管这期间，国家安全机构和内务机构几易其名，有分有合，但无论是国家安全机构，还是内务机构，都处于贝利亚的控制之下。1953年国家安全部并入内务部后，身为苏联领导集体三巨头之一的贝利亚登上了权利的巅峰。然而，这次合并持续的时间并不长，贝利亚手中权利的扩大引起了其他领导人的恐慌和不安，他本人也最终倒在了自己不受限制的权力之手。1953年6月26日，赫鲁晓夫在苏共中央主席团其他成员及朱可夫元帅的支持下，逮捕了贝利亚。同年12月23日，贝利亚被以卖国罪和间谍罪执行了死刑。

（十）苏联部长会议下属国家安全委员会（Комитет государственной безопасности при Совете Министров СССР, КГБ）（1954 年 3 月 13 日至 1991 年 12 月 3 日）

为了清除贝利亚对苏联安全机构长期把持所造成的深刻影响，苏联共产党中央委员会新的领导层对苏联内务部和苏联国家安全部进行了改组，并采取措施加强党对国家安全机关的有效控制。1954 年 2 月 8 日，苏联共产党中央委员会主席团签署了关于将国家安全机构从内务部中分离出来的决定。1954 年 3 月 13 日，苏联最高苏维埃主席团发布命令，隶属于苏联部长会议的国家安全委员会（KGB，俄文缩写的中文音译为“克格勃”）正式成立，在 30 多年时间中经历了将近十次改组之后，苏联国家情报机构最终定型。国家安全委员会下设各加盟共和国国家安全委员会，以及边疆区、州的国家安全分局。

在长达 37 年的历史中，国家安全委员会始终活跃在苏联国内政治社会生活中，它为保障苏联国家安全发挥了重要作用，被誉为“国家的栋梁”，它因为庞大的组织机构和凌驾于各部门之上的巨大权利，被称为“情报帝国”。同时，与西方情报机构的激烈较量也让它在世界情报战场上威名远扬，名声显赫。

（十一）跨共和国安全总局、中央情报总局和国家边境保卫委员会（1991 年 12 月 4 日至 1992 年 6 月）

苏联解体前夕，国家安全委员会迎来了苏联情报机构历史上最大规模的改革，最终导致国家安全委员会对外情报部门、国内安全部门和边境保卫部门的分立。1991 年 12 月 4 日，苏联最后一部法律《改组国家安全机关法》确认国家安全委员会分裂为跨共和国安全总局、中央情报总局和国家边境保卫委员会。

二、国家安全委员会简介

（一）国家安全委员会的领导关系

国家安全委员会之前的苏联国家情报机构出现过多次权利极度膨胀的情况，20 世纪三四十年代，情报机构更是一度权倾朝野，出现了贝利亚这样的秘密警察巨头，苏共最高领导层认为，为了避免再次出现类似情况，必须把情报机构置于党的直接领导之下，加强对其的监控。为了对国家安全委员会的职能任务等进行明确规定，1959 年 1 月 9 日，赫鲁晓夫签署了《苏联部长会议国家安全委员会条例》。该条例明确规定，国家安全委员会是政治性机关，负责落实党中央和政府在保护社会主义国家不受外部和内部敌人侵害方面的决定，国家安全委员会主席对苏联共产党中央政治局和苏联全国苏维埃部长会议主席团负直接责任。到 1978 年时，克格勃被提升为国家委员会一级机构，名义上隶属于部长会议，实际上是由苏共中央政治局和总书记直接领导，其工作计划由政治局批准，重要问题直接向政治局报告，日常工作由苏共中央行政机关部领导。

国家安全委员会内部实行集体领导制，领导机构为国家安全委员会全委会。全委会委员由苏联部长会议决定任免，通常由国家安全委员会主席、副主席、主要部门的主官以及几个地方国家安全机关的领导人共十五至十七人组成。根据约定俗成的传统，乌克兰国家安全委员会主席、莫斯科市及莫斯科州、列宁格勒市及列宁格勒州国家安全局的局长，都是全委会委员。全委会负责研究国家安全委员会面临的重要的问题，并形成相应决议，然后以国家安全委员会主席令的形式下发所有国家安全机关执行。

（二）国家安全委员会历任主席

从 1954 年 3 月 13 日成立到 1991 年底最终解体，国家安全委员会共产生了8位主席。历任主席都是在苏联政坛显赫一时的人物，他们当中甚至还产生过苏联共产党中央委员会总书记。历任主席也都是由苏共总书记亲自任命的自己的亲信，苏共总书记正是通过这些主席们实现对国家安全委员会的控制。苏联解体前夕，国家安全委员会主席进入了1991年2月经苏联最高苏维埃批准成立的苏联内阁，同时还进入了新成立的苏联安全会议。

第一任主席伊凡·亚历山大洛维奇·谢罗夫（И. А. Серов，1954年3月至1958年），曾担任乌克兰国家安全机构的负责人、内务部第一副部长，是赫鲁晓夫的亲信。1958年12月，赫鲁晓夫任命亚历山大·尼古拉耶维奇·谢列平（А. Н. Шелепин，1958年至1961年11月）为国家安全委员会主席，谢罗夫则改任总参情报总局局长。1962年潘可夫斯基变节事件爆发后，谢洛夫失势，1963年被革职。1961年，英国破获了朗斯代尔谍报网，逮捕了为苏联服务的乔治·布莱克，并判刑42年，这导致赫鲁晓夫对谢列平工作的不满。1961年11月16日，赫鲁晓夫任命弗拉基米尔·叶菲莫维奇·谢米恰斯内（В. Е. Семичастный，1961年11月至1967年5月）接任国家安全委员会主席。谢米哈斯特尼推动了对外情报工作的进行一系列改革，以保障对外情报工作的顺利开展，并加强了对驻外情报官员的营救。

1964年勃列日涅夫上台初期，国家安全委员会主席仍由谢米哈斯特尼担任。1967年5月，勃列日涅夫免去了尤里·弗拉基米洛维奇·安德罗波夫（Ю. В. Андропов，1967年5月至1982年5月）苏共中央书记的职务，任命他接替谢米恰斯内担任国家安全委员会主席。

1982年5月，安德罗波夫重新当选为苏共中央书记，维塔利·费多尔丘克（В. В. Федорчук，1982年5月至12月）出任国家安全委员会主席。1982年11月10日，勃列日涅夫逝世。安德罗波夫于11月12日当选为苏共中央总书记。安德罗波夫命国家安全委员会副主席维克多·切布里科夫（В. М. Чебриков，1982 年 12 月至 1988 年 10 月）为国家安全委员会主席。

1985 年 3 月，戈尔巴乔夫当选为苏共中央总书记。1988 年，戈尔巴乔夫将切布里科夫调任为苏共中央法制政策委员会主席，任命长期从事对外情报工作的弗拉基米尔·科留奇科夫（В. А. Крючков，1988 年 10 月至 1991 年 8 月）出任克格勃主席。1991 年 8 月，瓦金·维克多洛维奇·巴卡京（В. В. Бакатин，1991 年 8 月至 11 月）出任国家安全委员会最后一任主席。1991 年 11 月，国家安全委员会解体。

（三）国家安全委员会的职能及组织架构

作为苏联唯一的国家情报机构，国家安全委员会的职权范围十分广泛，不仅担负对外情报搜集职能，还担负国内安全保卫方面的职能。根据苏共中央委员会 1958 年 12 月 23 日批准的《苏联部长会议国家安全委员会条例》，国家安全委员会的职能包括：在资本主义国家开展情报工作；打击间谍、反革命破坏、恐怖主义和其他颠覆活动；打击反苏维埃和民族主义分子的敌对活动；在苏联军队、海军、民用航空舰队、军火工业中开展反间谍工作；在特殊设施、特别重要的工业设施和运输工具上开展反间谍工作；保卫国家边境；保卫党和国家领导人；组织和保障政府通信；组织无线电反间谍工作。

国家安全委员会按照职能对下属机构进行了细致的划分，设立了 4 个总局单位，10 余个局级单位，多个独立处，形成了空前庞大的组织体系。国家安全委员会的人员编制也十分庞大。据估计，克格勃总部约有 1 万人，情报与反间谍和技术保障等部门的人员约 20 余万人，加上边防军 30 余万人，总共约 60 万人。全盛时期的克格勃规模达几十万人。

1. 第一总局

第一总局负责组织开展针对外国的情报活动。在国家安全委员会的组织架构中，第一总局具有一定的独立性，连办公地点也是独立的——不在卢比扬卡广场，而在莫斯科郊外的亚谢涅沃（情报人员的行话称为“在树林里”）。第一总局下设6个局、1个特别行动处、16个直属处。

非法活动局：负责招收、培训、派遣和管理通过非法和秘密途径去国外活动的情报官员。非法活动局下设4个处，第一处负责招收并培训非法活动情报官员，第二处负责在派遣时提供掩护身份和证件，第三处负责管理已经派遣到国外的非法活动情报官员，第四处负责管理设在国外的非法支援办事处。此外，非法活动局有时还承担破坏、暗杀等特别行动。

科技情报局：1963年，为加强对西方战略、军事和工业技术情报的搜集，成立了科技情报局。该局负责在国家科技委员会和科学院的密切配合下，根据国家需要的科技情报项目，制定搜集计划，并加以实施，主要搜集西方国家在原子能、航天、武器装备等领域的重大科技成就，以及机器制造、电子装置等重要工业领域的先进技术工艺。

计划分析局：成立于1969年，负责梳理以前的情报活动，总结工作经验，并对对外情报工作进行方向性的指导，工作人员多为脱离一线的资深情报官员。

通报局：负责制订情报搜集要点；对第一总局搜集到的情报（不包括科学技术局搜集的科技情报）进行分析、整理和通报，每周出版一期情况通报送苏共最高领导层；根据政治局的指示进行一些重要的专项研究工作，撰写研究报告。

国外反间谍局：该局是第一总局的反情报部门，负责对外国情报机构进行渗透，收买、策反外国情报机构的工作人员，争取派遣情报官员打入外国情报机构。此外，还负责对苏联驻外人员（包括驻外站的特工、外交、民航等驻外机构的人员）进行监视。

特别宣传局（也称假情报局）：1967 年，特别宣传部门由处扩编为局。特别宣传局负责对外国政府与公众进行欺骗性宣传，即通过舆论宣传和国际交往活动，将假情报散布给有关国家、政党团体或个人，以影响其决策。

特别行动处：组建于 1969 年，负责执行政治谋杀、绑架和颠覆等直接破坏活动，情报机构行话称“干湿活”。在特殊情况下，国家安全委员会才会启用该处的人员执行任务，没有任务的时候，他们往往以各种身份分散在世界各地的情报站。

第一总局下设的 16 个直属处中，第一至第十处按照地区划分，负责在世界各地的情报活动。它们是第一总局的主力单位，人员数量最多，以公开合法身份向世界各地派遣大量情报官员，管理分布在世界各地的情报网络。

第一处：负责在美国和加拿大开展情报活动。

第二处：负责在拉丁美洲国家开展情报活动。

第三处：负责在英联邦国家和北欧国家开展情报活动。

第四处：负责在德国、奥地利开展情报活动。

第五处：负责在法国和意大利、西班牙等西欧其他国家开展情报活动。

第六处：负责在中国、朝鲜等远东地区国家开展情报活动。

第七处：负责在日本、印度尼西亚、菲律宾和印度等东亚和南亚国家开展情报活动。

第八处：负责在土耳其、希腊、阿尔巴尼亚、伊朗等中东地区国家开展情报活动。

第九处：负责在非洲英语国家开展情报活动。

第十处：负责在非洲法语国家开展情报活动。

第十一处（顾问处）：负责维持与东欧国家和古巴等国的情报机构之间的联系，并向这些国家派出顾问，控制其情报机构，甚至从中招募为苏联服务的情报员。

第十二处（身份掩护处）：负责为外派情报官员提供苏联驻外外交、新闻、商贸系统的合法掩护身份，从公开渠道进行派遣，利用出国旅游，开展学术交流、传教、贸易谈判等活动的机会安排国家安全委员会的人员到国外从事短期的情报活动。

第十三处（通讯处）：负责保障国内总部与国外情报站、情报官员和当地情报员之间的通信联络，研制、管理各类密码，承担密码电文的翻译的工作。

第十四处（技术处）：负责为驻外的情报官员提供制作假文件、密写方法和窃听器材等方面的技术保障。

第十五处（档案处）：负责整理和保管国家安全委员会所有境外活动的档案卷宗，记录专项情报任务和外派情报官员个人工作进展的情况。

第十六处（人事处）：负责第一总局的人事工作和招收情报官员的工作。

2. 第二总局

第二总局负责苏联国内安全事务，主要工作包括对苏联境内的外国人员的监视和招募工作，对本国公民和各级党政机关的监视，对苏联公民的出国审查，对重要工业设施的保密监督。第二总局下设三个局和十二个直属处。

政治安全局：通过全国各地的安全机构和遍布全国的情报网，对所有苏联公民的政治态度、思想动态、经济活动、与外国人联系的情况进行监视，以掌握公民对政府和社会制度表达不满和从事投机倒把、违禁物品黑市贸易等活动的情况。该局原下辖12个处，第一至第四处分管各地的一般性调查工作，第五至第九处被移交给第五总局，第十处负责经济犯罪问题，第十一处负责通报工作，第十二处负责对外国驻苏联外交人员进行策反。

工业安全局：负责核、航天、军工等领域的重要生产、研究、外贸部门的安全保密工作，防范外国间谍在这些领域中的渗透。该局下辖6个处，第一至四处负责重工业、国防工业等重要企业的安全保卫，第五处负责苏联在国外所举办展览会的安全保卫工作，第六处负责监视苏联港口的外国海员。

技术支援局：负责保障第二总局活动所需的全部密取、窃听、偷拍等技术设备。

第一处：负责对美洲和拉丁美洲国家驻苏联外交官的活动进行监视。

第二处：负责对英联邦各国在苏联外交官的活动进行监视。

第三处：负责对德国、奥地利和斯堪的纳维亚半岛等国家在苏联的外交官的活动进行监视。

第四处：负责对其他西欧国家驻苏联外交官的活动进行监视。

第五处：负责对较发达的亚非国家驻苏联外交官的活动进行监视。

第六处：负责对所有发展中国家在苏联外交官的活动进行监视。

第七处：负责以苏联各地的旅游、文化、科研部门和团体工作人员的身份为掩护，对以学生、学者、旅游者、艺术家等身份入境的外国人进行监视。

第八处：负责管理和维护第二总局记录入境外国人护照、签证记录以及其他资料的计算机系统。

第九处：负责监视外国留学生，并从中物色和招募有利用价值的情报员。

第十处：负责监视各国派驻莫斯科以及苏联各地的新闻记者，利用外交部的外国使团服务团工作人员的掩护身份，了解掌握外国记者在苏联社会的活动情况，与民众接触情况，并在外国记者当中招募有利用价值的情报员。

第十一处：负责审查和批准所有申请到境外探亲、旅游、参加学术交流活动的苏联公民的出境手续，以严格防范他们与外国情报机构发生联系和出现叛逃等行为，并管理有出境历史的苏联公民的记录材料。

第十二处：负责对苏联各级党政机关和各地企业中的国家官员进行严密的监控，以防止腐败、贪污、渎职和营私舞弊等危害国家利益的现象出现，并对此类案件进行侦察和审理。

3. 边防军总局

边防军总局负责指挥和管理苏联边防部队，保护苏联的边境安全，严格防范外国情报组织通过边境开展渗透活动，严密监视苏联公民在边境地区的活动，防止私自越境行为。苏联边防部队包括陆军、海军和特殊兵种，共约 30 万人，装备有各种舰艇、火炮、坦克、装甲车以及战术火箭等新式武器装备，是一支规模庞大并具有强大作战能力的武装力量。

4. 第八总局

第八总局又称通讯管理局，主管与无线电通讯有关的两个方面的事务。其一，负责保障总部与驻外机构和情报官员之间的通信联系，研制和提供通信设备和密码。其二，负责管理国家安全委员会遍布全世界的无线电监听网络，利用间谍卫星、装有电子设备的拖网渔船以及驻外使领馆的监听装置截获和破译外国密码电讯，获取情报。

5. 第三局

第三局又称军事反间谍局，负责监视苏联武装力量，防止敌人对军队的渗透，同时掌握部队人员的思想动态，确保苏联共产党对军队的绝对指挥权。该局下设十二个处，所属人员分别被安插在国防部、总参谋部、军事情报局、陆军、空军、海军、内务部队、边防部队、导弹部队、核弹部队、民航系统和莫斯科军区等部门中开展工作。这些工作人员在保留克格勃干部身份的同时，还具有正常的军队指挥官的身份，构成了遍布苏联所有武装力量的巨大的情报网，使克格勃可以随时掌握各种部队的日常工作情况。

6. 第五局

第五局又称意识形态局，成立于1969年，由从第二总局分立出来的一些单位组建而成，1990年初改称宪法保卫局。第五总局负责监视学生、知识分子、犹太人、少数民族、文艺界和宗教界中的持不同政见者，对一些在国际上有相当影响的持不同政见者采取主动措施，对苏联各地的犹太人、沿波罗的海的立陶宛、拉脱维亚、亚美尼亚等表现出明显分离意识的非俄罗斯民族实行严格的监控，对要求移民的少数民族公民进行严格审查，监视有海外关系的苏联公民。此外，该总局还负责管理在克格勃总部的卢比扬卡监狱。

7. 第六局

第六局又称经济领域反间谍和工业安全局，负责防止经济领域的犯罪和官员腐败，维护经济安全，以及重工业、军火工业、核研究中心等科研单位的反间谍工作。

8. 第七局

第七局又称监视局，负责对苏联境内的外国人和苏联公民通过各种可能的手段进行跟踪、监视。该局下设12个处，不仅拥有数千名训练有素的专职人员从事跟踪监视工作，在旅游季节、重大国际会议期间等有大批外国旅游者进入苏联境内的时候，还有权调动全国各地的情报学校和警察学校的学员执行临时跟踪监视任务。

9. 第九局

第九局又称政府警卫局。该局拥有一支由1.6万多名官兵组成的警卫部队，担负两方面的工作：一是苏联党和国家领导人及其家属的安全保卫工作；二是苏联重要党政机关所在地，包括克里姆林宫和国家别墅的警卫工作。

10. 技术行动局

技术行动局负责研制各种工具、仪器和毒药等专用技术设备（不包括通讯技术装备），为情报官员实施监听、偷拍、密取等搜集情报活动，或执行绑架、暗杀等特殊任务提供可靠的技术保障。该局配置有优良的研究实验设备，集中了苏联全国的许多优秀技术人员，在技术设备研发方面取得了很高的成就。

克格勃的局级单位中还包括负责核武器指挥系统等国家设施保卫工作的第十五局、负责利用无线电和电子技术开展情报侦察工作的第十六局、军事设施建设局，以及行政管理局、人事局等单位。

除上述总局和局级单位外，克格勃还设有特别调查处、政府通信处、信件检查处、监听处、财务计划处、档案管理处等独立处级单位。

三、国家安全委员会的改革

20 世纪 80 年代，在苏联共产党和国家政治体制改革的大潮中，国家安全委员会作为重要的国家机器未能独善其身。国家安全委员会在保卫苏联国家安全方面做出了突出的贡献，但由于深度介入苏联政治生活，它成为苏联对外推行霸权主义，对内实行意识形态管控的工具，在民众心目中留下了高度神秘、滥用职权的印象。面对社会上越来越尖锐的批评浪潮，苏联对国家安全委员会采取了一系列改革措施。

（一）建立情报监督制度

1989 年 7 月，苏联最高苏维埃正式成立“国防和国家安全问题委员会”，负责对所有涉及国防和国家安全部门的工作实施组织、协调和监督，并在其下设立专门的情报监督机构，加强对国家安全委员会情报搜集、整理和使用工作的管理。这是苏联历史上的首个情报监督机构，也是首次建立情报监督制度。苏联最高苏维埃在关于成立“国防和国家安全问题委员会”的决议中还明确规定，国家安全委员会主席的任命必须经过苏联最高苏维埃的审议和批准，国家安全委员会主席在工作任期中，应定期向苏联最高苏维埃报告工作。

（二）改革情报工作领导体制

20 世纪 90 年代初，随着多党制在苏联的确立，苏联共产党失去了原有的绝对领导地位，苏共中央对国家安全委员会的领导权也被迫移交给了苏联政府。1990 年 3 月 24 日，国家安全委员会主席克留奇科夫被任命为刚刚成立的苏联总统委员会的 5 名成员之一。7 月 15 日，苏联共产党第 28 届代表大会进行了改选，克留奇科夫与另外几名苏联强力部门的领导人一起推出苏联共产党中央委员会政治局。克留奇科夫还正式宣布，苏联国家安全委员会不再对苏联共产党中央负责，而将对苏联总统和苏联总统委员会负责，并由苏联最高苏维埃及其下属有关的专门机构规定和监督、检查国家安全委员会的工作。这标志着国家安全委员会在领导体制方面进行了重要改革，彻底脱离了苏联共产党的控制，成为苏联总统直接领导的机构。这也是多党制在苏联确立后，苏联共产党失去原有的绝对领导地位的必然结果。

1990 年 12 月 4 日，苏联总统委员会被撤销后，成立了“苏联国家安全会议”，克留奇科夫又被任命为苏联国家安全会议的 9 名正式成员之一。苏联国家安全会议负责制定和实施国家防御政策，保障苏联国家的内部和外部安全，确保苏联社会改革的顺利进行和经济建设的稳定发展，并接管了对国家安全委员会的领导。

（三）调整编制体制及职能范围

1989 年 8 月，苏联最高苏维埃下令撤销了国家安全委员会主管意识形态领域事务的第五总局，在其基础上成立了宪法制度保卫总局，负责国内政治保卫，即制止反宪法制度和恐怖主义活动、动乱和极端主义活动。针对苏联国内在改革时期出现的走私、贩毒等有组织犯罪不断加剧的形势，又赋予该局同有组织犯罪作斗争的职责。

在同一时期，国家安全委员会还撤销了负责重要党政部门和高层领导人安全警卫工作的第九局，只保留一支人数有限的警卫队。

为应对日益活跃的经济活动带来的经济法规执行和商业机密安全方面的问题，1990 年初，国家安全委员会将原隶属于第二总局的工业安全局升格为独立的第六总局，负责确保国家各项经济法规的落实执行、保护国家商业机密、加强对科技情报的管理，并对付外国情报机构针对苏联的工业情报和商业情报活动；1990 年 12 月，国家安全委员会又成立了“商业情报服务处”，专门为与外国有业务联系的苏联公司和企业提供经贸情报方面的有偿服务。

（四）制定《国家安全机关法》

为适应国内民主改革形势的发展，为国家安全机关的活动寻找法律依据，苏联从 1989 年开始起草《国家安全机关法》。1990 年 12 月，法律草案提交苏联最高苏维埃，经过多次讨论和修改，直到 1991 年 5 月 16 日，当苏联掀起一片反克格勃的声浪时，终于获得通过。同日，苏联总统戈尔巴乔夫签署了法律。5 月 24 日，《国家安全机关法》开始实施。

《国家安全机关法》是苏联情报机构 70 多年历史上的首部法律，以法律的形式规定了国家安全机关的组成、职权、任务、其工作人员的法律地位和社会保障、对国家安全活动的监督等问题，还规定了国家安全机关活动的基本原则之一是“遵守法制”、“保障公民的权利和自由”，国家安全机关的活动要遵循“公开性”原则，国家安全机关工作人员“不受政党决议约束”等内容。

在外部改革的同时，1988 年上台的国家安全委员会主席克留奇科夫也对国家安全委员会实施了多项内部改革。

1. 通过《关于国家安全委员会公开性的决议》

1988 年国家安全委员会部务委员会通过了《关于国家安全委员会公开性的决议》，要求国家安全委员会的各级机构联系群众，向群众通报自己的活动，做好宣传教育工作，并对外公开宣布国家安全委员会的任务是负责对外情报、反间谍、边境保卫和反恐怖，同时加强与走私、贩毒和犯罪集团，特别是与国外有联系的犯罪集团进行斗争，还要保护商业机密，维护国家安全和利益。这种面向社会公开谈论工作任务内容的情况在国家安全委员会的历史上尚属首次。1990 年 4 月，在国家安全委员会组织系统中还专门成立了“社会联络中心”，作为专门在苏联公民中进行安全宣传和建立公共关系联系的部门。克留奇科夫还在电视节目中介绍自己的个人经历和家庭生活情况，在公开场合同西方记者谈笑风生，与美国中央情报局的官员共进晚餐，身体力行地展示民主作风。

2. 进行人事调整，提高工作效率

克留奇科夫对国家安全委员会总部和各加盟共和国安全委员会、各州国家安全局等各级组织的领导人进行了一系列的人事调整，使各级领导人的知识结构和年龄结构发生了很大的变化，明显地提高了各级组织的工作效率。

3. 适应形势变化，调整工作重心

随着国际上冷战格局的重大变化和国内“新思维”改革的推进，苏联国内逐渐暴露出一些严重问题，各种形式的经济破坏活动，尤其是有组织犯罪活动，使社会经济发展受到严重干扰，改革思潮的冲击下出现的无政府主义现象严重影响社会的稳定，一些加盟共和国中出现的离心主义倾向和非法武装则使苏联面临着国家分裂的巨大威胁，为应对这种形势，国家安全委员会将情报工作的重心调整为以下几个方面：

（1）保护国家经济安全，促进国民经济发展

随着苏联经济社会改革的推进，各部门对经济情报信息的需求不断增大，因此国家安全委员会将搜集经济、科技和贸易领域的情报作为情报工作在新时期的首要重点。1990 年 5 月，克留奇科夫向全社会指出，为苏联各个部门的经济活动实体搜集和提供经济情报

信息将成为国家安全委员会情报工作的新任务。克留奇科夫还指出，执行该任务的目的不仅在于向所有有关的苏联企业和公司提供从事国际贸易活动所需要的重要情报信息，还在于帮助其建立起自己的情报信息搜集和分析部门，并尽快地掌握有效的手段，积累起相应的经验。

与此同时，国家安全委员会也加大了与危害苏联社会经济发展的各种犯罪活动斗争的力度。1990 年 11 月，苏联最高苏维埃通过的“关于国内形势的决议”中明确规定，在当前苏联社会经济发展受到严重干扰的局面下，国家安全委员会必须担负起与各种形式的经济破坏活动作斗争的任务，特别是要防范针对进口活动的有组织犯罪行为，确保苏联对外经济贸易活动的正常开展，并保障苏联国家在世界经济领域的安全利益。根据这项规定，国家安全委员会在 11 月底专门设立了“打击经济破坏活动与监督进口商品使用行动指挥部”，以保障对居民的正常供应，进出口供货的正常进行，并对食品的生产和供应实施监督。1991 年，克留奇科夫还参加了总统下属的“护法机关行动协调委员会”，以协调同有组织犯罪作斗争的具体工作，参与制定行动计划。

（2）同无政府主义作斗争

1990 年 1 月 15 日，国家安全委员会主席克留奇科夫对莫斯科媒体界发表谈话时，重点说明当前国家安全机关的主要任务和工作是使苏联社会保持正常的公民生活秩序和企业生产秩序，保障苏联社会经济的正常发展，并且号召全体公民在各级党组织和各级政府的领导下，保持全苏联社会的稳定和团结，同一切无政府现象作坚决的斗争。

同年 2 月 7 日，克留奇科夫在苏联共产党中央委员会的全体会议上发言时强调，苏联社会正处在重大的变革时期，无论是生产活动的无秩序，还是社会生活的无政府状态，都必将严重地影响改革的顺利进行，甚至最终酿成彻底失败的历史悲剧。因此，苏联政府必须对这种社会现实予以充分的关注和足够的重视，应使政府的各个有关职能部门充分地发挥其应有的作用，在当前苏联社会发展的特殊时期中，保障社会的稳定、经济的发展和公民的正常生活，随时以相应措施遏制发生在各地的无政府、无秩序骚乱现象。而且，一旦出现暴力骚乱，当运用正常的政治手段仍然不能有效解决和平息的时候，国家安全部门有责任、也有义务使用武力的方式来制止这种无政府骚乱的发展和蔓延。

（3）制止分裂行为，捍卫国家主权

1990年12月11日，克留奇科夫发表全国电视讲话时进一步表示，苏联国家安全委员会将在国家已经明显面临严重问题的时期担负起捍卫国家大局利益、防止国家分裂的职责。他要求克格勃的各级组织系统要同在苏联各地出现的混乱现象和危害国家主权、安全的行为作斗争，制止和消除一切可能引发社会动乱和国家分裂的因素。事实上，此前国家安全委员会已经在这方面采取了一系列的实际措施，例如，1990年4月，针对立陶宛共和国出现的日益严重的独立倾向，克留奇科夫命令下属的边防部队加强了对立陶宛境内边境的控制和对一些重要目标的警卫和值勤。7月份，国家安全委员会又按照苏联总统关于“解散一切非法武装”的命令，与内务部合作收缴了各加盟共和国中非法武装的大批枪支弹药。国家安全委员会制止分裂行为，捍卫国家主权的行动得到了苏联共产党中央委员会和苏联政府的大力支持，苏联政府曾在全国裁军的总体形势下，将几个师的兵力统一调拨给委员会调遣，以解决其所属部队兵员不足的问题。

（4）西方国家情报机构针对苏联的破坏和颠覆活动

20世纪80年代末、90年代初时，苏联与西方的关系趋于缓和，一些苏联党和国家领导人甚至认为冷战已经结束，但克留奇科夫始终坚持认为，西方阵营正在加紧针对苏联的间谍渗透和颠覆破坏活动，并且有目的地支持苏联国内的政治反对派和一些激进组织，这些活动在一定程度上加重了苏联的社会危机。正是基于这种认识，国家安全委员会把防范西方情报机构的渗透和颠覆，保护国家经济、科技和商业机密，以及打击具有西方支持背景的有组织的反政府颠覆活动作为工作重点之一。宪法制度保卫总局和第六总局的成立也是克留奇科夫这种思想的具体体现。

苏联解体前夕对国家安全委员会进行的改革，无论是领导体制的改变，还是工作职能的转换，都并没有动摇国家安全委员会在苏联社会政治生活中的重要地位。无论是苏联总统委员会，还是苏联国家安全会议，克留奇科夫都是其中的核心成员。1991 年，苏联内阁成立时，克留奇科夫又被任命为内阁成员。90 年代曾出现一股反国家安全委员会浪潮，一些人全盘否定国家安全委员会，认为国家安全委员会应该只负责对外情报与反间谍工作，主张撤销其一切对内职能和权力。有的加盟共和国还发生了多起围攻、占领当地国家安全委员会机关的事件。对此，克留奇科夫毫不示弱，声称任何改革势力一旦执政，不出 3 个月就要求助于国家安全委员会，以稳定局势。事实证明，这一时期国家安全委员会的作用不但没有减弱反而加强了。1990 年，苏联在裁减军队的情况下将几个师调给国家安全委员会指挥，授权它负责收缴各共和国非法武装的武器，同经济犯罪作斗争。

国家安全委员会的改革在一定程度上增加了工作的透明度，改善了由于长期以来工作高度保密、职权过于集中，在公众心目中形成的神秘化印象和无视法纪的形象。20 世纪 90 年代在苏联国内陷入严重的衰退和混乱之际，克留奇科夫还积极调整工作重心，试图保障苏联国家安全利益不受外来因素的威胁，维护国内的稳定和团结。然而，无论国家安全委员会和其他部门采取了什么样的防范与补救措施，最终仍然没能够终止苏联国家经济的不断恶化和联盟走向解体的趋势。

四、国家安全委员会的解体

作为苏联国家机器和政治势力的重要一环，国家安全委员会无可避免地卷入了“8·19”事件，并且扮演了重要角色。克留奇科夫事实上领导了国家紧急状态委员会，尽管他在形式上只是一名普通参与者。当政变失败后，戈尔巴乔夫立即采取措施整顿国家安全委员会，首先，委员会领导层被重新洗牌。1991年8月21日，主席克留奇科夫、警卫局局长普列汉诺夫、第一副主席格鲁仁科等8人先后被捕，副主席杰米索夫、阿格耶夫、第二总局局长季托夫等也被解职。8月23日，戈尔巴乔夫任命在“8·19”事件中积极争取其复出的苏联内务部长巴卡京为国家安全委员会主席，米亚斯尼科夫、普里马科夫为副主席。其次，委员会的职能遭到分解。8月30日，新任主席巴卡京宣布，停止执行《国家安全机关法》，国家安全委员会下属特种部队转隶国防部；撤销警卫局，国家领导人和政府机关的保卫工作由政府负责，总统卫队、阿尔法小组交给总统本人指挥；成立“特种通讯委员会”，接管国家安全委员会负责的特种通讯工作；军事反间谍工作交给军方。后来，国家安全委员会下属的军队也转隶新成立的边防军；再次，委员会的领导体制再次改变。9月5日，在苏联第二次非常人代会上通过决议，规定克格勃将受苏联总统和国务委员会领导。经过这次整顿，国家安全委员会原有职能中与国家政治生活关系最为密切的部分都被独立了出去，职能遭到严重削弱。而这只是解体之前的序曲，这时的苏联国家安全委员已与它所维护的国家政权一样走上了最终解体的命运。

1991年10月22日，苏联国务委员会做出决议，决定撤销国家安全委员会，并改组国家安全机关，在国家安全委员会的基础上建立苏联中央情报局、跨共和国安全局、苏联保卫国界委员会和边防军联合司令部。其中苏联中央情报局享有苏联中央国家管理机关权力，从事确保联盟安全的情报工作。跨共和国安全局负责协调各共和国安全工作，并与之共同从事反间谍活动。保卫国界委员会和边防军联合司令部负责保卫国界。1991 年 12 月 3 日，苏联解体前夕，时任苏联总统戈尔巴乔夫签署了《关于改组国家安全机构的法律》，标志着国家安全委员会宣告结束。

苏联国家安全委员会的解体有其深刻的政治原因和背景，从表面上看，是因为其主要领导人参与了“8·19”事件，但究其内在原因，这是戈尔巴乔夫上台后推行所谓的新思维政策所造成的苏联国内经济状况恶化、国际地位急剧衰落的结果。“8·19”事件仅仅加速了这一结果的到来。随着公开化和民主化的广泛深入地推行，国家安全委员会在国内越来越成为攻击的对象和目标，被认为是实行恐怖和镇压的主要责任者。同时，随着苏联在国际上超级大国地位的衰落，国家安全委员会的对外情报工作也越来越受到严重影响。这导致国家安全委员会的地位和权势发生明显变化，开始走向没落。“8·19”事件使戈尔巴乔夫和叶利钦认识到，职权过于集中的国家安全委员会对国家政治生活具有巨大的干预能力，因此事件刚刚平息，委员会便成为首当其冲的打击对象。国家情报机构创始人捷尔任斯基的塑像被拆除，委员会机关中共产党组织的活动被停止，高层领导人几乎全部被更换，在这种情况下，国家安全委员会走向灭亡的命运已不可避免。

五、军事情报机构的历史演变

1918 年 1 月 28 日，为了保卫十月革命的伟大成果，苏维埃人民委员会根据列宁的建议通过了关于建立工农红军的法令。红军最高领导机关是列宁领导的人民委员会，直接指挥机关是军事人民委员会。1918 年 10 月，红军已经扩大到 80 万人，开始编成集团军级和方面军级军团。随着队伍的发展壮大和战斗形势的日益严峻，红军对军事情报的需求与日俱增，全俄肃反委员会提供的情报常常不能满足战斗需要，各条战线纷纷组建了自己的情报网。1918 年 10 月 21 日，根据红军总司令托洛茨基的建议，列宁签署法令，决定成立专门负责军事情报工作的共和国革命军事人民委员会野战司令部登记局。登记局是红军总部的第一个军事侦察情报机构，负责协调各部队的侦察活动，为红军司令部提供情报。根据野战司令部的秘密命令，登记局成立的日期被定为 1918 年 11 月 5 日，后来这一天也成为苏联和当今俄罗斯的军事情报员日。

1922 年，登记局被改组为工农红军参谋部情报局，1926 年改称工农红军参谋部第四局。1940 年后，军事情报机构改称红军总参谋部情报局、红军总参谋部情报总局。1947—1949 年，并入苏联部长会议情报委员会，1955 年改称苏联武装力量总参谋部情报总局（Главное разведывательное управление Генерального штаба ВС，ГРУ，简称总参情报总局，格鲁乌）。20 世纪 50 年代，根据国防部长朱可夫元帅的建议，总参谋部情报总局建立了特种部队，主要任务是威慑和阻止突然袭击，并对敌后进行打击。在规模最大时，总参谋部情报总局特种部队共有 24 个特种突击旅，人数总计约 3 万人，其训练、装备水平和战斗力都优于其他特种部队。

总参情报总局是苏联武装力量情报系统的最高机关，总部设在莫斯科市阿尔巴特街的苏军总参谋部内，后来搬到莫斯科老霍卡区洛舍夫斯基大街。总参情报总局在组织上隶属苏军总参谋部，但其人事权、对外间谍情报活动的计划和安排等，都要受到国家安全委员会的监督与控制，总参情报总局的局长也往往在国家安全委员会的高级官员中产生。

总参情报总局的主要任务是搜集、研究各国的军事、政治、经济及新式武器研制、尖端科学技术的发展等情报；在本土进行无线电侦察、空中侦察、监听国外无线电波等，派遣特种部队到国外完成颠覆、破坏、暗杀、绑架、策反、心战等特殊使命，以及训练执行上述任务的特种部队。它在国外建立了广泛的情报网来进行情报活动。

总参情报总局搜集的情报内容非常广泛，包括有关（敌对国家、盟国和中立国家）军队的组织结构、作战能力和军事原则、袭击计划的情报；有关外国之间结盟的情报；有关其他国家与军事有关或可能用于军事的技术、工业潜力、能源、农业资源及战略储备等情报。

在20世纪30年代末的大清洗运动中，军事情报机构遭受重创，包括当时的局长扬·卡尔洛维奇·别尔津在内的大批人员被处死或免职。卫国战争爆发后，军事情报重新得到克里姆林宫的重视，总参谋部情报总局依靠在大清洗中得以幸存的驻外人员所组建的“红色乐队”、“卢西”和“拉姆扎”情报网，搜集了大量珍贵的军事情报，为卫国战争的胜利做出了突出的贡献。在战后的东西方冷战时期，总参情报总局在监视西方国家军事动态的同时，还积极搜集西方的军工技术和产品，极大地促进了苏联国防工业的发展。此外，总参情报总局的特种部队还直接在国外参与阿富汗战争等战事，成为了苏联对外扩张的利器。

第三节 俄联邦成立之后的情报机构

苏联解体之前，俄罗斯最高苏维埃主席叶利钦便开始着手巩固和扩充俄罗斯情报机构。1990年底，叶利钦同苏联总统戈尔巴乔夫签订了《关于协调苏联国家安全委员会与俄罗斯联邦国家安全机关之间关系的协议》，这个协议规定，俄罗斯联邦共和国境内的苏联国家安全委员会各级机构将移交给即将组建成立的俄罗斯联邦国家安全委员会。1991年初，叶利钦又与苏联国家安全委员会主席克留奇科夫签署了《关于成立组建俄罗斯国家安全委员会筹备组的协议》，规定未来的俄罗斯国家安全委员会的领导骨干和工作人员的50%将来自苏联国家安全委员会在俄罗斯的各级机构，办公地点将设在克格勃总部的原办公大楼里面。1991 年 5 月 5 日，叶利钦又和克留奇科夫签署了《关于建立俄罗斯联邦共和国国家安全委员会的协议》。5 月 6 日，俄罗斯最高苏维埃宣布，俄联邦国家安全委员会正式成立，并任命原苏联国家安全委员会第七局副局长维克多·伊万年科少将担任俄联邦国家安全委员会代理主席。

1991 年“8·19”事件后，由于主要领导参与事件，苏联国家安全委员会系统面临着全国性大改组，而 1991 年 11 月 26 日，已于 6 月 12 日当选为俄罗斯首任总统的叶利钦签署命令，将俄罗斯国家安全委员会改组为俄联邦安全署，并任命伊万年科担任署长。

1991 年 12 月，苏联解体在即，俄罗斯开始着手接管苏联情报机构，同时拉开了俄联邦成立后对情报机构进行改组的序幕。

一、对外情报机构的演变

1991 年 12 月 18 日，俄罗斯苏维埃联邦社会主义共和国总统叶利钦签署命令，在苏联中央情报总局的基础上成立对俄联邦对外情报总局。1992 年 7 月 8 日，俄联邦通过了《俄联邦对外情报法》。1992 年 9 月 30 日，一项关于政府改组的命令规定对外情报总局改名为俄罗斯对外情报联邦总局（Служба внешней разведки ，СВР）。1992 年 10 月 7 日，这项改名命令被废止。此后，俄联邦对外情报总局这个名称一直使用至今。

1992 年 7 月 8 日，俄联邦出台《对外情报法》，对对外情报总局的法律地位和职能任务进行了规定。1996 年 1 月 10 日，出台新版《对外情报法》，1992 年法律宣告废止，对外情报总局开始按照新法律行使职能。

从国家安全委员时期以来，对外情报部门在情报机构中一直保持着一定的独立性，不参与保障国内安全的工作，尤其是与意识形态和国内政治审查有关的工作。因此，苏联解体后，俄联邦对外情报总局继承了国家安全委员第一总局，实现了平稳过渡，也保持了稳定，没有再被改组。

二、国内安全机构和边防机构的演变

相对于俄联邦对外情报总局来说，国内安全机构和边防机构的演变过程要复杂得多。从 1991 年开始，国内安全机构几经改组，直至 1995 年 4 月 3 日，叶利钦签署《联邦安全总局机构法》，才以联邦安全总局的形式正式稳定下来。

1991 年 12 月 19 日，叶利钦签署了关于将俄联邦安全署和内务部合并，成立俄联邦安全与内务部的命令，但该命令遭到俄罗斯议会的反对。1992 年 1 月 14 日，宪法法院宣布叶利钦的命令违反宪法。合并计划宣告流产之后，1992 年 1 月 24 日，叶利钦下令在俄罗斯联邦安全署和苏联跨共和国安全总局的基础上成立了俄联邦安全部，并任命在“8・19”事件后刚刚当上苏联内务部长的维克多・巴兰尼科夫（В. П. Баранников）为俄联邦安全部部长。1992 年 6 月 3 日，在苏联国家边境保卫委员会的基础上成立了俄联邦边防军，6 月 17 日，又将俄联邦边防军并入俄联邦安全部。

虽然俄联邦安全部的成立标志着俄罗斯接管了苏联国家安全委员会的绝大部分机构和人员，再次实现了国家情报机构的平稳交接。但叶利钦感到俄联邦安全部仍像一个“独立王国”，难以掌控，便有意对其进行改组。1993 年 7 月，叶利钦解除了维克托・巴兰尼科夫的安全部长职务，任命自己的亲信尼古拉・戈卢什科（Н. М. Голушко）担任部长。

由于在 1993 年 10 月爆发的叶利钦与议会冲突事件中，俄联邦安全部并没有积极地支持叶利钦。1993 年 12 月 21 日，叶利钦再次对俄联邦安全部进行改组，在其基础上分别成立了俄联邦反间谍局和俄联邦边防总局，尼古拉·戈卢什科担任联邦反间谍局局长。1994 年 3 月，叶利钦任命联邦反间谍局第一副局长谢尔盖·斯捷帕申（С. В. Степашин）担任局长。

1995 年 4 月 3 日，俄联邦总统叶利钦签署《联邦安全总局机构法》，根据该法律，联邦安全总局（Федеральная служба безопасности России，ФСБ）为联邦反间谍总局的继承者。1995 年 6 月 30 日，斯捷帕申辞职。7 月 24 日，叶利钦签署命令，任命米哈伊尔·巴尔苏科夫（М. И. Барсуков）上将为联邦安全总局局长。从此，俄联邦负责国内安全的情报机构固定了下来。

2003 年 3 月 11 日，普京签署完善安全部门结构的第 308 号总统令，撤销俄联邦边防总局，将其职能转交联邦安全总局，使联邦安全总局一举收回了陆地国境、海防和专属经济区的守卫权，人员、车辆、物资出入境口岸检查权，以及相关的侦查和搜捕权。同时，撤销联邦政府通讯和信息署（法普西），将其职能移交联邦安全总局、对外情报总局和联邦警卫总局。联邦安全总局在其下属的通信安全总局的基础上组建了联邦安全总局通信安全中心，还接管了其的国内侦察任务，无线电电子侦察局和无线电电子侦察部队与国外侦察活动有关的部分则划归由联邦对外情报总局接管。

这次改组使联邦安全总局的职能得到扩大，成为俄罗斯最主要的情报机构。2003 年 6 月 18 日，俄罗斯国家杜马三读通过了确定新改组后的联邦安全总局地位的法律。2003 年 8 月 11 日，俄总统正式批准了新的《俄联邦安全总局条例》，联邦安全总局开始按新条例行使职能。

2004 年 7 月 11 日，根据《联邦安全总局问题》第 870 号总统令，联邦安全总局中央机关原下设的司被统一改组为独立性更强的总局，总局之下设司和局。例如，联邦安全总局反间谍司升格为反间谍总局，保卫宪法制度与打击恐怖主义司升级为保卫宪法制度与打击恐怖主义总局。这次调整使联邦全总局的机构得到了进一步提升和强化。

三、国家警卫机构的演变

1991 年 8 月，苏联国家安全委员会被肢解后，第九局所辖的政府警卫部队以及第八局所辖的部分政府通信部队被置于苏联总统戈尔巴乔夫的直接控制之下。1991 年 12 月，在苏联总统办公室之下设立了警卫局，除编有上述部队外，还下辖 1 个克里姆林宫警卫团。与此同时，俄联邦政府也拥有一支自己的警卫部队，它由内务部提供的人员构成，负责俄联邦苏维埃社会主义共和国最高苏维埃、政府和所属机构的警卫工作。1990 年，叶利钦当选俄联邦苏维埃社会主义共和国最高苏维埃主席后，将其更名为俄联邦苏维埃社会主义共和国政府领导人安全与警卫总局。1991 年，叶利钦出任俄联邦总统后，又另外组建了直属于自己的总统警卫局。

苏联解体后，俄联邦政府接管了原苏联总统办公室下属的警卫局，并成立了联邦警卫总局（Федеральная служба охраны, ФСО），担负俄联邦政府和总统办公厅所在地老广场的警卫任务。但原来的俄联邦苏维埃社会主义共和国政府领导人安全与警卫总局仍然存在，成为了俄联邦最高苏维埃的警卫机构。1993 年 11 月，叶利钦炮打“白宫”后，将该局解散。1994 年 1 月 10 日，俄政府下属的联邦警卫总局正式作为政府机关列入国家执行权力机关的序列。1996 年 6 月 19 日，在第二轮总统选举前夕，叶利钦签署命令将总统警卫局纳入联邦警卫总局的序列，从此俄联邦建成了统一的国家警卫机构。

2003 年 3 月 11 日，根据完善安全部门结构的第 308 号总统令，联邦政府通讯和信息署的政府通信职能及相关人员与联邦警卫总局原有的总统通信局合编为特种通信与信息总局。根据当时批准的《联邦警卫总局直属特种通信与信息总局条例》，特种通信与信息总局是联邦执行权力机关，负责组织和保障联邦政府和联邦执行权力机关、主体执行权力机关及政府机关特种通信与信息系统的使用、安全保障、发展与完善。

2003 年 7 月 1 日，原政府通信与信息署下属的政府通信部队编入联邦警卫总局直属特种通信与信息总局。

2004 年 8 月 7 日，普京签署《联邦警卫总局》总统令，对联邦警卫总局直属特种通信与信息总局和联邦警卫总局之间的关系进行了进一步调整：取消了联邦警卫总局直属特种通信与信息总局的直属地位，将其改组为联邦警卫总局组织架构内的一个总局级下属机构。其他相应的调整还包括：联邦警卫总局直属特种通信与信息总局在联邦区一级的分支机构被改组为联邦警卫总局驻联邦区特种通信与信息局；联邦警卫总局直属特种通信与信息总局的各个政府通信中心被改组为各个联邦警卫总局特种通信和信息中心；联邦警卫总局直属特种通信与信息总局的特种通信分队被改组为联邦警卫总局特种通信分队。

四、政府通信部门的演变

1993 年 8 月，俄联邦安全部中的负责通信的部门被独立出来，成立了总统下属的联邦政府通讯和信息署（法普西）。

2003 年 3 月 11 日，根据完善安全部门结构的第 308 号总统令，联邦政府通讯和信息署被撤销，其职能分别被整合到联邦安全局、联邦对外情报局和联邦警卫总局的职能之下，成立联邦警卫局直属特种通信和信息署，相应扩大联邦安全局、联邦对外情报局和联邦保卫局直属特种通信和信息局的编制。

五、国家反恐协调机构的演变

俄罗斯成立的第一个反恐协调机构是部门间反恐委员会。1996年，《关于加强打击恐怖主义的措施》总统令中首次明确提出了政府部门间开展反恐合作的问题。次年，部门间反恐委员会正式成立，主席由联邦安全总局局长担任。

虽然该委员会的工作是有计划性地开展的（例如，每季度召开至少一次会议），但它却没有自己的常设工作机构。会议材料一般都是由议事日程上所列问题涉及到的联邦执行权力机关的代表们准备的。

1998年，《与恐怖主义斗争法》出台后，部门间反恐委员会被撤销，取而代之的是俄联邦反恐委员会。但是，新成立的委员会同样没有自己的常设工作机构，这导致了对委员会命令执行情况监督机制的缺失、联邦和地方执行权力机构间协调机制的缺失，也从客观上抑制了反恐活动效率的发挥。虽然在2002年莫斯科剧院人质事件之后，通过了新的关于联邦反恐委员会的条例，但此轮改革仍没有能够触及反恐体系中存在的原则性问题。

这种国家反恐体系所存在的种种不足和弊端在2004年9月的别斯兰学校惨案的处理过程中被悉数暴露，其中最严重的问题包括：对形成一致的国家反恐战略并制定长期落实规划缺乏系统的态度；对国家反恐系统运作的基础性原则缺乏规范的法律调节；反恐领域的任务和职责划分不够明确；缺乏工作协调和统一管理中心；对反恐活动的监督系统不够完善；对反恐机关的资源和科技保障不够。

为了完善国家对反恐活动的管理系统，提高各部门的反恐工作效率，更加有效地预防和打击恐怖主义，根据2006年3月6日出台的《俄联邦反恐怖主义法》和2006年2月15日签署的《关于打击恐怖主义的措施》总统令，俄罗斯于2006年3月10日正式成立国家反恐委员会作为国家反恐协调机构。在国家反恐委员会编内成立了联邦行动指挥部，各联邦主体则成立了自己的反恐委员会和行动指挥部，以便统一协调俄联邦执行权力机关及其地方反恐机构在反恐怖主义斗争中对兵力武器的使用，以及指挥各部门的反恐行动。

六、军事情报机构的演变

苏联解体后，俄联邦武装力量总参谋部情报总局（简称“总参情报总局”）完整地继承了苏联总参情报总局的组织机构。尽管如此，其活动还是受到苏联解体的巨大影响，特别是战略无线电侦察和间谍卫星的轨道部署活动受害最深。后来俄军先后启动数次大规模改革，作为最主要的军事情报机构，总参情报总局亦被纳入了改革的总体框架内。

普京上任之后，为了加强联邦中央权力机构，开始进行一系列人事变动。曾在对外情报局任职的谢尔盖·伊万诺夫担任俄国防部长后开始对总参情报总局进行重组与改革。伊万诺夫于2001年8月决定撤换总参情报总局12个机关局中的6个领导职位，用对外情报局的人员取而代之。这一变动涉及无线电电子技术侦察局、人事局、管理总局、组织动员局等关键部门，但仅仅是对总局部分机构的人事变动。

目前，总局中央机关已经裁员近30%。特种部队的数支队伍被裁撤。还有媒体披露，总局下属的特种部队将转隶陆军总司令部和俄罗斯海军（ВМФ），间谍、航空和无线电侦察部队将转隶对外情报总局。

俄军总参谋长巴卢耶夫斯基于2006年4月3日在新闻发布会上宣布，从2005年12月开始实施的武装力量大规模改革将从调整军事情报体系入手，完善和强化以总参情报总局为核心的中央军事情报体系，全面提高军事情报侦察水平。此次改革的重要举措包括：改组军兵种情报体系，撤销陆、海、空军情报局，改建军种情报处，精简人员编制，将主管级别从中将降为上校；大幅精简空降兵、战略火箭兵、航天兵情报处。调整后的军兵种情报机构的情报业务、组织体制、编制等都直接隶属总参情报总局，从而实现在中央军事情报机构统一领导和指挥下开展侦察活动。此外，情报总局还统一负责所有军事情报人员的招募、选拔、培训和调遣工作。

第二章

俄罗斯当前的主要情报机构

第一节　联邦安全总局

一、联邦安全总局的组织体系

2003年8月11日，俄总统普京颁布第960号总统令，正式批准了《联邦安全总局条例》及《联邦安全机关的结构》。此后，又多次签署命令对该总统令进行修改，2006年12月28日的第1476号总统令对《联邦安全机关的结构》部分做了最近的一次修改。根据这次修改，当前联邦安全总局机关包括以下部分：中央机关，即联邦安全总局中央机关；地方安全机关，即在个别地区和俄联邦主体中设置的局（处）；军队中的安全机关，即在俄联邦武装力量、军队和其他军事部队及其管理机关中设置的局（处）；边防机关，即联邦安全总局边防局（队、处）；航空机关；培训机构、中心；特种部队；科学研究机关；鉴定、司法鉴定机关；军事医学机关。根据联邦安全总局官方网站公布的资料，联邦安全总局机关结构如下：

联邦安全总局机关结构表

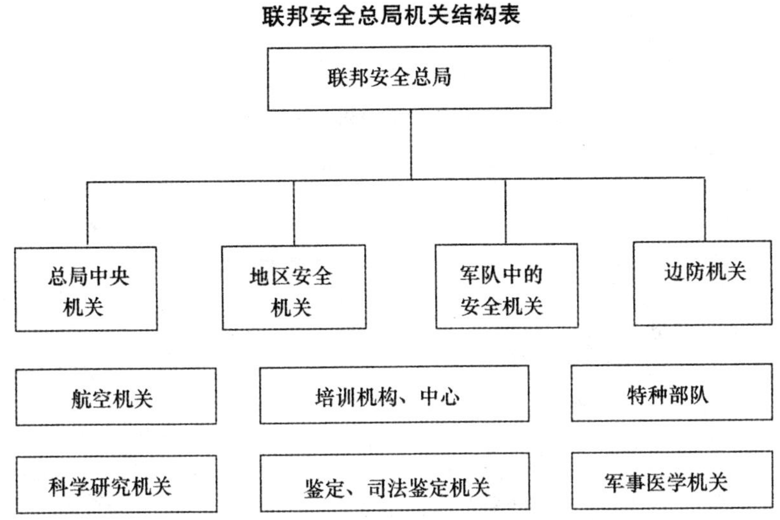

（一）联邦安全总局中央机关

联邦安全总局中央机关作为俄罗斯联邦的国家安全管理机关，负责依照俄罗斯联邦法律组织联邦国家安全系统制订符合维护联邦安全所需的法规和规划，指导联邦各级国家安全部门履行职责，并且指挥联邦边防部队。目前联邦安全总局中央机关由 9 个总局及若干中央直属机构组成，具体设置如下①：

1. 反间谍总局

反间谍总局下设反间谍行动司、协调和分析反间谍活动局、特别措施局、工程项目反间谍局、行动—侦查活动信息保障局、信息安全中心（在计算机和信息安全局的基础上成立）、军事反间谍司等机构。

除了打击间谍活动之外，反间谍总局的职责还包括保障境外俄罗斯机构和俄罗斯公民的安全、出入境和外国公民前来俄罗斯的管理、打击非法移民活动、对国家边境线的行动保卫、行动侦查等。此外，反间谍总局还负责与联邦安全总局的其他机构共同采取措施，

① 根据俄罗斯 www. agentura. ru 网站提供的资料整理。

保障外国驻俄罗斯机构的安全。

联邦安全总局中央机关结构表

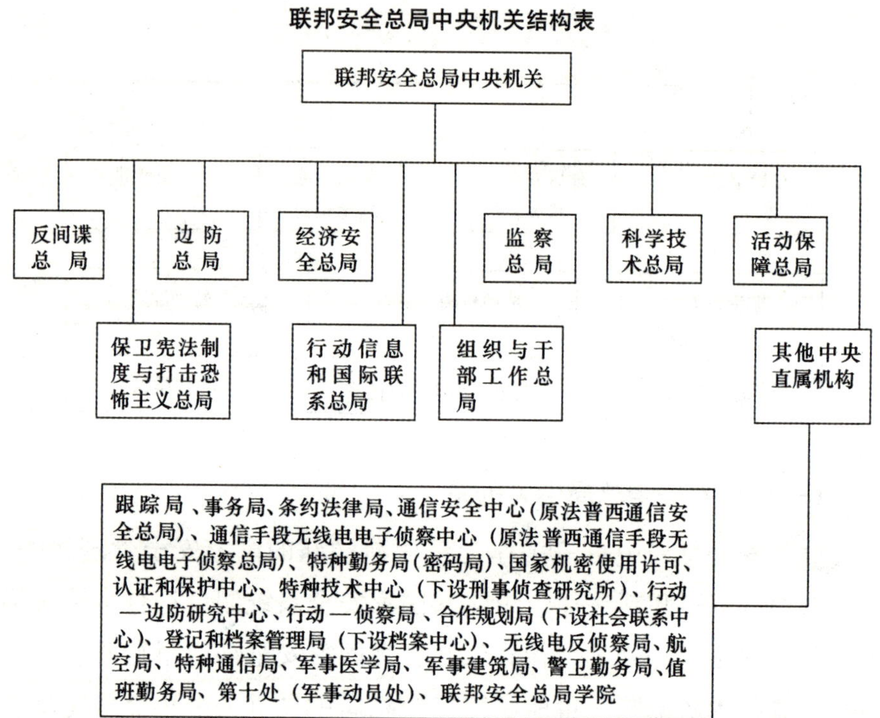

2. 保卫宪法制度与打击恐怖主义总局

保卫宪法制度与打击恐怖主义总局下设特勤中心、打击国际恐怖主义局、地区工作局、航空局、打击走私贩毒局、组织行动局、行动侦察局、打击恐怖主义与政治极端主义局、北高加索行动协调局等机构。

在职责方面，保卫宪法制度与打击恐怖主义总局负责打击俄罗斯境内外的恐怖主义势力和走私贩毒活动，负责维护俄罗斯宪政制度和国内意识形态领域安全的工作。

3. 边防总局

边防总局的中央机关由以下方面的机构组成：边境监管机构；对外侦察机构；负责侦察、反侦察、行动侦察活动和保障联邦边防总局系统自身安全的行动机构；边防警卫机构和其他联邦法律规定的机构；俄罗斯边防总局边防部队；专业军事教育机构；根据联邦法律隶属于边防总局的企业、机构和组织。其中专业军事教育机构包括：联邦安全总局边防学院、联邦安全总局军事医学院（附属于下哥罗德国立医学科学院）、联邦安全总局边防部队戈利岑斯基军事学院、联邦安全总局边防部队加里宁格勒军事学院、联邦安全总局边防部队库尔甘斯基军事学院、联邦安全总局边防部队哈巴罗夫斯克军事学院、联邦安全总局边防部队第一武备学校。隶属于联邦安全总局边防部队的企业、机构和组织是指联邦安全总局边防部队医疗保健机构，修理工厂，负责后勤、技术和其他保障的部队。

边防总局是构成保卫国家边境、内海、领海、专属经济区、大陆架和自然资源领域的国家安全保障体系基础的国家军事组织，负责依照联邦法律规定的方式保障俄罗斯联邦国家边界的安全。联邦安全总局局长负责领导边防总局的活动。边防总局局长同时兼任联邦安全总局第一副局长。

4. 经济安全总局

经济安全总局下设工业企业反间谍保障局（“П”局）、交通运输系统反间谍保障局（“Т”局）、信贷金融系统反间谍保障局（“К”局）、内务部、紧急状态部、司法部反间谍保障局（“М”局）、组织—分析局、打击走私和非法转运毒品局、行政勤务局等机构。

经济安全总局负责保障国家的经济和金融安全，防止国际犯罪、工业间谍渗透和国际不公平竞争。

5. 行动信息和国际联系总局

行动信息和国际联系总局下设行动信息司、信息分析局、行动信息协调局、战略计划局、公开信息处、国际合作局等机构。

行动信息和国际联系总局负责进行情报分析工作，制定战略计划，开展国际情报合作。

6. 组织与干部工作总局

该局下设特别登记局、组织计划局、干部管理局等机构。

7. 监察总局

2004 年改革之前，监察总局的名称为检查局。检查局成立于 1999 年 1 月 6 日，是在联邦安全总局组织与干部工作局下属的组织检查局的基础上成立的。当前，监察总局下设人员监察局、监督检查局、内部安全局等机构。

8. 科学技术总局

该局下设机构包括：订购和供应武器、军事和特种技术设备局；行动—技术措施局；信息工艺科学研究所；科学研究中心。

9. 活动保障总局

该局下设财政经济局、物质技术保障局、基本建设局机构等机构。

（二）地区安全机关

地区安全机关即联邦安全总局地方分支机构，主要是指俄罗斯联邦各共和国、州、边疆区、莫斯科和圣彼得堡市国家安全局及其下属机构。各共和国、州、边疆区、莫斯科及圣彼得堡市国家安全局的职责是，依照相应的法律和法规在本地区履行职责，完成联邦国家安全局所部署的工作，并指导、协调和监督下属的国家安全机构在其法定职权范围内的活动。

（三）军队中的安全机关

军队中的安全机关是指在俄联邦武装力量、其他部队和军事组织与机构中设置的联邦安全总局局级或处级单位。根据俄联邦总统 2000 年 2 月 7 日的第 318 号总统令批准的《俄联邦武装力量，其他部队、军事组织与机构（军队安全机构）中的俄联邦安全总局局（处）条例》，俄联邦安全总局在俄罗斯武装力量、边防军、联邦特征通信与信息机关、内务部队、铁道部队、民防部队、工程技术和道路建设部队等准军事组织内设立局（处），以保障这些部门的安全。这些局（处）属于联邦安全机构系统，接受联邦安全总局反间谍局（第三局）的直接领导。它们的主要任务包括防范外国情报机构的情报活动，搜集有关安全情报，防范恐怖主义和破坏活动，保护国家秘密，打击有组织犯罪、腐败、走私、非法贩卖枪支、弹药、爆炸物和有毒物质、麻醉药品和精神药物等活动。

（四）边防机关

联邦安全总局组织体系中的边防机关除前文介绍的边防总局中央机关之外，还包括边防总局地区机构——7 个联邦区边防局：中央联邦区边防局、南部联邦区边防局、乌拉尔联邦区边防局、伏尔加沿岸联邦区边防局、西伯利亚联邦区边防局、西北联邦区边防局、远东联邦区边防局。联邦区边防局的职责是，在边防总局的领导下在本地区履行职责，保障俄罗斯联邦国家边界的安全。

二、联邦安全总局的任务和职能

联邦安全总局是联邦执行权力机关，依照俄联邦法律组织联邦国家安全系统，制订符合联邦安全所需的法规和规划，指导联邦各级国家安全部门履行职责，指挥联邦边防部队。

联邦安全总局的职能是在自己的权力范围内实现保障俄联邦国家安全、与恐怖主义作斗争、保卫俄联邦国家边境、保护俄联邦内海、领海、专属经济区、大陆架及其自然资源方面的国家行政管理，保障俄联邦信息安全，直接落实俄联邦法律规定的联邦安全总局机关的主要活动，协调具有开展反间谍活动权力的联邦执行权力机关的反间谍活动。

根据俄总统普京 2003 年 8 月 11 日批准的《联邦安全总局条

例》，联邦安全总局的主要任务包括：管理联邦安全机关，组织其开展活动；向总统、总理以及他们指定的联邦国家权力机关和联邦主体国家权力机关通报国家安全威胁；调查、预防和制止外国情报机构、组织和个人的间谍活动以及其他威胁俄联邦安全的活动；在自己的职权范围内与联邦国家权力机关合作开展打击有组织犯罪、贪污、走私、洗钱、非法移民、非法贩运武器、炸药、爆炸性物质和有毒物质、麻醉剂和精神药物、窃取信息的特种技术设备的活动，打击包括非法武装力量、犯罪团伙、个人和社会团体的旨在组织武装暴动、暴力改变俄联邦宪法制度、暴力夺取或者暴力掌握政权活动在内的政治极端主义活动；与恐怖活动和破坏活动开展斗争；组织和实施反恐怖主义斗争，保障反破坏活动斗争；在自己的职权范围内开展侦察活动；在自己的职权范围内与俄联邦对外情报机构合作开展获取和加工侦察情报的工作；组织承担保卫国家边境职责的联邦执行权力机构实施其职权中联邦法律所规定的相关措施；在自己的职权范围内保护属于国家秘密的信息，对抗实施技术侦察的外国组织；对联邦国家权力机构和俄联邦主体国家权力机构落实为了保障俄联邦安全、提高其经济、科学技术和国防能力而采取的措施提供协助；在自己的职权范围内制定并落实保障信息安全领域的国家和科学技术政策；在自己的职权范围内保障信息—电信系统和俄联邦境内及其驻外机构的密码、加密和其他类型的特种通信系统的密码和工程技术安全等。

与其主要任务相应，联邦安全总局的主要活动方向是反间谍活动、与恐怖主义作斗争、与犯罪活动作斗争、边防保卫、信息安全保障。此外，联邦安全总局还拥有从事侦察活动和一定的对外情报活动的权力。

联邦安全总局的活动必须遵守的原则包括：遵守法制；对联邦安全机关实施集中统一领导；尊重个人和公民的权利与自由；人道主义；尊重国家的主权、领土完整及其边境的不可侵犯性；和平解决边境纠纷；与外国相应机构开展互惠合作；保守秘密，公开与秘密的活动方式相结合。

三、联邦安全总局的领导

根据2006年12月28日的第1476号总统令对2003年8月11日的第960号总统令的修改情况，目前，联邦安全总局设一名局长，两名第一副局长（其中一名兼任边防总局局长）和四名副局长（其中一名兼任国家反恐委员会办公室主任，另一名兼任国务秘书）。联邦安全总局局长是俄联邦安全会议的委员之一。

联邦安全总局局长、第一副局长和副局长在地位、工资级别、社会生活保障条件和医疗服务等方面享受分别与俄联邦部长、第一副部长和副部长相同的待遇。

联邦安全总局现任局长是亚历山大·博尔特尼科夫大将（А. В. Бортников）。博尔特尼科夫1975年进入国家安全机关，一直在苏联国家安全委员会列宁格勒州分局、俄联邦安全总局圣彼得堡和列宁格勒州分局任职，2003年任俄联邦安全总局圣彼得堡和列宁格勒州分局局长，2004年2月任联邦安全总局副局长兼经济安全司司长，2004年7月任联邦安全总局经济安全总局局长，2008年5月12日，被任命为联邦安全总局局长。

第二节　对外情报总局

对外情报总局是俄联邦安全保障力量的组成部分，是直接隶属总统的联邦权利执行机构，负责利用《俄联邦对外情报法》所规定的方法和手段保护个人、社会和国家免遭来自外部的威胁。

一、对外情报总局的组织结构

当前，对外情报总局主要由行动、分析和功能性部门（局、总局、独立处）三种类型的机构组成，重要的业务机构有分析与信息局、对外反侦察局、经济情报局和各行动处等，对外情报总局还在俄罗斯情报机构历史上首次成立了与社会和媒体联系办公室。根据俄联邦对外情报总局官方网站公布的资料，对外情报总局的组织结构如下表所示：

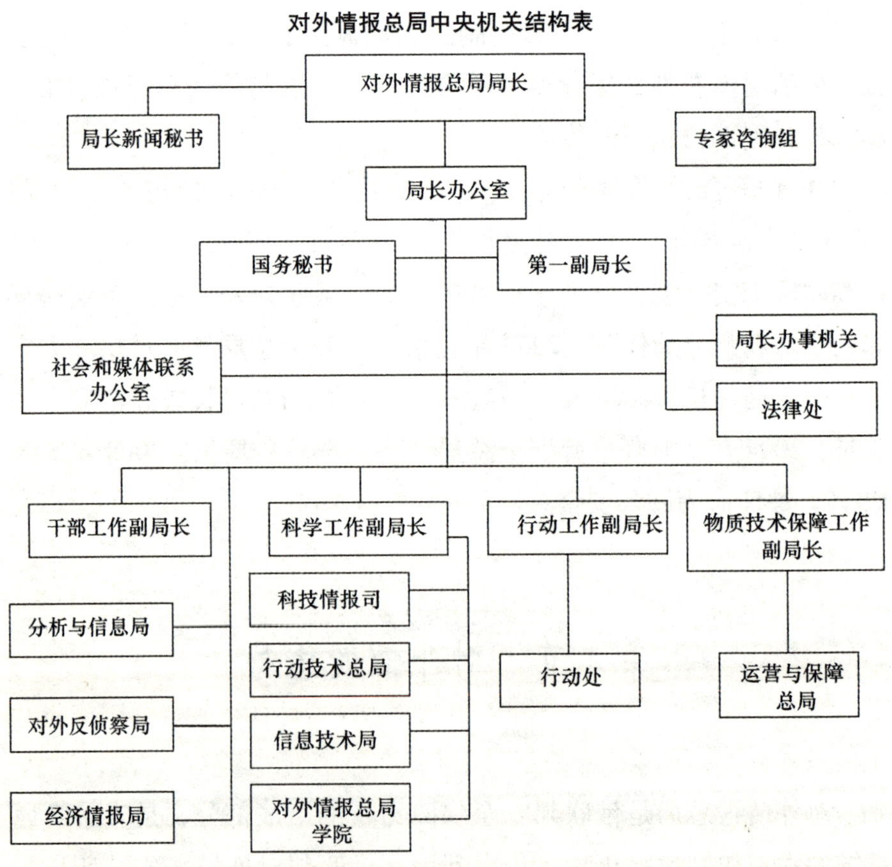

二、对外情报总局的任务和职能

当代俄罗斯对外情报工作放弃了全球化方针，对外情报总局只在那些俄罗斯拥有真正利益，而不是假想利益的地方活动。侦察任务由国家领导人根据国家利益决定。在与其他国家情报机构的关系方面，也由原来的全面对抗转型为在具有共同利益的领域（打击国际恐怖主义和毒品走私、大规模杀伤性武器扩散问题等）相互配合和协作。当然，这种合作不具有全面的性质，并不会在所有工作领域开展，它与根据俄联邦国家利益在外国领土上开展侦察活动并行不悖。

根据《俄联邦对外情报法》第 5 条的规定，对外情报总局的总体任务是：为俄联邦总统、联邦会议和联邦政府做出政治、经济、国防、科学技术和生态领域的决策提供侦察情报保障；为顺利落实俄联邦在安全领域的政策创造有利条件；促进俄联邦经济发展、科技进步及军事技术安全保障能力提升。

目前，对外情报总局主要在三个方向开展侦察活动：政治、经济和科技方向。

在政治侦察领域，对外情报总局的任务是：获取关于世界主要国家对俄罗斯政策的预警性预告性情报；跟踪有可能对俄罗斯国家安全构成威胁的世界热点地区紧张局势的发展情况；搜集个别国家发展新型武器，尤其是核武器的动向；通过自己的渠道为俄罗斯对外政策的实现提供积极支持。

在经济侦察领域，对外情报总局的任务是：维护俄罗斯的经济利益；获取关于贸易伙伴可靠性、国际经济和金融组织涉及俄罗斯利益活动的秘密情报；保障国家经济安全。

在科技侦察领域，对外情报总局的任务实际上与苏联时期对外情报工作的任务相同，即为加强俄罗斯的国防能力而搜集关于科学和技术领域，尤其是军事和军民两用工艺领域最新成就的情报。

除负责对外谍报侦察外，对外情报总局还于2003年7月接管了原总统下属政府通信与信息署第三局的对外无线电电子侦察任务。同时，也接管了该署的无线电电子监视侦察卫星，从而在人力情报之外，又担负起了搜集信号情报的任务。

根据《俄联邦对外情报法》第11条和第14条的规定，对外情报总局可以在政治、经济、军事战略、科学技术和生态领域开展情报活动，在保障俄联邦驻外机构的安全和保障在境外出差的掌握国家机密的俄联邦公民的安全时也可以开展情报活动。所获情报将提供给俄联邦总统、联邦会议两院、俄联邦政府和俄联邦总统指定的联邦执行权力机关、联邦司法权力机关，以及有关企业、机构和组织。对外情报总局局长每周一接受总统召见，汇报对外情报工作，他在情报的真实性、客观性和及时性方面对俄联邦总统负有个人责任。

对外情报总局开展情报活动的过程中可以使用由情报活动的特点决定的公开和非公开的方法和手段，使用非公开方法和手段的程序由联邦法律和对外情报总局机关的规范性法律文件确定。根据《俄联邦对外情报法》第13条的规定，使用情报活动的方法和手段有一条限制性条件：情报活动的方法和手段不应对人的生命和健康造成危害，不应对环境造成损坏。为了达成情报活动的目的，对外情报总局有权使用信息系统、录音录像设备，摄像和拍照，从通讯技术线路上获取信息，以及满足上述限制性条件的其他方法和手段。此外，不允许在俄联邦领土上针对俄联邦公民采用情报活动的方法和手段。

根据《俄联邦对外情报法》第4条的规定，对外情报总局开展情报活动必须遵守的原则有：作为俄联邦安全保障力量组成部分的联邦行政权力机关权限分工的原则；合法性原则；尊重个人和公民的权利与自由的原则；受俄罗斯总统和联邦议会监督的原则；公开与不公开的方法和手段相结合的原则。

三、对外情报总局的领导

俄联邦总统对对外情报总局机关实施总体的领导。目前，对外情报总局设1名局长，1名第一副局长和7名副局长（其中1名是对外情报总局秘书长）。对外情报总局局长是国家反恐委员会委员和俄联邦安全会议的常委之一。

对外情报总局现任局长是米哈伊尔·弗拉德科夫（М. Е. Фрадков）。弗拉德科夫先后担任过俄罗斯对外经济联系部第一副部长、贸易部部长、联邦税务警察总局局长，后来还出任俄联邦驻欧盟的常驻代表，2004年被普京总统任命为俄罗斯总理。2007年10月9日，被任命为对外情报总局局长，成为对外情报总局第一位非情报官员出身的领导。

第三节 总参情报总局

作为俄罗斯武装力量情报系统的主要职能部门，总参谋部情报总局（格鲁乌）集技术侦察、人力情报于一身，统管俄军各军种、兵种及各军区的情报部门，是一个高度集中的军事情报机构。

2006年11月，总参情报总局迁至位于莫斯科霍罗舍夫斯基路的新办公大楼。这幢现代化的情报大楼由4座楼体围成方形，地上9层，地下3层，总面积达7万平方米。楼内不仅设有情报指挥中心、战略情报分析室等核心业务部门，还配有射击训练中心等场所，各种辅助设施一应俱全，安防保密措施十分严密。由于4座楼体的所有窗户都朝向院内的体育场，整座大厦显得神秘莫测，与历来披着神秘面纱的总参谋部情报总局相得益彰。

一、总参情报总局的组织结构

总参情报总局是俄罗斯情报机构中最秘密的机构，目前只有它没有设立自己的新闻机构。其建制和组织架构属于严格保密的国家机密，没有正式公布过。据媒体报道等公开资料反映，与克格勃在苏联解体之后遭到肢解相反，总参情报总局较完整地保留了苏联时期的组织体制，目前，共下设 12 个业务局、9 个辅助保障局和处、一所军事院校，其机构设置大致如下表所示[①]：

总参情报总局机构设置表

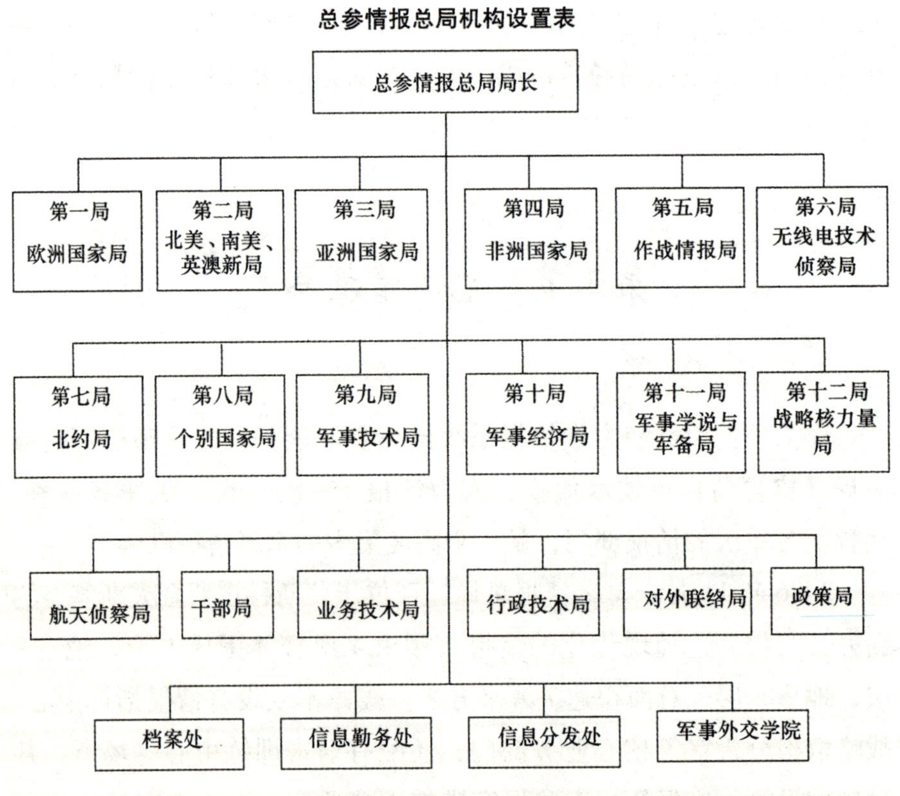

① 根据俄罗斯网站 www. agentura. ru 提供的资料整理。

第一局（欧洲国家局），负责对欧洲国家的军事战略侦察；

第二局（北美、南美、英澳新局），负责对北美、南美和英国、澳大利亚、新西兰等国的军事战略侦察；

第三局（亚洲国家局），负责对亚洲国家的战略侦察；

第四局（非洲国家局），负责对非洲国家的军事战略侦察；

第五局（作战情报局），前身为苏联时期的战役战术侦察局（军事目标侦察局），负责与第六局共同领导和协调各军区及各军队集群情报部的技侦工作。俄武装力量集团军以下各级侦察部门都通过军区参谋部情报局隶属于该局，海军的侦察部门也通过海军参谋部情报局隶属于该局；

第六局（无线电技术情报局），负责无线电技术侦察；该局还指挥控制军区、集群和舰队的电子情报机构及其下属的机构，各下属单位所获情报均上报该局，并由其进行分析。在车臣战争中，锁定杜达耶夫的手机，最终以精确定位导弹炸死杜达耶夫便是格鲁乌无线电侦察的杰作；

第七局（北约局），负责对北约的战略侦察；

第八局（个别国家局），负责实施对个别特定国家的情报侦察；

第九局（军事技术局），负责搜集军事技术情报；

第十局（军事经济局），负责搜集军事经济、军工生产与军售、经济安全等方面的情报；

第十一局（军事学说与军备局），负责搜集和研究军事理论和装备等方面的情况；

第十二局（战略核力量局），负责跟踪和研究世界各主要国家核战略思想及有关其核力量的情报。

其中第一、二、三、四、七、八局为情报侦察局，每个局又按国家和地区编成不同的方向处和组，主要负责向国外选派武官和其他身份的军事情报人员，组织在国外的情报收集工作，并负责情报的整编。

9个辅助保障局和处包括：航天侦察局，负责搜集间谍卫星情报；业务技术局，负责管理所有谍报人员的技术装备、设备；行政技术局，负责管理外汇和黄金等贵重物品；对外联络局，负责管理外事活动，并从中进行间谍情报活动；干部局；政策局；档案处；信息勤务处；信息分发处。

总参情报总局下辖的军事外交学院是俄军培养军事情报人员的专门院校，负责培养派驻世界各地的武官和以使馆外交人员掩护身份工作的情报人员，同时还为各军区参谋部培养作战技术侦察军官。

二、总参情报总局的职能

总参情报总局是俄军军事情报工作的主要职能部门，它集技术侦察、人力情报于一身，统管俄军所有战略侦察手段，主要任务是：在军事、军事政治、军事技术、军事经济和生态等领域开展侦察活动，组织军事间谍渗透和谍报侦察、前线侦察、无线电技术侦察、航天侦察和敌后破坏与游击行动，指导和监督驻外使馆武官、各军兵种、各军区及其下属作战部队情报部门的工作。

总参情报总局是重要的国家战略情报机构，拥有完整的情报体系，能够从事战略侦察、间谍侦察、无线电技术侦察和经济、科技、装备、航天情报侦察等所有类型的情报侦察活动，还具有相当的情报分析能力。

值得指出的是，由于普京总统十分重视情报工作，对军事情报机构委以重任，俄总参情报总局还承担“了解并预测国家利益所面临的威胁”的职能。因此，总参情报总局感兴趣的情报范围相当广泛，其搜集的情报远远超过了具有明显军事性质的情报，而是与一个国家进行战争的意向、能力和意图有关的任何情报：除军事情报、军事技术、军事政治、军事经济情报之外，还包括与军事有关或可能用于军事的技术、农业、工业潜力、能源及战略储备等情报。

近年来，俄罗斯国家安全面临的威胁不断增多，俄总参情报总局的职能也逐渐趋于多元化。在情报搜集领域不断扩大的同时，其活动范围也得以扩大，甚至可以奉命赴海外执行反恐等任务。俄军总参情报总局首脑公开宣称，格鲁乌特工人员随时准备在全世界任何地点展开行动，军事情报部门对某个地区的关注度，直接取决于所发生事件对俄安全的影响程度。目前，对俄国家安全的威胁可能来自任何国家和地区，甚至已经扩展到信息领域和太空，继美国和北约传统的武力威胁之后，国际恐怖主义等非传统安全因素的威胁也不断增大，关注这些威胁，是总参情报总局的重要职责。

三、总参情报总局的领导

总参情报总局受俄军总参谋部直接领导，其局长由副总参谋长兼任。总参情报总局局长在工作上直接隶属于总参谋长和国防部长，每天按特定程序向总参谋长和国防部长递交要情报告，然后再由其呈报国家领导人。与每周一接受总统接见的对外情报总局局长不同，总参情报总局局长与国家政治领导人没有直接联系渠道，只有在总统召见时才可直接向总统报告工作。

总参情报总局现任局长为 2009 年 4 月上任的亚历山大·什利亚赫图罗夫。外界普遍认为，上任局长瓦连京·科拉别利尼科夫下台的原因是与国防部领导在军事情报机构改革的问题上意见相左。什利亚赫图罗夫上台也意味着总参情报总局的改革步伐将进一步加快。

第四节 国家反恐委员会

根据2006年2月15日《关于打击恐怖主义措施》的俄联邦总统令，国家反恐委员会于2006年3月10日正式成立，是俄罗斯最高国家反恐协调机构。

一、国家反恐委员会的组成

（一）国家反恐委员会

国家反恐委员会是一个跨部门机构，其成员由下列21名联邦部门领导人组成：联邦安全总局局长（任委员会主席）；联邦总统办公厅副主任兼联邦总统助理；联邦内务部部长（任委员会副主席）；联邦安全总局副局长（任委员会副主席兼委员会办公室主任）；联邦会议联邦委员会副主席；联邦会议国家杜马副主席；联邦政府副总理兼联邦政府办公厅主任；联邦民防事务、紧急情况和消除自然灾害后果部部长；联邦外交部部长；联邦卫生与社会发展部部长；联邦通信与大众传媒部部长；联邦工业与贸易部部长；联邦交通部部长；联邦能源部部长；联邦司法部部长；俄罗斯对外情报总局局长；联邦警卫总局局长；联邦麻醉品监管总局局长；俄罗斯金融监督机构领导人；联邦国防部第一副部长兼联邦武装力量总参谋长；联邦安全会议副秘书。

为了保障国家反恐委员会的活动，在联邦安全总局编内成立了国家反恐委员会办公室，办公室主任由担任国家反恐委员会副主席的联邦安全总局副局长兼任。办公室下设恐怖主义活动预防协调局、打击恐怖主义活动协调局、信息分析局和行政处4个机构。

（二）联邦主体反恐委员会

为了协调联邦执行权力机关地方机构、联邦主体执行权力机关和地方自治机关在预防恐怖主义、降低其影响程度、消除其后果方面的活动，成立了联邦主体反恐委员会。联邦主体反恐委员会的领导人按职务由俄联邦各主体最高公职人员担任。

联邦主体反恐委员会由下列人员组成：联邦主体最高公职人员（最高国家执行权力机关领导人）（任委员会主席）；联邦安全总局地方机构领导人（任委员会副主席）；联邦主体国家立法机关（代表机关）代表；联邦内务部地方机构领导人；联邦紧急情况部驻各邦联主体总局局长；联邦麻醉品监管总局地方机构领导人；联邦警卫总局驻各联邦主体特种通信与信息中心主任。联邦主体反恐委员会主席可以在与相关机构协商后，决定吸收联邦执行权力机关、联邦执行权力机关地方机构、联邦主体执行权力机关的其他公职人员参加委员会。

（三）联邦行动指挥部

联邦行动指挥部由下列人员组成：联邦行动指挥部总指挥（由国家反恐委员会主席兼任）；联邦内务部长（任指挥部副总指挥）；兼任国家反恐委员会办公室主任的联邦安全局副局长（任指挥部副总指挥）；联邦国防部长；联邦民防事务、紧急情况和消除自然灾害后果部部长；联邦外交部部长；俄罗斯对外情报总局局长；联邦麻醉品监管总局局长；联邦警卫总局局长；俄罗斯金融监督机构领导人；联邦国防部第一副部长兼联邦武装力量总参谋长；联邦安全会议副秘书；联邦内务部内卫部队总司令。该总统令还明文规定：联邦行动指挥部和联邦主体行动指挥部所属的国家机关必须执行联邦行动指挥部依据其职权做出的决定。

（四）联邦主体行动指挥部

联邦主体（车臣共和国除外）行动指挥部由下列人员组成：联邦安全总局地方机构领导人（任指挥部总指挥）；联邦内务部地方机构领导人（任指挥部副总指挥）；联邦紧急情况部驻各邦联主体总局局长；联邦武装力量代表（根据选举情况）；联邦麻醉品监管总局地方机构领导人；联邦警卫总局驻各联邦主体特种通信与信息中心主任；联邦主体最高公职副职人员。联邦主体行动指挥部总指挥可以在与相关机构协商后，决定吸收联邦执行权力机关、联邦执行权力机关地方机构、联邦主体执行权力机关的其他公职人员参加指挥部。该总统令还明文规定：联邦主体行动指挥部所属的国家机关必须执行联邦主体行动指挥部依据其职权做出的决定。

（五）车臣共和国行动指挥部

车臣共和国行动指挥部由下列人员组成：联邦内务部副部长（任指挥部总指挥）；车臣共和国总统；联邦安全总局车臣共和国局局长（任指挥部第一副总指挥）；北高加索地区反恐行动联合集群部队司令员（任指挥部副总指挥）；北高加索军区司令员；北高加索地区内卫部队司令员；来自联邦内务部的北高加索地区反恐行动联合集群部队第一副司令员；来自联邦武装力量的北高加索地区反恐行动联合集群部队第一副司令员；兼任联邦安全总局北高加索行动协调局局长的保卫宪法制度与打击恐怖主义总局副局长；兼任联邦安全总局军事反间谍司北高加索地区临时行动组组长的该司副司长；联邦安全总局北高加索边防局局长；联邦紧急情况部南部地区紧急情况中心主任；联邦警卫总局驻南部联邦区特种通信与信息局局长；联邦司法部南部联邦区司法局局长；车臣共和国军事代表；联邦安全总局车臣共和国边防局局长；联邦

紧急情况部车臣共和国紧急情况总局局长；联邦麻醉品监管总局车臣共和国局局长；联邦警卫总局驻车臣共和国特种通信与信息局局长；联邦刑罚执行总局车臣共和国局局长；车臣共和国内务部部长；22536部队指挥官。

车臣共和国行动指挥部总指挥可以在与相关机构协商后，决定吸收联邦执行权力机关、联邦执行权力机关地方机构、车臣共和国执行权力机关的其他公职人员参加指挥部。

联邦内务部部长对车臣共和国行动指挥部和联合集群拥有总体领导权。

各级反恐委员会和行动指挥部的成立召集了俄罗斯联邦和地方国家机器中几乎所有相关部门来应对恐怖主义，使得国家反恐委员会各级组织具有了广泛的代表性，成为了打击恐怖主义的集体工具，同时也从侧面反映了俄罗斯所面临的反恐任务的繁重程度。

二、国家反恐委员会的职责任务

国家反恐委员会是协调联邦执行权力机关、联邦主体执行权力机关和地方自治机关在打击恐怖主义方面的行动，同时向联邦总统提供相关建议的国家机关。

国家反恐委员会的主要任务是：向俄联邦总统提供制定反恐领域国家政策及完善反恐法规的相关建议；统一协调联邦执行权力机关和联邦主体反恐委员会的反恐行动，并组织其与联邦主体执行权力机关、地方自治机关、社会团体和社会组织的协作；制定打击恐怖主义、消除恐怖主义产生根源的措施，以及保护可能的恐怖袭击目标的相关措施；参与国际反恐合作，制定反恐领域的国际条约草案；提出向参与反恐活动的人员提供社会保护和向恐怖活动受害者提供社会康复方面的建议；完成联邦法律规定的其他反恐任务。

三、国家反恐委员会的工作

（一）协调相关部门开展预防和打击恐怖主义的活动

国家反恐委员会成立之后，所有国家权力执行机构在反恐领域的活动效率得到了切实提高。在清剿北高加索地区非法武装分子的专项行动中，Халилов，Имурзаев，Батаев，Набиев，Ионов（Абу－Бакар）等多位车臣匪首毙命。较成立之前，俄罗斯境内恐怖主义事件大幅减少，恐怖活动蔓延的势头得到了有效遏制，俄罗斯政府的反恐行动取得了实质性的成果。尽管这取决于多种内外因素的共同作用，但各级反恐委员会和行动指挥部成员所领导的部门和机关间相互协调和合作的加强为这一成果的取得做出的贡献不可低估。

（二）完善打击恐怖主义的法律基础

除了协调相关部门开展预防和打击恐怖主义的活动之外，国家反恐委员会的另一个重要职责是完善打击恐怖主义的法律基础。在国家反恐委员会的推动下，俄罗斯政府陆续颁布了一系列旨在落实《俄联邦反恐怖主义法》、为反恐活动提供政策法律保障的命令。其中2007年6月6日颁布的第352号命令《关于落实反恐怖主义联邦法律的措施》明确规定了联邦武装力量在反恐领域使用武器和战斗装备的原则。根据国家反恐委员会的倡议，俄罗斯还对1991年12月27日出台的《大众传媒法》进行了修订，增加了关于开展反恐行动时对新闻报道内容进行限制的条文。

（三）完善国家反恐体系

为进一步完善国家反恐体系，国家反恐委员会研究制定了应对恐怖主义威胁的国家反应体系方案，根据这个方案拟定了5个恐怖主义危险级别，规定了反恐委员会与行动指挥部针对每一个恐怖主义危险级别所应采取的行动程序，明确了被授权采取这些决定的公职人员的权限。

此外，在国家反恐委员会的倡议下，俄联邦外交部成立了旨在向海外俄罗斯公民提供保护的紧急情况中心，并在俄罗斯所有驻外使领馆中成立了紧急情况小组，以采取紧急措施，及时向中心提供相关信息，并与当地政府合作。

（四）开展国际反恐合作

在恐怖主义活动日趋全球化的情况下，任何国家的反恐行动都离不开国际反恐大环境和国际反恐合作的支持。因此，积极参与国际反恐合作，制定反恐怖主义领域的国际条约草案，是国家反恐委员会的主要任务之一。在国家反恐委员会的推动下，俄罗斯签署和批准了联合国所有13个反恐领域的公约。为了提高在国际反恐合作方面的工作效率，国家反恐委员会还于2007年批准了《联邦执行权力机关在参与国际反恐合作范围内相互协同的概念性原则和组织原则》，其中提出了关于完善组织国际反恐合作方面的建议。

俄罗斯国家反恐委员会的成立在很大程度上改善了俄罗斯国家反恐体系中存在的协调不利的弊端，其成立以来取得的成效得到了俄罗斯国家领导人和世界各国反恐机构的肯定。世界各国的反恐经验都证明，国家权力机关的通力合作和公民社会的积极参与是应对恐怖主义的无上法宝，在这个方面，俄联邦国家反恐委员会树立了一个很好的例子。

第五节 联邦警卫总局

一、联邦警卫总局的组织体系

联邦警卫总局中央机关编制员额约600人，下设特种通信与信息总局、总统安全总局、克里姆林宫卫戍总局、总统警卫团、新闻处、联邦警卫总局驻联邦区特种通信与信息局、联邦警卫总局特种通信分队、联邦警卫总局特种通信和信息中心、联邦警卫总局科学院、教育科研及其他保障性组织。

二、联邦警卫总局的任务职能

联邦警卫总局是国家执行权力机关，其职责是制定国家警卫领域，以及总统、政府和各级国家机关特种通信与信息领域的国家政策、实施法律法规调节、进行监督和检查，并负责在自己的职权范围内组织国家安全保障机关之间的合作，协调它们在国家警卫、特种通信和信息领域的活动。

联邦警卫总局的主要任务是：保障国家警卫对象在常驻地、临时住地和行进线路中的安全；预警并发现对国家警卫对象的重要威胁，采取措施消除威胁；预告、发现并制止针对国家警卫对象和受保护对象的非法侵害；预告、发现并制止在国家警卫对象常驻地、临时住地和行进线路中针对其的犯罪和其他非法行为；保卫受保护对象；在自己的职权范围内参与反恐怖主义斗争；组织和保障国家机关特种通信与信息系统的应用、安保和完善；参与制定和落实保障俄联邦信息安全、对抗技术侦察和保护国家秘密方面的措施；落实俄联邦法律信息化领域的国家政策，协调该领域的工作；国家机关的信息技术和信息分析保障、信息电信系统和情况中心的技术服务和程序跟踪，以及在战时和紧急状况下管理国家的信息保障；保障自身的安全。

具体而言，联邦警卫总局的职能分为两个大的方面：一是负责总统和政府的警卫；二是负责总统和政府的保密通信。第一方面的具体任务包括：为总统提供饮食、交通和日常服务保障，为其他国家警卫对象提供交通服务保障；为总统家人及随行人员提供安全警卫；在国家警卫对象出行沿途及地区采取临时警戒、禁止通行和戒严等措施；警卫总统官邸、莫斯科克里姆林宫、联邦政府办公大楼、联邦委员会和国家杜马大楼、联邦审判机关大楼以及其他的国家官邸和国家别墅，警卫联邦执行权力机关办公地点、联邦警卫总局指挥机关办公地点及毗邻设施。第二方面的具体任务包括：为总统提供保密电话和密码文电通信保障，为总统与外国国家元首、政府首脑进行直接联络提供固定和移动国际保密电话和密码传真电报保障；为来访的外国领导人提供驻地保密电话通信保障，并根据总统指示为其提供移动保密电话通信保障；保障总统、政府、国防部与武装力量战役司令部、联邦主体执行权力机关的通信联系；管理和维护联邦政府机要通信网；在自己的权限内保障总统通信系统的可靠性和信息安全，防止从警卫场所向外辐射保密电子信号，并采取对抗国外技术侦察的措施；参与为国家驻外代表机构，以及外交和领事机关提供特种通信的工作；制定战时保障国家指挥的特种通信与信息工具的使用计划；负责组织本国领土上的备用特种通信网，做好战时使用准备。

三、联邦警卫总局的领导

根据2004年8月7日签署的《联邦警卫总局》总统令，联邦警卫总局设1名局长、3名副局长、正副局长相当于联邦政府部门正副部长级别。

目前，联邦警卫总局特种通信与信息总局的领导权由俄联邦总统行使，管理权由联邦警卫总局局长行使。特种通信与信息总局局长由联邦警卫总局第一副局长兼任，同时还设有5个副局长职位。

第三章

俄罗斯情报工作机制

俄罗斯情报工作由总统直接领导，安全会议和联邦政府分别负责决策协调和执行协调，联邦会议负责立法和监督。总统是国家情报系统直接的、最高的领导者。安全会议是国家高层磋商协调情报安全工作的“中间环节”。安全会议主席由总统担任，安全会议秘书由总统任免，主要负责领导安全会议机关，并在情报工作中发挥重要的组织与协调作用。联邦政府作为国家权力机关，在情报领域负责执行总统的决策，协调各机构的情报活动。联邦会议一方面拥有情报工作立法权，另一方面还拥有监督权，主要通过财政监督、议会听证及议会质询等方式对各情报机构的活动实施监督。

第一节　领导机制

根据俄罗斯宪法的规定，国家安全的职权属联邦专有，各联邦主体无权行使。因此，俄罗斯联邦组成中的各共和国、边疆区、州、联邦直辖市、自治州、自治专区的联邦安全局（处）等分支机构均由俄罗斯联邦安全总局垂直领导。而在联邦层面，总统是情报工作的最高领导人。

《俄罗斯联邦宪法》、《俄罗斯联邦安全法》及其他情报立法确立了俄罗斯联邦总统在情报体制中至高无上的领导地位，并赋予了他广泛的权力。

首先，总统拥有确定国家情报安全领域基本方针的权利。“俄罗斯联邦总统按俄罗斯联邦宪法和联邦法律决定国家内外政策的基本方针”，“在法律规定的职权范围内做出保障国家安全的决定”。

其次，总统拥有对情报机构总体与直接的领导权。根据《俄罗斯联邦安全法》第 11 条，俄联邦总统“对国家安全保障机关实施总的领导”，“领导俄联邦安全会议”，“对国家安全机构的活动进行监督和协调”。除了这种总体领导权之外，总统还通过总统直属行政权力机构的确立，对情报机构及其活动拥有批准其组织编制、确定其任务、监督其活动、任命其领导人等直接的领导权。对外情报总局、联邦安全总局都是总统直属机构，根据《俄联邦安全总局条例》的规定，总统“依法对联邦安全总局的工作实施领导”，任命“联邦安全总局局长”，“批准《联邦安全总局条例》及其组织编制”。根据《俄联邦对外情报法》的规定，总统“对对外情报总局实施总体领导”，“负责确定对外情报活动的任务，监督和协调对外情报总局的活动”，任命“对外情报总局局长”。

除上述行政权力之外，总统所拥有的立法权（立法提案权、法律签署公布权、发布命令权）也使总统在情报体制中至高无上的地位得以进一步加强。

第二节　协调机制

俄罗斯情报工作的协调机制分为决策协调和执行协调两种。

决策协调由俄联邦安全会议执行，执行协调则由联邦政府负责。

苏联时期，负责开展国家情报活动的克格勃直接向苏共党中央政治局负责，没有法定的情报决策协调机构。独立之后，俄罗斯为健全情报体制，于1992年根据《安全法》组建了俄罗斯历史上第一个情报决策咨询机构——俄联邦安全会议（简称安全会议），后来又于2004年颁布了《俄联邦安全会议条例》，对安全会议的地位和职能做出了明确的规定。

根据《俄联邦安全会议条例》第1章的规定，安全会议是“为总统准备有关保障安全方面的决定的宪法性机构”，还是俄罗斯现行宪法唯一明文要求成立的、隶属于总统的会议咨询机构。它“负责准备俄罗斯联邦总统有关保障个人、社会、国家的重要利益免受内外威胁的决定、在保障安全领域推行统一的国家政策”、是“保障俄罗斯联邦总统履行自己保护人和公民的权利与自由，保卫俄罗斯联邦主权、独立和领土完整的宪法权限的宪法性机构”。

安全会议属总统的常设性会议咨询机构，设主席、秘书、常委和委员等职。安全会议主席由总统担任，负责组成和领导安全会议。安全会议秘书由总统任免并直接向总统负责。安全会议的常委和委员由总统根据形势变化和安全会议秘书的建议任命。目前安全会议的常委包括：总统、安全会议秘书、总理、外交部长、国防部长和联邦安全总局局长等。现任安全会议委员包括：总统办公厅主任、对外情报总局局长、国家杜马主席、联邦委员会主席、俄罗斯武装力量总参谋长、内务部长、司法部长、总检察长、紧急情况部长、俄罗斯科学院院长和总统驻联邦区全权代表等。

表2　安全会议的机构设置①

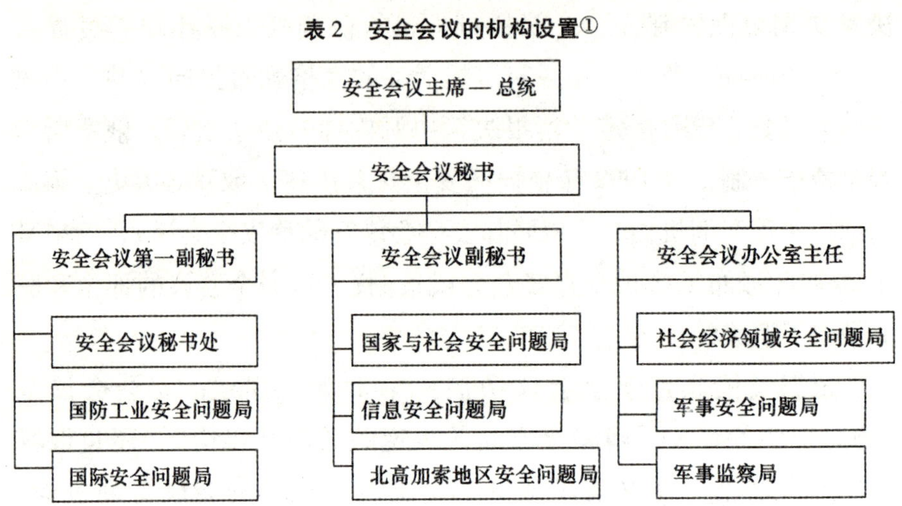

安全会议秘书负责安全会议活动的保障，并领导安全会议机关（隶属于总统办公厅的一个独立分支机构），在情报体制中发挥着重要的组织与协调作用。根据《俄罗斯联邦安全会议条例》第六章的规定，安全会议秘书的具体任务包括：向俄罗斯联邦总统通报国家面临的内外安全问题、国家防御能力问题、军事技术合作问题，以及全球信息系统的发展问题；总结俄罗斯联邦安全状况并向安全会议提交情报分析简报；以独到的见解组织制定俄罗斯联邦安全保障领域的战略；向联邦行政权力机关和俄罗斯联邦各主体行政权力机关、机构、组织及主管人员寻求安全会议及其办公厅开展活动所需要的情报信息、文件和材料等。

根据主要任务和活动方向，安全会议下设常设性的工作机关（跨部门委员会）和临时性的工作机关，并设立由安全会议秘书领导的职能机构（安全会议机关）。

常设跨部门委员会是安全会议的主要工作机构，为安全会议准备国家安全政策方针的建议与咨询，协调联邦行政权力机构和联邦主体行政权力机构完成联邦安全专项纲要和安全会议决定方面的工

① 本表根据《俄联邦军事基本情况》2004年版相关表格整理而成。

作。安全会议跨部门委员会每季度至少举行一次会议，必要时可以举行非例行会议。目前，安全会议设立宪法安全、军事安全、信息安全等11个常设跨部门委员会，担负着不同方向的情报分析与决策建议的任务。例如，根据《俄联邦安全会议国际安全跨部门委员会条例》，安全会议国际安全跨部门委员会的职能之一就是分析和预测俄罗斯面临的国际安全形势，分析有关国家国际安全状况的情报，并向安全会议提出完善安全系统的建议。

作为俄联邦宪法唯一明文要求成立的总统会议咨询机构，俄联邦安全会议的地位特殊，具有“审议俄罗斯联邦对内对外和军事政策问题”及其“法律草案”等12项职能。凡与国家利益有关的重大问题都要在总统主持召开的安全会议中进行专门的研究、审议通过，包括有关国家安全方面的对内、对外政策和国家经济、社会、国防、新闻、生态、保健、防止紧急情况及消除其后果、确保稳定和法律秩序等方面的战略问题。安全会议的影响遍及国家政治、经济、情报安全领域的各个方面，其活动体现在搜集分析情报、协调部门立场、准备决策方案、采取最终决策和评估决策效果等决策过程的各个阶段。安全会议不仅可以审议俄罗斯政治经济生活的几乎所有重大问题，而且可以通过安全会议跨部门委员会的渠道协调对外情报总局、联邦安全总局等行政权力机关在执行保障安全领域所采取的活动。“安全会议可以在不干涉政府各个部门的职权和具体行动的情况下，协调它们的工作。为完成一定的政治目标，安全会议向联邦政府提出有关完成任务的目标、途径、手段和期限等要求，并监督其执行情况，而政府无权干预安全会议的活动范围。”[1] 俄罗斯国家安全会议仅在1999年10月至2000年6月间，就先后审议通过了新的《俄罗斯国家安全构想》、《俄罗斯军事学说》和《俄罗斯信息与

① Манилов В. Л. Безопасность в эпоху партнерства. М.，1999. С. 164.（В. Л 马尼洛夫：《伙伴时代的安全》，莫斯科，1999年，第164页。）

安全学说》等重要的国家安全决策文件，可见该会议在俄罗斯国家安全决策体制中的作用非同一般。

联邦政府作为国家权力机关，在情报领域负责执行总统的决策，协调各机构的情报活动，因此俄罗斯情报工作的执行协调由其实现。

《俄罗斯联邦政府法》明确规定，“总统根据俄罗斯联邦宪法、俄罗斯联邦宪法性法律和联邦法律，领导涉及国防、安全、内务、外交、预防和消除紧急状态危害等事务的联邦行政权力机关的活动，作为俄罗斯联邦武装力量最高统帅和俄罗斯联邦安全会议主席行使其权力”，“俄罗斯联邦政府根据俄罗斯联邦宪法、俄罗斯联邦宪法性法律、联邦法律和俄罗斯联邦总统的命令与指示协调上述联邦国家行政权力机构的活动”。根据《俄罗斯联邦安全法》的规定，联邦政府组织、监督俄联邦政府部门和国家委员会、其他政府下属机构、各加盟共和国等联邦主体制定和落实保障国家安全方面的措施。

与总统的巨大权力相比，法律所规定的联邦政府在情报安全领域的权力相当有限，主要体现在行政协调方面。但联邦政府所拥有的其他行政权力可对情报机构及其活动产生影响。首先，政府负责制定并向国家杜马提出年度联邦预算，而所有国家政策、包括情报安全政策的实施都在很大程度上取决于具体的预算拨款份额。其次，联邦政府也拥有参与立法权。政府所拥有的立法权可以使其在一定程度上对情报安全立法进程产生相应的影响。再次，宪法赋予了联邦政府总理向总统提交联邦行政权力机关组成的建议权，这意味着总理可以提出有关建立、改组或撤销联邦安全总局、对外情报总局等行政权力机关的建议。

第三节 监督机制

根据俄罗斯相关情报立法的规定，俄罗斯情报机构及其活动除了接受直接领导总统的监督之外，还必须接受立法和司法机构的监督。因此，俄罗斯情报工作的监督机制包括总统监督、议会监督、法院监督和检察院监督等形式，其中最主要的形式是议会监督，此处重点介绍联邦会议在情报体制中的作用及其监督职能。

作为俄罗斯的立法权力机关，俄罗斯联邦会议拥有对联邦政府和联邦行政权力机关的监督权，并据此在情报体制中行使立法监督机构的职能。联邦会议的监督职能具体体现在以下三个方面：

1. 议会听证权。《俄联邦宪法》第 101 条规定，联邦委员会和国家杜马有权“对自己所管辖的问题举行议会听证会”。议会听证会可以邀请情报部门等行政权力机构官员、科研机构代表及社会各界人士参加，听证会所通过的建议送交政府、相关部委和组织。议会听证会是联邦会议监督国家情报活动的一个重要手段，联邦委员会和国家杜马可以举行议会听证会听取联邦安全总局和对外情报总局局长的工作报告及安全机关公职人员的专题报告。

2. 议会质询权。按照《俄罗斯联邦会议联邦委员会成员和国家杜马代表地位法》规定，联邦会议两院代表有权在联邦委员会或国家杜马会议上，以书面形式向俄罗斯联邦政府、各联邦行政权力机关领导人提出质询。被质询的国家公务人员应在收到质询之日起 15 日内，或按照相应规定的其他期限，以口头或书面的形式给予答复。国家杜马代表还有权在本院会议上，向俄罗斯联邦政府的任何成员提出问题。该政府成员必须到会做出解释或给予书面答复。

3. 情报活动经费审议监督权。联邦会议下院国家杜马拥有审议联邦预算的权利，其中包括有关国防（总参情报总局）开支、对外情报总局和联邦安全总局及其他情报机构的经费开支，并对情报工作的开展产生相应影响。

此外，在对外情报活动的监督方面，除一般程序上的监督外，俄罗斯联邦审计院作为联邦会议审计部门，① 还拥有一项专门权力，即检查划拨给对外情报机关预算开支情况的权力。俄罗斯联邦审计院下设一个由其某些成员组成的专门小组。在按照《俄联邦国家保密法》的规定履行完接触国家秘密的手续后，该专门小组有权征调对外情报机关的开支预算完成情况的文件，在不公开的会议上，听取对外情报机关的领导人就这些问题做出的报告。

在当今俄罗斯，尽管立法机构在情报安全领域的权力相对有限，但无论是在情报立法中，还是在实践活动中，立法机构都是俄罗斯情报工作机制的重要组成部分，对情报工作还具有以下两个方面的影响：

第一，情报安全立法权。联邦会议有权通过联邦法律，规范一切国家权力机关的活动。联邦会议对包括对外情报总局和联邦安全总局在内的联邦行政权力机关体系，对它们的组织和活动程序实施法律调整，规定国家权力代表机关和行政机关的一般组织原则。并"依照俄罗斯联邦宪法，根据俄罗斯联邦总统和俄罗斯联邦政府的提议，制定俄罗斯联邦国家安全保障方面的法律基础"。②

第二，对总统的制约权。《俄罗斯联邦宪法》第80、90条规定，"俄罗斯联邦总统按俄罗斯联邦宪法和联邦法律决定国家内外政策的

---

① 俄罗斯联邦审计院是常设的财政监督机关，隶属于俄罗斯联邦会议。国家杜马任免审计院主席及其半数审计员，联邦委员会任免审计院副主席及其半数审计员。

② Концепция национальной безопасности РФ（Указ Исполняющего обязанности Президента РФ В.В.Путина № 24 "О Концепции национальной безопасности РФ" от 1-го января 2000г.）《俄罗斯联邦国家安全构想》（俄罗斯联邦代总统普京 2000 年 1 月 10 日 第 24 号令。）

基本方针”，“俄罗斯联邦总统的命令和指示不应与俄罗斯联邦宪法和联邦法律相抵触”。这两项规定使总统在进行情报安全决策时必须考虑既有的联邦法律体系，并与联邦会议协调立场，进行合作。此外，国家杜马有权对俄罗斯联邦总统提出叛国罪或其他重罪的指控，联邦委员会有权按照法定程序做出是否弹劾总统的决议。尽管在实践中，弹劾总统极其困难，但联邦会议的这种权力无疑会对总统的决策行为产生一定的影响。

第四节　情报机构设置机制

苏联解体后，叶利钦对苏联国家安全委员会系统分而治之，将原来高度集中的国家情报机构一分为二，分别形成了目前负责对外情报搜集活动的对外情报总局和负责国内安全的联邦安全总局，总参情报总局则得到保留，形成了三大情报机构各有分工，相互协作的情报机构设置机制。

三大情报机构的职能任务各不相同，对外情报总局负责对外谍报侦察和无线电技术侦察，获取重要的战略情报；联邦安全总局负责国内安全（反间谍），其下属的边防军部队则担负着边境侦察任务；总参情报总局负责获取军事技术、军事经济和生态领域的情报，担负着向国家军事指挥当局提供战略以及战役战术情报的任务。

在对外情报活动方面，根据《俄罗斯联邦对外情报法》第二章第 11 条的规定：对外情报总局负责政治、经济、军事战略、科学技术和生态领域的情报工作，以及保障俄罗斯驻外机构和有可能接触到国家机密情报的境外俄罗斯联邦公民安全的工作；国防部对外情报机构（总参情报总局），负责军事、军事政治、军事技术、军事经济和生态领域的情报工作；总统下属的联邦政府通信和信息局的对外情报机构，负责利用无线电电子设备开展政治、经济、军事和科学技术领域的情报工作；边防总局的对外情报机构，负责保卫俄罗斯联邦国家边界、俄罗斯联邦经济特区和俄罗斯联邦大陆架方面的情报。

同时，各情报机构的职能也互有交叉，相互协作。除负责对外谍报侦察外，对外情报总局还兼有部分军事侦察的职能。除负责国内安全外，联邦安全总局 2003 年接管联邦边防总局的全部职能，以及联邦政府通信和信息署的部分职能外，还拥有了这两个机构原有的对外情报活动的职能。根据俄总统普京 2003 年 8 月 11 日批准的《联邦安全总局条例》，联邦安全总局的任务包括在自己的职权范围内开展侦察活动；在自己的职权范围内与俄联邦对外情报机构合作开展获取和加工侦察情报的工作；而总参情报总局“搜集的情报显然远远超过了具有明显军事性质的情报，而是与一个国家进行战争的意向、能力和意图有关的任何情报”。①

① ［美］杰弗里·里彻逊：《剑与盾——苏联情报与安全机构》，时事出版社 1989 年版，第 34 页。

第四章

俄罗斯情报立法工作

第一节　俄罗斯情报立法的历史回顾

一、情报立法的空白期

1917 年十月革命胜利后，新生的俄罗斯苏维埃联邦社会主义共和国建立了自己的情报机构——全俄肃反委员会（简称契卡）。后来，俄罗斯和苏联情报机构几经演变，数度改组，但其职责权力一直没有专门的法律法规做出规定。

俄罗斯苏维埃政权建立之初，国外帝国主义势力进行武力干涉，国内反动势力不断挑起叛乱与破坏活动，年轻的苏维埃政权处境艰难，除在 1918 年制定了《苏俄宪法》之外，无暇顾及国家法律制度建设问题，国家情报立法工作更是未列入考虑之列。后来，国内外形势趋于平缓，苏联逐渐走上国内建设的道路，陆续制定了《刑法》（1922 年）、《民法》（1923 年）、《劳动法》（1922 年）、《土地法》（1968 年）、《刑事诉讼法》和《苏俄民事诉讼法典》（1964 年）等主要法典，但情报工作领域的立法却一直是个空白。无论是国家政治保卫局、国家政治保卫总局、国家安全总局，还是国家安全委员会，始终接受苏共中央政治局的直接领导，地位高于一般政府机构。

对情报机构职权范围的调整主要依据苏共党中央的命令进行。

为适应以红色恐怖手段打击反革命势力的需要，全俄肃反委员会的职能被定为“在全国范围内消灭反革命和怠工的企图与行为”，他同时拥有调查权和执法权。由于缺乏法律限制和实际监管，全俄肃反委员会手中的权力不断膨胀，其在俄罗斯国内掀起的红色恐怖浪潮也逐渐走向了失控的边缘，肃反委员会的一些成员以阶级斗争为幌子，恣意利用手中的权力，干了许多打击异己、滥杀无辜的行为。

随着形势好转，列宁和俄共中央意识到应该“减少以至停止由契卡直接逮捕和镇压的做法，限制其职权”。1921 年 12 月 28 日召开的全俄苏维埃代表大会第九次会议指出，“苏维埃政权在国内和国外的巩固使得我们可以削减肃反委员会的职能及其机关了”。因此，当 1922 年 2 月 8 日全俄肃反委员会被改组为国家政治保卫局时，苏维埃政权规定，其活动领域仅限于组织和实施打击破坏活动，无权处理其他涉及刑事犯罪的案件，与肃反委员会时期相比，国家政治保卫局的权利被削弱了不少。

但是，由于苏维埃政权对国家政治保卫局的职责和活动领域的规定是比较笼统的，在当时革命形势的推动下，国家政治保卫局的权限不断扩大，逐步获得了原肃反委员会的大部分权力。1922 年全俄苏维埃中央执行委员会颁布的法令还使国家政治保卫局获得了驱逐、监禁，在一定情况下枪决反革命分子、暴徒及个别类型刑事罪犯的权力。①

在斯大林时期，隶属于内务人民委员会的国家安全总局担负着同一切反革命活动做斗争的任务，拥有肃清所有“人民之敌”的特权。1954 年苏联部长会议国家安全委员会（简称克格勃）成立后，其势力几乎渗入了社会生活的每个方面。1958 年 12 月 23 日，苏共

① 王铭玉等编译:《克格勃全史》，黑龙江人民出版社，1998 年版，第 70 页。

中央委员会签署了《苏联部长会议国家安全委员会条例》，对国家安全委员会的职权和保障等方面的问题进行了规定。该条例的第一章明确规定，国家安全委员会“是负责落实党中央和政府关于保护社会主义祖国免受外部和内部敌人侵害的措施的政治团体”。此外，国家安全委员会也有其他一些不公开的内部文件。但是，《苏联部长会议国家安全委员会条例》等文件既不是立法机关制定的，也没有对社会公开，它们并不是真正意义上的情报立法。

二、情报立法的探索期

俄罗斯历史上真正的情报立法活动直到苏联解体前夕才出现。戈尔巴乔夫执政之后，新思维改革的浪潮亦波及到了国家安全委员会，社会上要求撤销或改组克格勃的呼声日益高涨。为适应国内民主改革形势的发展，为国家安全机关的活动寻找法律依据，克格勃从 1989 年开始起草《国家安全机构法》。领导法律起草组的是克格勃主席顾问、法学博士谢尔盖·季亚科夫，但所有条文都由时任克格勃主席克留奇科夫最终确定。

1990 年 12 月，《国家安全机构法》草案提交苏联最高苏维埃。直到 1991 年 5 月 16 日，经过多次讨论和修改之后，法律获得通过。同日，苏联总统戈尔巴乔夫签署了法律，5 月 24 日《国家安全机构法》开始实施。

《国家安全机构法》规定的主要内容包括：国家安全机构的任务、组织架构和职责权利，国家安全机构开展活动所必须的特权，国家安全机构工作人员的法律地位和社会保障，对国家安全机构的监督。法律规定，国家安全机构活动的基本原则就是“遵守法制”、“所有人在法律面前平等”，在开展活动时须“保障公民的权利和自由”，国家安全机构的工作人员“不受政党决议的约束”，国家安全机构的活动还须遵循“公开性”原则，即国家安全机构要向其他国家机关、劳动集体、社会团体和新闻媒介通报有关维护国家安全的情况和问题，但法律规定的国家机密、职务机密和商业秘密不在此限。法律中没有提到苏联共产党，对克格勃的主要活动也重新进行了表述，例如，情报活动不再强调在资本主义国家进行，保护国家边境代替了“同反苏联和苏联内部的民族分裂因素做斗争”。

《国家安全机构法》是苏联情报机构70多年历史上的首部法律，是旨在为国家情报机构的活动提供法律依据的首次尝试。但《国家安全机构法》出台时，苏联的解体趋势已经昭然若揭，克格勃内部也已陷入混乱，叶利钦和克留奇科夫达成了关于成立俄罗斯苏维埃社会主义共和国国家安全委员会的协议，因此法律的出台事实上没有得到太多关注。1991年12月15日苏联解体之后，《国家安全机构法》即告废止。

纵观苏联情报工作历史，尽管情报机构一直在国家机器中占据中心位置，在国家政治生活中扮演着不可取代的角色，但国家情报立法工作都没有得到应有的重视。在苏联70多年的历史中，情报机构就像是一个隐形的神秘王国，按照自己的内部文件的规定开展工作，几乎谈不上对情报工作的监督。唯一一部规定情报机构任务和职责的法律也是在苏联国内要求规范和限制其活动的呼声日渐高涨的情况下才制定的。苏联情报工作历史说明，不对国家情报机构的地位和职责权利进行明确的法律规定，势必在客观上导致其滥用职权，甚至危害国家安全，正是基于这一深刻教训，俄罗斯在苏联解体之后十分重视国家的情报立法工作。

三、大规模立法期

俄罗斯情报立法工作的速度之快和规模之大是世界各国所不能比拟的。他在短时间内集中出台了一系列法律、法规和条例，明确了情报机构的地位和职能及情报工作的原则，建立起了俄罗斯国家情报法律体系。1992 年 3 月 5 日，独立仅 3 个月，就颁布了国家情报工作领域的一部重要法律《俄联邦安全法》，这部法律至今仍在使用。1992 年还集中出台了《俄联邦侦缉行动法》（3 月 13 日）、《俄联邦国家安全机关法》和《俄联邦对外情报机关法》（7 月 8 日）。这其中俄罗斯总统叶利钦的作用不可忽视。由于在苏联最后解体过程中克格勃曾发挥了关键的作用，叶利钦对情报机构的巨大权力和其对政局走向的巨大影响力十分清楚，因此他在俄罗斯建立初期的动荡之中即着手进行情报立法工作。

俄罗斯情报立法工作的一个重要内容是颁布实施有关情报安全工作的联邦法律。1992 年 3 月 5 日，出台《俄联邦安全法》（分别于 1992 年 12 月 25 日、1993 年 12 月 24 日、2002 年 7 月 25 日、2005 年 3 月 7 日颁布法令对其进行补充修订）；1992 年 3 月 13 日，出台《俄联邦境内侦查活动法》；1995 年 8 月 12 日，废止《俄联邦境内侦查活动法》，颁布《俄联邦侦查活动法》（分别于 1997 年 7 月 18 日、1998 年 7 月 21 日和 1999 年 1 月 5 日颁布法令对其进行补充修订）；1997 年 12 月 17 日，出台《俄联邦国家安全构想》；1998 年，出台《俄联邦反恐怖斗争法》；2000 年 1 月，出台新版《俄联邦国家安全构想》；2000 年 9 月，出台《俄联邦信息安全学说》；2006 年 3 月，废止《俄联邦反恐怖斗争法》，出台《俄联邦反恐怖主义法》。

另一个内容是出台规定情报机构任务、职能、建制和领导关系的组织条例。对外情报机构方面，1992 年 7 月 8 日，颁布《俄联邦对外情报机关法》；1995 年 12 月 8 日，颁布《俄联邦对外情报法》，同时宣布废止《俄联邦对外情报机关法》。国内情报机构方面，1991 年底至 1992 年初，现俄联邦安全总局的前身俄联邦国家安全委员会被相继改组为俄联邦安全署、俄联邦安全部后，联邦议会于 1992 年 7 月通过了《俄联邦国家安全机关法》；1993 年，将俄联邦安全部改组为单一的俄联邦反间谍局时，颁布了《俄联邦反间谍局条例》；

1995年，对俄联邦反间谍局的职能进行调整，组建俄联邦安全总局，同时颁布了《俄联邦安全总局机关法》；1998年，为适应形势的发展，俄罗斯废止了《俄联邦安全总局机关法》，出台了《俄联邦安全总局条例》；2003年，对联邦安全总局的改组使其被赋予了更多职能，于是又出台了新的《俄联邦安全总局条例》。

第二节　俄罗斯现行情报法律体系的构成

经过独立后的长期建设，俄罗斯关于情报工作的法律法规逐渐形成、扩充和完善，构建了一个相对齐备的法律体系。目前，俄罗斯情报工作的法律体系由三个层次的法律法规构成。

一、情报工作法律体系的核心基础：《俄罗斯联邦宪法》

现行《俄罗斯联邦宪法》是1993年12月12日由全民公决通过的，并分别于1996年1月9日和1996年2月10日由总统签署命令进行修订。它不仅确立了俄罗斯的宪政原则，奠定了国家政治和经济制度的原则基础，规定了公民的基本权利、自由和义务，还规定了国家组织和国家机构的活动原则，从而构成了俄罗斯情报工作法律体系的核心基础。俄罗斯情报工作法律体系是在由俄罗斯联邦宪法确立的宪政制度框架下运作的，保障以国家宪政原则为基础的宪政制度的安全是国家情报机关活动的最重要的原则，也是国家情报机关的最重要的任务。

二、情报工作法律体系的重要支柱：有关情报安全工作的联邦法律

1992年3月5日通过的《俄联邦安全法》，确立了保障个人、社会和国家安全的法律基础，规定了国家安全系统的范畴及其职能，规定了国家安全系统的财政拨款程序以及对国家安全活动的监督等，并对俄联邦安全会议的法律地位、职能、权限和工作程序做出了相应规定。该法共分五章。第一章“总则”界定了国家安全的概念、保障国家安全的原则、法律基础等。第二章“国家安全系统”规定俄罗斯的国家安全系统由“立法、行政和司法机关、国家、社会组织和团体以及参与维护国家安全的公民和调整安全领域关系的法律组成”。第三章“国家安全会议”规定了该“会议”的组成及程序，法律地位及任务等。第四章“国家安全活动的经费开支”。第五章“对安全活动的监督”。规定对安全活动的监督由最高苏维埃通过俄罗斯共和国苏维埃和民族苏维埃以及相应的两院下属委员会和最高苏维埃下属委员会依照现行法律进行，俄罗斯总检察长及其下属的检察长们对国家安全机关的活动和遵守法制的情报实施监督。此外，社会组织和公民有权依照法律规定了解有关国家安全机关活动的情况。

1995年8月12日颁布的联邦法律《侦查活动法》，对侦查活动的概念、任务、原则和法律基础，侦查活动的实施，在俄罗斯境内从事侦查活动的主体，从事侦查活动机构的职责，公民在侦查活动中的义务，对侦查活动的财政保障和监督等做出了规定，并强调，侦查活动必需建立在宪法原则基础上，尊重并维护个人及公民的权利和自由。

2000年1月出台的《俄联邦国家安全构想》，论述了俄罗斯的国家利益、国家安全面临的威胁、国家安全保障的主要目标、根本任务、基本原则、主要活动方向、所采取的措施和使用的手段以及

国家安全体系及其指挥机构等问题，是有关在俄罗斯境内保障个人、社会和国家在所有活动领域的安全，使其免受内外威胁的基本方针，是俄罗斯解决所有安全问题的最高纲领和基本依据。在关于保障国家安全的基本原则方面，《俄联邦国家安全构想》明确规定，在保障国家安全的活动中遵守俄联邦宪法、法律和国际法准则，尊重人的权利和自由等。

2000 年 9 月出台的《俄联邦信息安全学说》，阐明了俄罗斯在信息安全方面的立场、观点和基本方针，提出了俄罗斯在信息安全领域的国家利益及其维护国家利益的手段，明确了俄罗斯在信息安全领域面临的主要威胁及其相关因应措施。

2006 年 3 月出台的《俄联邦反恐怖主义法》，是在 1998 年出台的《俄联邦反恐怖斗争法》的基础上修订的。该法案确定了俄罗斯反恐怖主义活动的法律基础、组织基础和监督机制。规定了开展反恐活动必须遵守的原则、反恐活动的主体及其权限、与恐怖分子进行谈判的原则、在反恐行动中管理媒体的原则等。与 1998 年的反恐法案相比，该法案进一步扩大了情报机构开展反恐行动时的权限。

三、情报工作法律体系的基本内容：有关情报机构的组织条例

1996 年 1 月 10 日出台的《俄联邦对外情报法》规定，俄联邦对外情报总局是俄罗斯安全保障力量的组成部分，它使用某种合法的方法和手段捍卫个人、社会和国家免遭来自国外的威胁。俄联邦对外情报总局的使命是：为俄联邦总统、联邦会议和联邦政府做出政治、经济、军事战略、科学技术和生态等领域的决策提供情报保障；为顺利实施俄罗斯在安全领域的政策创造有利条件；促进俄罗斯经济发展、科技进步及军事与国防安全。俄罗斯对外情报活动必须遵守的原则有：作为联邦安全保障力量组成部分的联邦行政权力

机关权限分工的原则、合法性原则、尊重个人和公民权利与自由的原则、受俄罗斯总统和联邦议会监督的原则、公开与不公开的方法和手段相结合的原则。

2003 年 8 月 11 日出台的《俄联邦安全总局条例》规定，俄联邦安全总局的职责是调查、预防和制止俄联邦所面临的安全威胁，并向总统、总理以及他们指定的联邦国家权力机关和联邦主体国家权力机关通报安全威胁。联邦安全总局担负的主要任务包括：开展反侦察活动；开展打击犯罪和反恐行动，根据“对外情报法”开展情报活动，负责搜集与保障国家安全有关的各种情报，并与对外情报机关密切协作，开展对外情报工作；保障边防安全和信息安全。联邦安全总局的活动必须遵守以下原则：遵守法制、尊重公民的权利和自由、保守秘密、公开与不公开的活动方式相结合、对联邦安全机关实施集中统一领导。

第三节 俄罗斯情报立法的特点

俄罗斯独立之后，以叶利钦为首的总统一方和以哈斯布拉托夫为首的议长一方围绕未来国家政权组织形式产生了严重分歧。总统一方主张扩大总统权力，建立美国式的总统制共和国。议长一方既反对实行美国式总统制，又反对实行法国式总统制，他们主张实行总统和议会拥有平等权力的“高效率议会和高效率总统”体制。双方分别起草自己的俄罗斯联邦新宪法草案，展开了激烈的较量。随着斗争的尖锐化，爆发了 1993 年的“十月事件”，叶利钦总统用武力清除了反对派，议长哈斯布拉托夫被捕入狱，俄罗斯联邦最高苏维埃不复存在。俄罗斯最终确立了确认法国式总统制的《俄罗斯联邦宪法》，即俄罗斯联邦现行宪法。

《俄罗斯联邦宪法》第一章确认了俄罗斯宪政制度的一些最基本的原则，如主权在民原则、法制国家原则、人和人的权利自由是最高价值原则、三权分立与制衡原则、多党制原则、国家和公民互相承担责任原则、社会国家原则、地方自治原则等等。其中法制国家原则、人和人的权利自由是最高价值原则和三权分立与制衡原则对俄罗斯情报工作立法产生了重要影响，在俄罗斯情报立法中得到了体现。

俄罗斯联邦总统制是具有议会制特点的法国式总统制，但它赋予俄罗斯联邦总统的权力比法国总统权力大得多。例如，俄罗斯联邦总统不需同总理及议会两院议长磋商，可独立做出解散国家杜马的决定；总统决定国内外政策的基本方针；总统不可侵犯等。与美国总统相比，俄罗斯总统也拥有更大的权利，例如，俄罗斯联邦总统不兼任政府首脑，但政府总理和其他成员由总统按法定程序任免，政府会议也由总统主持。政府活动实际上由总统控制。在国家杜马对政府表示不信任后，总统可以宣布政府辞职或解散国家杜马，但总统不辞职。因此，俄罗斯国家权力结构的特点就是“强总统，弱议会，小政府”。《俄罗斯联邦宪法》赋予总统巨大权力的特点在俄罗斯情报立法中同样得到了充分体现。

一、根据法制国家原则规定所有情报机构的活动都要依法进行

俄联邦宪政制度的法制国家原则要求赋予法律至高无上的地位，所有国家机关的组建及其活动均需按照法律规定开展。因此，俄罗斯通过议会立法规定，情报机构在履行职能时，必须遵守俄联邦宪法、法律和其他法规，所有情报机构的活动，不论是反间谍活动还是对外情报活动，都要依法进行。纵观俄罗斯情报工作的立法进程，不难发现，每次改组和调整情报机构，俄罗斯都会出台相关法律法

规，对情报机构的任务、职能、建制和领导关系等做出规定，力求使情报机构的设置和职能有法可依。以俄联邦安全总局的改组过程为例，1991 年底至 1992 年初，俄联邦安全总局的前身俄联邦国家安全委员会被相继改组为俄联邦安全署、俄联邦安全部后，联邦议会于 1992 年 7 月通过了《俄联邦国家安全机关法》；1993 年，将俄联邦安全部改组为单一的俄联邦反间谍局时，颁布了《俄联邦反间谍局条例》；1995 年，对俄联邦反间谍局的职能进行调整，组建俄联邦安全总局，同时颁布了《俄联邦安全总局机关法》；1998 年，为适应形势的发展，俄罗斯废止了《俄联邦安全总局机关法》，出台了《俄联邦安全总局条例》；2003 年，对联邦安全总局的改组使其被赋予了更多职能，于是又出台了新的《俄联邦安全总局条例》。值得一提的是，俄罗斯自 1998 年起在联邦安全总局内设立了史无前例的“条约法律局”，在 2003 年的改组和 2004 年的结构调整中，该局也得到了保留，俄罗斯对情报工作法制建设的重视由此亦可见一斑。

二、根据人和人的权利和自由是最高价值原则，规定情报机构在履行职能时必须尊重人的权利和自由

为适应向宪政制度的转变，《俄联邦宪法》将公民权利和自由提到了宪法的高度加以关注。俄联邦现行宪法第一章将“确认个人和公民法律地位的原则”列为其宪政制度最基本的原则之一，宪法第 2 条除规定“人和人的权利、自由是最高价值”外，还首次规定，“承认、维护和捍卫人和公民的权利和自由是国家的义务”。在这一原则的指导下，在情报安全领域，俄罗斯通过立法强调“尊重人和公民的权利与自由”是情报和安全活动必须遵守的原则。作为国家安全基本法的《俄联邦安全法》将“实施安全保障时须尊重公民权利与自由”专列为一条，并强调“除法律明确规定外，不得限制公

民的权利与自由”。[1] 俄罗斯其他各种情报安全法律法规中也都有类似的规定。例如，《俄联邦国家安全构想》明确规定，在保障国家安全的活动中尊重人的权利和自由；《俄联邦安全总局条例》和《俄联邦对外情报法》规定，俄联邦安全总局和对外情报总局的活动必须尊重个人和公民权利与自由的原则。

三、根据三权分立与制衡原则建立对情报机构的全面监督机制

俄联邦宪法规定，俄罗斯联邦国家权力遵循立法权、行政权和司法权分立的原则。立法权力机关、行政权力机关和司法权力机关相互独立，相互制衡。情报机构作为行政执行权利机关，要依法接受立法机关和司法机关的制衡与监督。目前，俄罗斯对情报机构建立的监督机制包括议会监督、总统监督、法院监督和检察院监督等形式。议会监督的主要方式是举行听证会、听取情报部门领导人的工作报告及安全机关公职人员的专题报告。总统监督的主要方式是听取情报机构领导的工作报告，批准其工作计划及规定情报种类和通报制度。法院的监督是通过审理属国家机关侦查的刑事案件对情报机构在其活动中是否尊重人和公民的权利和自由实施监督。法院还通过审理联邦国家机关工作人员的犯罪和违法行为以及公民对他们的控告的方式实施监督。检察院的监督则是由俄联邦总检察长及其下属的检察官对情报机构活动的合法性实施监督。[2]

此外，除了上述宪政制度的原则，俄罗斯情报工作立法还受到了国家机关活动的超党派性、非宗教性和公开性这一宪政思想的影响，明文规定情报机构不得为政党的利益服务或受政党决议的影响，

① 参见 Закон РФ《О безопасности》, 7 - я статья。

② 参见李竹：《国家安全立法研究》，北京大学出版社，2006 年版，第 134 页。

不得委托或利用宗教组织或其他代表进行秘密活动，活动的情况要向其他国家机关、劳动集体、社会团体和新闻媒体通报。

四、赋予总统在情报工作中的巨大权力

《俄联邦宪法》、《俄联邦安全法》、《俄联邦安全总局条例》、《俄联邦对外情报法》及其他情报立法确立了俄罗斯总统在情报体制中至高无上的领导地位，并赋予了他广泛的权力。总统不仅拥有决定国家情报工作领域的基本方针的权力，而且拥有情报活动总体与直接的领导权。总统对国家安全保障机关实施总的领导，领导俄联邦安全会议，批准规定情报机构建制、职能、任务、活动原则等的情报法律。同时，为了实现对情报工作的领导，控制情报机构及其领导人的权限和活动范围，两大情报安全机构——对外情报总局和联邦安全总局，以及国防部（总参情报总局）都被设为总统直属执行权力机构，直接向总统汇报工作。这样，根据俄罗斯情报工作相关法律法规，俄罗斯总统对情报活动不仅拥有总体领导权，而且通过总统直属执行权力机构的确立，对具体情报机构及其活动拥有直接的领导权，是名副其实的至高无上的领导者。

这一立法特点的局限性表现在以下方面。首先，总统对情报工作直接的、至高无上的领导权利可能导致情报工作极易受总统个人因素影响。由于俄罗斯总统既是情报工作的最高领导者，同时也是情报的终端用户和情报质量的评价者，因此总统对情报工作的认识，以及其个人的领导特点、执政风格和个人经历等对情报工作都会产生直接而深刻的影响。其次，总统对情报工作直接的、至高无上的领导权力在一定程度上导致立法和司法监督失效。按照俄联邦宪政制度分权制衡原则的要求，作为执行权利机构一部分的情报机构应该接受立法和司法机构全方位的监督。但实际上，与总统的巨大权力相比，国家杜马和联邦委员会在情报工作中所具有的权力是有限

的，其对情报工作决策过程的参与也是间接的。可以说，情报工作的基本方针和战略的制定基本上没有议会有效的参与，因为这一权力完全属于总统及其执行权力机关。国家杜马和联邦委员会作为立法机关的重要的监督与制衡作用在总统拥有的超级权力面前显得软弱无力。除立法监督失效之外，司法机构对情报工作的监督同样不容乐观。在俄罗斯，法官服从检察官的传统并未根本改变，欲使司法独立和司法监督问题有较大改观，在短期内是不易做到的。

第五章

俄罗斯情报机构对情报官员的管理

从事情报工作的人员有情报官员和情报员之分，前者是情报机构自身的专业情报人员，绝大部分为本国公民，大部分人留在总部工作，少部分以各种掩护身份驻外工作；后者往往是情报官员在工作对象国招募的负责搜集具体情报的人员，一般为工作对象国公民。

俄罗斯情报机构之所以在人力侦察方面成绩斐然，一个重要的原因就是苏联时期形成的对情报官员的管理机制在效率上远远超过了其他国家。对情报官员队伍的管理包括招收、培训、派遣、保护、奖惩等五个方面。

第一节　情报官员的招收

一、苏联时期对情报官员的招收

（一）招收途径

由于苏联情报机构接受苏联共产党的直接领导，其各项工作都与党组织的影响密不可分，招收情报官员的工作亦不例外。通过各级共产党组织进行招收是苏联情报机构招收人员的最主要的方式，也是其最大的特点。

一方面，各级共产党组织都被赋予了发现和挑选适合从事情报工作的年轻人的职责。他们的材料由各级党组织负责逐级上报，最后被送到情报机构的人事部门。情报机构会根据他们的材料和档案情况，决定是否招收，并且派人进行考察。美国中央情报局前局长艾伦·杜勒斯曾说："苏联的情报官员都是预先由上级物色好了的。优秀、能干的青年，不管他是在外交、经济或者科学岗位上工作，都由他们党内的上级向情报部门推荐。"①

另一方面，当情报机构通过某些渠道了解到某人的情况，认为其具有从事情报工作的潜质和优越条件时，也会通过党组织调查其个人情况，调阅其档案，以便决定是否进行招收。

值得一提的是，第二次世界大战后，为适应新时期情报工作的特点，提高外派人员的培养效率，苏联情报机构更加注重新招收情报官员的学识和修养。在这种情况下，莫斯科国际关系学院、莫斯科大学、莫斯科金融学院等高等院校的党组织奉命向情报机构推荐了大量品学兼优的人才。这些大学生或者在毕业后，或者在就读期间即被推荐给情报机构，他们具备的专业的学识、熟练的外语能力和良好的个人修养为他们在外国从事情报工作奠定了坚实的基础。加入情报机构之后，他们只需强化学习情报工作的方法和技术，接受相应的身体意志磨炼，就可以担负派遣任务。这种招收方式在很大程度上提高了苏联情报官员的整体素质，节约了培养成本。

例如，曾在英国组建波特兰谍报网的科农·莫洛迪毕业于莫斯科国际关系学院法律系，他各门功课都很优秀，连难学的汉语也说得颇为流利。1996 年出任俄罗斯对外情报局局长的维亚切斯拉夫·特鲁布尼科夫也是莫斯科国际关系学院的高材生、东方问题专家，精通印度语和英语。现任俄罗斯总统弗拉基米尔·普京则是在圣彼

---

① ［美］艾伦·杜勒斯：《情报术》，群众出版社，1981 年版，第 20 页。

得堡大学就读期间，被推荐加入了克格勃，从此开始了情报生涯。

尽管这种由各级党组织推荐情报官员的方式常被西方媒体讥讽为党组织对情报工作的控制和操纵，但一个不争的事实是，在整个苏联时期，情报机构通过遍布全国的党组织源源不断地得到优秀的后备人才，为情报工作，尤其是谍报工作的开展打下了坚实的人力基础。

（二）对招收对象的审查

苏联情报机构对招收对象的政治素质（包括政治信仰、个人品行、家庭背景等）、专业素质（包括专业知识、文化素养、个人修养等）、心理素质、身体素质等方面均有非常严苛的审查标准。

政治素质是首要的审查内容。与西方国家相比，苏联情报机构的政治审查标准最为严格。早期苏联情报机构的情报官员几乎无一例外地都是经历过地下斗争洗礼的布尔什维克党员。克格勃也规定，政治信仰是指导招收工作的首要原则。一般来说，招收对象必须是共产党员或预备党员，起码是共青团员。他们必须对共产主义抱有坚定的信念，对共产党高度忠诚，热爱自己的祖国，具有远大理想和抱负，他们的过往历史不能有任何污点，不能有违规乱纪的行为，不能有酗酒、贪财、好色等不良嗜好。他们的家庭成员也必须是遵规守纪的本国公民，已婚者必须夫妻关系良好，家庭和谐稳定。为了确保审查结果的可靠性，审查工作会持续数月、一年甚至更长的时间，负责招收工作的官员有时还会故意制造陷阱和圈套，来考验招收对象对社会制度的忠诚度，其品行是否端正，在诱惑面前是否能够把持自己。

在政治素质方面，格鲁乌的审查标准相对克格勃更加严格，除上述标准外，招收对象必须种族纯正，上溯第四代无外族血统，必须是思想坚定的共产党员，不得有任何海外关系。此外，格鲁乌还明确规定，不招收高级官员的子女，格鲁乌军官的子女只有当其父母退休后，才有可能被考虑。格鲁乌的特殊规定阻断了舞弊事件，从制度上保证了队伍的纯洁性。

专业素质的审查相对简单，一般在招收对象被推荐之初就进行。除政治素质和专业素质外，苏联情报机构还十分看重招收对象的心理素质和身体素质。在情报工作中，情报官员长期承受强大的精神压力，还必须应对各种复杂或危险的局面，精神和肉体是否坚强，对情报工作的成败至关重要。所以，苏联情报机构尽量通过考察测试招收对象的心理素质和身体素质，以免招收到不合适的人选。曾有克格勃人员透露，根据克格勃的用人经验，高智商者，特别是自认为比别人聪明和有很大野心的人，在受到挫折时往往表现出较差的心理素质，因此克格勃一般避免招收这样的人员。

针对不同性别的招收对象，审查的内容和方式也会有所不同。相比男性，女性招收对象需要经受更多的考验，以便证实她们在感情上是稳定的，在智力和体力上足以应付可能遇到的困难处境。这种考验往往都是出其不意的，有时候，克格勃会派人突然从家中逮捕候选女性，将其送至地下室，置于强烈耀眼的反光灯下，以严厉的审问声、恐吓声测试其意志力。还会故意派军官接近她们，在她们毫无戒备的情况下勾引她们，或者把她们灌醉，以便考验她们能否抵御情人的诱惑，能否在任何情况下保持对祖国的忠诚。

（三）招收的特点

由于依托各级党组织进行人员的挑选和推荐，使得苏联情报机构的招收工作具有很强的自上而下的特点。招收过程中，不是招收对象选择情报机构，而是情报机构选择招收对象，情报机构具有极大的主动权。

一般来说，苏联情报机构坚决不招收自告奋勇者。按照克格勃的逻辑，主动投靠者，肯定动机不纯，说不定是想借克格勃这块跳板叛逃出国。而格鲁乌由于比较神秘，保密制度非常森严，其招收过程的自上而下的特点尤其突出。军事外交学院是专门为格鲁乌培养情报官员的学院。该学院不仅招生十分严格，而且自主在苏联武装力量部队挑选合适的生源，一旦发现合适的人选，就会派人同他谈话，建议他申请“某个学院”。如果某人自己提出想加入格鲁乌，不仅不会被录取，反而会招致严厉的审查。“假设有人通过某种方式找到了格鲁乌组织，提出希望被吸收。他是不会被吸收的，自愿者是不需要的。自愿者立刻就会被逮捕，等待他的将是艰苦难耐的审讯。他将会被问到很多问题：你从哪里听到的这个名字？你是怎么找到我们的？最重要的是，谁帮助了你？格鲁乌一定能得到想要的答案，一定能找到那个帮助自愿者的人。于是，又一轮的审讯便会开始。”①

当招收对象顺利通过审查后，情报机构就会派人出面与其正式谈话，但谈话中不会涉及工作的性质和未来的去向，而是以党组织的名义通知其去参加学习。这就使得招收工作具有一定的隐蔽性。据克格勃前主席克留奇科夫披露，苏联后期，随着社会改革的深入，为适应“公开性”的需要，克格勃在与招收对象谈话时，不再隐瞒其工作性质和未来的工作去向。② 但是，这并不意味着招收对象可以有自由选择的权利。通常，招收对象会被告知是为了党的事业而工作，选择其是党组织对其的信任，是无上的光荣，因此招收对象必须服从这项招收。当然，从另一个角度来看，苏联时期情报官员具有很高的社会地位和许多特权，是无数年轻人向往的职业，这也是大量品学兼优的大学生甘愿加入情报机构的一个重要原因。

---

① Виктор Суворов, Аквариум, Издательство АСТ, Москва. 2003, стр. 9.

② ［俄］弗·亚·克留奇科夫：《个人档案（1941—1994）》，东方出版社，2000年版，第375页。

二、当今俄罗斯情报机构对情报官员的招收

（一）招收对象

根据现行《联邦安全总局法》（1995 年 2 月）第 16 条和《俄联邦对外情报法》（1995 年 12 月）第 17 条的相关规定，没有外国国籍，职业、个人特点、年龄、教育程度、身体状况等条件能够胜任自身职责的俄联邦公民，能够成为情报机构的工作人员。职业、年龄、教育程度、身体状况等方面不符合要求，或不符合联邦法律规定的其他要求中的某一项，就不能被招收。

为适应新时期履行多元化使命的需要，当今俄罗斯情报机构招收的人员呈现出多样化、多层次、多领域的新特点，几乎每个领域的专业人员都可能成为招收对象，其中经济、军事、科技等领域的专家、国际热点问题地区语言的专家、掌握先进计算机和网络技术的信息工程专家则是招收的重点。为增强信息安全防护能力，同时利用网络搜集机密情报，俄罗斯情报机构甚至放宽标准，招收具有高超电脑技术的黑客。对于具有高超专业水平的专家，招收的年龄标准也可相应放宽。

（二）招收标准

根据《俄联邦安全总局条例》和《俄联邦对外情报法》的相关规定，以及联邦安全总局和对外情报总局官方网站上关于招收工作的介绍，俄罗斯情报机构招收情报官员的标准包括以下 5 个方面：

政治素质方面，由于情报官员的工作接触大量国家秘密和职业秘密，招收对象必须是对国家和自己事业的忠诚值得相信的公民。具有对个人、社会和国家安全造成危害倾向的招收对象不会被考虑。为保证情报官员对国家的忠诚，俄罗斯情报机构坚持核心人员本国化的标准，《俄联邦安全总局条例》第 16 条和《俄联邦对外情报

法》第17条都明确规定，该机关的工作人员应是没有外国国籍的俄罗斯公民。2007年，俄罗斯对《俄联邦对外情报法》做出修订，主要内容包括：禁止对外情报机构工作人员拥有双重国籍，禁止对外情报机构工作人员加入、组建党派及其他政治团体等，其目的就是为了确保对外情报工作队伍的纯洁。

教育程度方面，对外情报总局要求招收对象必须接受过工作所需专业方向的高等职业教育，或者是国家承认资质的高等教育机构的毕业班大学生。联邦安全总局则要求招收对象接受过高等、中等全日制普通教育或中等职业教育。

职业技能方面，招收对象应当掌握相关专业知识，具备完成职责所必须的相应水平的职业技能。

个人素质方面，招收对象应具有良好的个人素质，以便胜任情报工作。对外情报总局还明确指出，被招收的人员必须在短期内掌握几门外语，并学习其他特殊的和一般性的课程，因此对招收对象的个人素质的要求很高。

身体条件方面，招收对象应当符合从事军事职业的医学和专业心理学要求，患有俄联邦卫生部规定的不适合从事接触国家秘密工作的疾病的人不会被招收。

以上几个方面的标准都非常重要，如果某一方面的条件不符合要求，就不会被招收。此外，对外情报总局和联邦安全总局均强调，招收对象必须服从组织安排，愿意在任何地点工作，在任何地区完成任务。对外情报总局还规定，申请情报活动主要方向工作的招收对象的年龄一般应在22至35岁之间。

（三）对招收对象的审查

1. 一般情况核查

申请加入情报机构的招收对象需要提交书面简历，以及关于本人身份、国籍、教育、婚姻、子女、亲属、收入和财产情况的文件，而他提供的所有资料，包括与情报机构工作人员口头谈话的内容都将被仔细地审查。

对申请人亲属的审查主要指其国籍和长期居住地情况，如果亲属中有人加入外国国籍，长期在国外生活，或办理了长期在国外生活的文件，申请人将不会被招收。对收入和财产情况的审查也是一个重要内容，拒绝提供有关收入和财产情况信息的人将不会被招收。

2. 心理素质和身体素质检查

为确保招收的情报官员身心健康，申请人还必须接受医学检查和专业心理测试。例如，联邦安全总局规定，由联邦安全总局机关军事医学委员会对申请人身体状况进行医学鉴定，如果医学检查结果证明申请人不完全适合、有时适合或者不适合从事军事工作，他将不会被招收。由相关专家对招收对象进行专业心理测试，同时对智力水平、对从事军事工作的心理准备程度、思维敏捷性、交际能力和其他重要职业素质进行评价。

3. 职业技能测试

申请人还需接受职业技能方面的测试，测试的具体内容是根据申请人申请的具体职位的要求设计的。

（四）招收方式

根据对外情报总局官方网站上的介绍，愿意加入该总局的俄罗斯公民可以通过信件、传真、电子邮件等公开渠道，或者通过其他俄联邦国家机关提交申请，也可以亲自前往位于莫斯科奥斯托任卡街的对外情报总局媒体办公室与工作人员面谈。而根据联邦安全总局官方网站上的介绍，愿意加入该总局的俄罗斯公民应该向自己居住地的国家安全机关提交申请报告。现役军人提交的申请报告将在15 天内被研究，非军人的1 个月内。

（五）招收的特点

经历社会制度的重大变革之后，与苏联时期相比，当今俄罗斯情报机构在超党派性、公开性等方面发生了显著的变化，情报官员的招收方式和标准同样发生了改变。

从招收方式的角度看，当今俄罗斯情报机构的招收方式更加灵活，改变了苏联时期单纯以秘密方式招收情报人员的做法，注重秘密招收和公开招收相结合，扩大了挑选合适人选的空间，增加了招收工作的公开性和透明度。当然，招收工作的公开性主要体现在前期的收集相关人员信息阶段，后期的筛选、审查和录用仍然是以秘密方式进行的。就公开招收方式自身来说，在丧失了苏联时期依靠各级党组织及时发现各类急需人才的条件后，公开招收方式在招收某一类别人员时具有明显的优势，即能够在短时间内掌握众多相关人员的信息，有利于进行筛选，并能提高招收工作的针对性和有效性。

从招收标准的角度看，当今俄罗斯情报机构招收情报官员的标准与苏联时期的最大区别体现在政治素质方面，其中去掉了意识形态色彩，重点强调对国家的忠诚，而非对社会制度的信仰和对党的忠诚。专业素质、心理素质和身体素质依然是招收工作考察的重点，其标准也没有变化，忠诚、过硬的职业技能、优秀的个人素质、正派、坚强、有责任感依然是理想的情报官员应具备的特点。

第二节　情报官员的培训

情报工作是一项专业性很强的工作，世界各国情报机构都十分重视对情报官员的培训。经过多年积累，苏联情报机构在情报官员培训方面形成了系统的培训体系、完备的训练教材和先进的训练设施，培养了大量优秀的情报官员。苏联解体后，俄罗斯在继承绝大部分情报机构的同时，也继承了大部分培训学校，承袭了苏联的培训传统。

一、苏联时期对情报官员的培训

（一）培训体系的形成

在苏联情报机构成立早期，由于处于特殊的历史时期，年轻的布尔什维克党精力和财力有限，没有对情报官员的培训工作给予足够的重视，也没有成立专门的培训机构。因此，早期苏联情报机构包括领导人员在内的从业人员整体层次较低。这种情况导致对外情报工作受到较大影响，由于派驻国外的人员缺乏足够的训练，其建立的谍报网的生命也都较为短暂，时常发生的暴露事件常常使苏联政府陷入被动，也使情报机构认识到培训的重要性。随着国内外形势的好转，政权的稳固，经济建设逐步走向正轨，苏共和苏联情报机构开始吸取教训，逐渐加大了对培训工作的投入，开始设立专门的情报学校。

经过几十年的发展，到克格勃时期，苏联已经成立了为数众多的各种不同层次的情报培训机构，建成了系统的培训体系，培训内容从情报工作的初级基础教育，到一般性情报理论教育，再到各种专业技术，无所不包，无论是在总部工作的，还是派驻国外工作的情报官员，都要接受各层次学校的严格训练和长期培养。

（二）培训内容

综合各类培训学校的课程设置情况来看，对情报官员进行培训的内容主要包括思想政治、文化知识、军事素质和情报专业技能四个方面。

思想政治教育的主要内容是马列主义理论、世界工人运动史、苏联共产党历史等。作为必修课，思想政治教育贯穿于各层次的培训之中，只是授课内容的深浅程度上有些区别。

根据培养对象文化程度的不同，各类学校开设的文化课程的内容有所不同，基础培训学校和中等情报学校中开设的课程除政治经济学、外国文学、外语、历史等之外，还包括数学、物理、化学、绘画等基础课程，高等情报学校中还增设法律等课程。

军事素质训练内容包括体能（爬坡、攀登、越野、游泳、跳伞）、自卫术（柔道、格斗等徒手自卫武术）、擒拿、射击（各种武器的分解和组合）、爆破（爆破器材的使用、自制炸弹和地雷）和其他特殊培训。

情报专业技能训练包括的内容十分庞杂，涉及情报工作所需的各种专业知识和技术：无线电收发报、摄影、微缩、跟踪与反跟踪、伪装、窃听、电脑、无线电设备维修等技术，密码学（密码的编制和破译）、地形学、绘图学知识、招募技巧、毒药和麻醉药的使用方法、刑讯技术、自我保护方法、目标国家或地区的风俗习惯和人文环境等。各项专业技能中，最基础、最重要、培训时间最长的当属无线电收发报、摄影、微缩、密码的编制和破译。中高等培训学校中都开设情报专业技能训练课程，但是涉及技术的范围和深度有所不同。

（三）培训机构

20 世纪二三十年代，苏联情报机构对情报官员的培训规模很小，都是在情报机构的秘密地点进行的。秘密地点一般是公寓、饭店或宾馆的一套房间，也有一些专门购置的房屋或独门小别墅。这种培训方式后来一直得到保留，克格勃和格鲁乌都有多个秘密地点隐匿在莫斯科市区。这些秘密地点内配有一切生活设备，有的按照外国生活方式豪华装修，有的配备有各种隐蔽摄像录音装置，主要用作对某些情报官员或招募的情报员进行单独培训、开展临时培训或某些专项培训，有时也可用来执行其他临时任务。

1938 年 10 月，苏联第一所对外情报工作学校——特种任务学校正式成立。此后，苏联逐渐成立了一系列专业培训学校，形成了系统的培训体系。根据接收学员层次、培训内容、培训目的的不同，苏联时期克格勃系统的培训学校可以分为以下几类：

一是基础培训学校，例如，高尔基城（现下诺夫哥罗德市）的马克思恩格斯学校。这类学校的接收对象为文化程度不高的培养目标，培训内容主要是思想意识方面的教育和文化课程，培训目的是对初选培养目标进行考察和筛选。

二是中等情报学校，例如，位于离喀山市 150 公里的维尔霍夫诺耶的列宁技术学校。从基础培训学校筛选出来的有条件从事情报工作的学员还需进入中等情报学校接受进一步的培训。这类学校的培训内容除思想政治教育和文化课程外，还包括各类情报工作专业技术和军事素质训练。培训目的是使受训对象掌握各类情报工作技巧，能够胜任一般性工作，同时推荐优秀人员到重要工作岗位，发现具有潜质的人才，推荐进行针对性的专项培训。

三是高等情报学院，例如，位于莫斯科北部切洛比季耶沃村的安德罗波夫红旗学院（克格勃第 101 学校）、位于新西伯利亚城的克格勃第 311 学校。这类学院的接收对象一般为大学毕业生，培训内容与中等情报学校基本相同，但是涉及的专业技术的广度和深度更大，培训目的是使受训对象掌握各类高级情报工作技巧，能够胜任派驻海外等重要任务。

安德罗波夫红旗学院的前身即是 1938 年 10 月成立的特种任务学校。该学校于 1943 年改名为情报学校，由负责对外情报工作的苏联国家安全人民委员会第一总局管理。卫国战争期间，情报学校培养的情报官员曾成功打入了德军统帅部和德国情报机关，及时为苏军统帅部提供了大量情报。1948 年，情报学校改称高等情报学校。

冷战期间，该校毕业生在西方开展了卓有成效的情报活动。为表彰其在保障国家安全方面做出的突出贡献，1967 年 12 月 19 日，苏联最高苏维埃主席团授予该校红旗勋章。次年，该校改称苏联克格勃红旗学院，成为高等院校。1985 年，为纪念苏联克格勃领导人安德罗波夫，学院被命名为安德罗波夫红旗学院。在克格勃内部，该校还有一个代称：第 101 学校。包括俄联邦总统普京、原俄罗斯对外情报局局长特鲁布尼科夫、原国防部长伊万诺夫等在内的当今俄罗斯不少政界名人都曾在安德罗波夫红旗学院接受培训。

格鲁乌系统的培训机构主要是军事外交学院。该学院创建于第二次世界大战期间，坐落于莫斯科市纳罗诺戈奥波尔钦尼亚大街，吸收的学员均为在武装部队服役 6 年以上、军衔为上尉以上的优秀军官。

（四）专项培训情况

1. 对非法活动情报官员的培训

由于所执行任务的特殊性，对非法活动情报官员的要求非常高，他（她）应该与拟派遣国家或假身份所属国家的普通居民十分相像，能够像使用母语一样娴熟纯正地使用拟派遣国家或假身份所属国家的语言，对拟派遣国家或假身份所属国家的国情十分了解，甚至对伪造的经历中“曾经生活过”的地方了如指掌。为了达到这些要求，非法活动情报官员通常需要在特殊情报学校中接受长期的专项培训。

苏联情报机构在非法活动情报官员培训方面投入了大量的人力、物力，建设了很多特殊情报学校。这类学校属于高度机密，不仅在地图上找不到任何标志，就连附近的居民也不知道它们的存在。为确保安全，学校四周被严密封锁，由情报机构的精锐部队驻守，学员教师均采用飞机等专用交通工具运送。这些特殊学校中营造了逼真的训练环境，使学员如同身临其境，加之完备的训练内容和严格的考核体系，培训取得了突出的成绩，培养了朗斯达尔、阿贝尔等著名非法活动情报官员。

（1）克格勃的特殊情报学校

克格勃系统的特殊情报学校是按派遣方向设立的，针对英国、美国以及其他英语国家（加拿大、澳大利亚、新西兰、印度、南非等）的是“加兹纳”学校。该校坐落于古比雪夫城东南伏尔加河畔，是规模最大、培养人数最多的一所特殊情报学校，由克格勃总部直接领导。硬件条件方面，“加兹纳”学校完全模仿外国环境建设，分为美国、英国、加拿大、澳大利亚、新西兰等区域，每个区域分别模拟对应国家的城市和乡村进行设置，区域内的所有建筑，包括街道、商店、电影院、餐厅、酒吧、银行、邮局等完全按照模拟地点的风格设计和布置，可称得上是模拟地点的“复制品”，整个学校又像一个世界建筑博物馆。

软件条件方面，“加兹纳”学校的教官大多数是熟悉和了解西方国情和生活方式的苏联情报机构的前驻外情报人员，例如著名的“千面人”阿贝尔，还有一些是从英语国家叛逃至苏联的外国情报机构人员及其家属，例如美国国家安全局前雇员米切尔、“剑桥五杰”中唐纳德·麦克林的妻子梅琳达·麦克林等。学校里的工作人员都是经过严格挑选的英语国家的前公民，他们已经加入苏联国籍，并同其祖国断绝了一切联系。整个学校就像一个真正的外国城市，居民的衣着打扮、语言谈吐、生活习惯、购买的商品、使用的流通货币、阅读的报纸、观看的电影、欣赏的音乐、跳的舞蹈等等均与模拟国家毫无二致。受训人员进入学校后可以在日常生活中学习纯正的拟派遣国语言和生活方式。

“加兹纳”学校的标准学制为 10 年（实际培训周期 5—10 年不等），头 5 年进行第一阶段的培训，即适应性训练，后 5 年进行第二阶段的培训，即专业训练。

适应性训练的培训目的是通过全方位的外国生活方式训练，使学员最大程度地“变成一名外国人”。训练的第一项内容便是记住组织为自己编造的出生地和外国姓名，并逐渐忘掉过去的一切，包括自己的俄国姓名和身份，以尽快适应新的生活。因此，对于非法活动情报官员来说，从事情报工作与其说是选择了一个职业，还不如说是换了一种生活方式。学习纯正的英语，养成用英语思维，以英国方式思考问题的习惯是最重要的学习任务。除了学习标准语言，还要学习方言俚语，甚至黑人的粗话，而且不允许讲一句俄语，否则轻则警告、处罚，重则开除。其他重要学习内容还包括拟派遣国家的历史、文化传统、社会风俗，学员需要阅读该国的文学作品，欣赏该国的音乐和舞蹈，了解该国的各种体育活动，熟悉具体规则。另外还要通过参观展览，鉴别拟派遣国家的日常生活用品、各种人员的服装，包括军队制服，并要学会识别各种车辆、飞机等。培训还包括一些十分细节的内容，例如通过听新闻和看报纸了解几年时间中拟派遣国家所发生的一切重大社会事件，甚至它的每一支足球队的组成、著名球队的比赛情况、每一家饭店和夜总会的营业时间等。

专业训练的主要内容是情报工作所需的各项技能。对于那些已经接受过相关培训的学员来说，这一阶段的培训主要是复习和提高。

长达 10 年时间的学习结束后，学员将迎来严格的毕业考试。考试委员会由各个方面的教官和专家组成，他们根据平时表现和考试成绩给每个学员出具毕业鉴定。例如，20 世纪 50 年代，“加兹纳”学校给在澳大利亚活动的克格勃情报官员丽塔·埃利奥特的毕业鉴定中写道：“该生不仅在语言，而且在其他各学科上都表现了非凡的才能……她在语言和全面适应环境方面的进步，没有任何学生能够比得上。仅仅 14 个月之后，她说话办事，就像在她的派遣国出生的当地人一样，所有的教官都认为，她的发音是完美无缺的……”毕业后，那些学习成绩优秀，具备建立掩护身份能力的学员将被派往指定国家执行非法潜伏任务。为尽量减少日后暴露的风险，学员的毕业分配是以保密方式进行的，采取单独通知的方法。

除针对英语国家的“加兹纳”特殊情报学校外，苏联还设有针对世界其他国家和地区的特殊情报学校。针对亚洲国家的是“基塔伊斯卡雅”（意为中国学校）和“沃斯托奇纳亚”学校（意为东方学校）。“基塔伊斯卡雅”位于伊尔库茨克以南的贝加尔湖和蒙古边界地区，模拟中国城市建成，主要负责培训拟派往中国的非法派遣人员。“沃斯托奇纳亚”学校位于哈巴罗夫斯克城附近，专门培训拟派遣到中国以外的亚洲其他国家和中东国家的间谍。

针对北欧国家的有位于白俄罗斯明斯克附近的“帕拉霍夫卡”学校，其北区负责培训拟派往挪威、瑞典、丹麦、芬兰的人员，南区——瑞士和奥地利，西区——荷兰，东区——德国。针对东欧国家的是位于图拉市附近的“索尤兹纳亚”学校（意为联盟学校），专门培训拟派往东欧（波兰、匈牙利、民主德国、保加利亚、捷克斯洛伐克等“联盟国”）的人员。拟派往罗马尼亚、南斯拉夫、阿尔巴尼亚等国的人员也在该学校接受培训。

针对南欧国家的是位于哈萨克北部边境附近的“斯捷普纳亚”学校，负责培训拟派往南欧的法国、葡萄牙、西班牙等国，以及意大利的人员。针对非洲国家的是“诺瓦亚”学校（意为新学校），位于塔什干西南约 90 英里的地方，专门培训拟派往非洲国家的人员。

这些特殊情报学校也都像“加兹纳”学校一样，模拟对象国家的城镇建设，虽然规模没有“加兹纳”那么大，但也按照其所遵循的方式和原则开展培训。

（2）格鲁乌的非法派遣官员培训中心

格鲁乌培训非法派遣官员的机构被称为非法派遣人员培训中心，但它并不像克格勃的特殊情报学校一样是一个固定的机构，该中心没有固定的场所，培训活动全部在格鲁乌所属的各个秘密地点进行。秘密地点的内部陈设与非法派遣官员即将潜伏的工作环境十分相似，各种生活必需品均从拟派遣国家进口。负责培训工作的教官大多数是格鲁乌前非法派遣官员，培训的方式和内容与克格勃的特殊情报学校类似。

2. 对性情报官员的培训

各国情报机构都注重使用性情报官员，但苏联情报机构的性情报官员尤其著名，因为他们不仅被广泛使用，还拥有专业的培训机构。苏联性间谍学校建在喀山附近，培训课程包括生理解剖、心理学、性技巧等。培训方式主要有观看色情影片，真人示范，一对一实践，教官讲评等。有时，学校还会请一些性情报人员现身说法，讲述自己进入这一行业的过程和心理历程，以加强示范效应。接受这种培训需要克服的首先便是羞耻感和心理障碍，需要树立的则首先是为了国家和党不惜牺牲自己身体的信念。根据性别的差异，对男女性情报人员的培训内容和要求有所不同。除性技巧之外，女学员还需要掌握施展女性魅力，吸引男性注意的技巧，男学员则需精通女性心理，掌握激发女性性欲或骗取其感情的本领。毕业考试的形式也十分特别，女学员考试的内容是引诱毫无性生活经验的少年，与六七十岁的老头子们发生性关系，前者的合格标准是能消除没有经验的男子的恐惧，后者则要能激起他们的性欲。男学员考试的内容则是勾引那些丑陋的老处女，或乏味的中年妇女，骗取她们的信任，使其甘愿为自己冒险犯罪。

（五）苏联时期培训工作的特点

1. 对培训高度重视

苏联情报机构十分重视人力情报活动，也高度重视对情报官员的培养。他们认为，对于成功的情报官员来说，先天素质固然重要，但后天培训更为关键，所有适合从事情报工作的人都能被训练成为杰出的间谍。为了造就一批批从事人力情报活动的人才，苏联情报机构对未来情报官员的培训是非常系统的，也是极为严格的，并为此毫不吝惜人力、物力和财力。

2. 思想政治被视为培训的首要内容

受到社会制度和意识形态因素，以及情报机构接受共产党直接领导的影响，苏联情报机构将思想政治教育列为培训的首要内容，对情报人员的培养首先从思想教育入手，而且在各个级别的情报学校中，马列主义理论、苏联共产党历史等课程的教育贯穿始终。

3. 培训体系系统完备

从最初的简单培训，到各类情报学校的相继成立，经过多年的实践和发展，苏联情报机构在人员培训方面形成了系统的培训体系，拥有了完备的训练教材和逼真的训练环境。同时，它们也十分注重“因材施教”，即对不同的对象，给予不同内容的训练，将不同层次的人员，送入不同层次的学校。例如，非大学毕业生一般会被送入初级和中级学校，而大学毕业生则会直接送入高级学院接受培训。

4. 偏重非法活动情报官员的培养

与西方情报机构相比，苏联情报机构更注重培养和使用非法活动情报官员。1936 年 9 月，从叶若夫领导的苏联内务人民委员会成立“特别局”开始，他们在非法活动情报官员的培训和管理方面投入了大量精力，建设了培养非法活动情报官员的专门学校，不惜用五至十年的时间，花费大量人力、物力，使其具备在潜伏国家生存的所有条件。这也是卫国战争及冷战时期，苏联情报机构在对西方国家军政机构的渗透方面取得巨大成就的重要原因。

二、俄罗斯对情报官员的培训

苏联解体后，俄罗斯继承了境内的情报学校。例如，安德罗波夫红旗学院划归俄联邦对外情报总局，并于 1994 年底改称俄罗斯对外情报学院。

虽然学校体系的规模相对缩小了，但其中大部分情报学校目前仍在为当今俄罗斯情报机构培养人员。而且，它们在继承苏联时期的独特训练方法的同时，大胆借鉴美英两国的训练经验，培养了大量适应时代要求的情报官员。

课程设置方面，将思想政治教育列为首要培训内容的做法有所改变，苏联共产党历史等课程退出了历史舞台，但忠于国家的信念、事业责任感、职业道德等方面的教育仍然是培训的重要内容。此外，随着现代科学技术和侦察技术的发展，专业培训的内容也发生了变化。

第三节　情报官员的派遣

情报机构招收的情报官员中，大部分都留在总部工作，只有少部分会被派遣出国执行情报任务。根据苏俄情报机构的惯例，接受派遣任务的情报官员必须是情报专业技能过硬、有事业心和责任心的人，同时一般必须是夫妻感情稳定、家庭和睦的已婚者。那些没有成家，在国内也没有住房的人一般不会被派遣到国外，这是因为，外派情报官员身处异国他乡，从事的情报工作紧张刺激、充满危险，获得来自家人的情感支持对他们来说非常重要。另一方面，对那些外派情报官员，尤其是被派往西方国家的情报官员来说，对家庭的牵挂和亲人的关心是让他们抵制西方生活方式和优越条件的诱惑，保持忠诚的不容忽视的心理因素。

派遣情报官员到国外从事秘密情报工作，通常必须对其提供掩护身份，以保证其能够在派遣国正常生活，并为情报活动提供掩护。因此，派遣工作首先要为情报官员制造掩护身份，这是派遣工作中最重要的环节。为了保证情报官员的人身安全，保障情报活动顺利开展，掩护身份必须尽可能地恰当和可靠。其次，派遣工作还要为情报官员设计进入派遣国的方式，例如，直接公开申请进入，或者秘密辗转他国迂回进入等。根据所利用掩护身份的性质和进入方式，俄罗斯情报机构派遣情报官员的方式有以下几种：

一、公开合法派遣的方式

这种派遣方式是指情报官员所利用的掩护身份是公开的、合法的，可以正当地进入派遣国，有自由出入境的权利。这种方式需要的掩护身份一般指驻外使领馆和国际组织，或者半官方和民间机构工作人员的身份。具体掩护身份的选择是根据情报官员的受教育程度、专业技术水平、工作经验、个人品质和工作能力等因素综合决定的。掩护身份的特点与情报官员本人特点的吻合程度越高，掩护身份的选择越成功，派遣之后对掩护身份的维护也相应得越容易。

（一）利用驻外使领馆和国际组织外交人员身份的派遣方式

这种派遣方式以驻外使领馆和驻国际组织使团为依托，为情报官员提供相应的外交官身份，使其可以公开向派遣国提出申请，合法地进入派遣国，在当地的使领馆和国际组织中充当工作人员。

通常，俄罗斯情报机构为情报官员提供的使领馆外交官掩护身份是根据他负责搜集情报的领域来决定的，负责搜集政治情报的情报官员一般被安排在使馆的新闻和文化部门，负责搜集科技情报的一般被安排在使馆的科技部门，从事技术方面的工作，而负责处理国外反间谍行动和移民事务的情报官员一般被安排在领事部门。

对西方国家，尤其是美国派遣情报官员时，除安排其进入大使馆和各领事馆之外，联合国及其分支机构工作人员也是被大量利用的掩护身份。这是因为，联合国工作人员拥有比外交官更大的自由活动空间。根据规定，未经美国政府允许，外交官不能前往距离驻地 25 英里以外的地方，而对联合国工作人员的管理则相对松散，他们可以自由地在美国各地旅游，从而方便地进行招募、接头、情报传递等活动。

利用驻外使领馆和国际组织外交人员身份派遣能够为情报官员提供很多方便之处。情报官员可以利用合法的外交身份从事各种情报活动，将具有治外法权的驻外使领馆作为活动基地，进行秘密接头会面，传送情报经费，可以利用外交邮袋作为与总部联络的途径，其情报活动具有一定的安全保障。各种外交活动还能为情报官员提供很好的与派遣国外交人员或高层人士结交的机会，对于刺探情报或策反对方人员十分有利。在情报活动失败或身份暴露的情况下，外交官所享有的外交豁免权则能为情报官员的人身安全提供保护，虽然通常会被驱逐出境，但却可免去牢狱之灾，全身而退。

这种派遣方式的不利之处是，情报官员提出入境申请后，派遣国会对其身份进行核查，有时会限制入境，即使允许入境，也会对其严加监视，使情报官员的活动受到限制和影响。由于驻外使领馆或外交使团的成员数量是有限的，派遣国反间谍机构也可以较容易地把情报官员从中甄别出来，对其实施策反，或者派人故意接近，接受其招募，以便乘机掌握情报活动规律和技术。

利用驻外使领馆和国际组织外交人员身份的派遣方式是一种国际惯例，无论在苏联时期，还是当今俄罗斯，都是一种最重要的派遣方式。但由于苏联实行高度的中央集权体制，情报机构接受苏联共产党中央委员会的直接领导，拥有极高的政治地位，在驻外使领馆和外交使团中安插自己的情报官员十分方便，因此苏联时期对这种派遣方式的使用更加普遍。这也造成苏联驻外使领馆和外交使团中情报官员一般占驻外人员总数的30%左右，在某些重点国家中其比例有时超过百分之五十，较之西方国家的比例高出不少。

（二）利用半官方或民间机构人员身份的派遣方式

这种派遣方式以民航、海运、新闻、文化、体育、旅游等领域的驻外机构或跨国公司为依托，为情报官员提供这些机构工作人员的掩护身份，从而合法地进入派遣国。苏联时期，为了保证情报官员有更多的时间和精力从事情报活动，不必为维持掩护身份花费大量时间，往往选择将情报官员安排在国营企事业单位的驻外机构中，例如民航总局、旅游局、苏联电影国外发行公司的驻外机构，或者具有半官方性质的机构中，例如莫斯科人民银行及其遍布世界各地的分行。据外刊披露，莫斯科人民银行及其分行还是克格勃向国外情报网络的拨款机构。此外，克格勃还在海外成立了一些专门的掩护公司，例如，1957 年，克格勃在瑞典全国各地开设了马特瑞科 AB 汽车商行，1967 年北约总部迁至布鲁塞尔后，在布鲁塞尔附近成立了斯加迪雅—伏尔加轿车装配厂，1970 年在伦敦建立了 UMO 设备出租有限公司。掩护公司的主要工作是开展情报活动，不以盈利为目，运营经费由克格勃总部拨付。

利用半官方或民间机构人员身份派遣的有利之处是，情报官员可以利用各机构业务工作之便，广泛接触派遣国各阶层人士，使情报活动的触角延伸至社会各个角落，同时可以通过与金融、贸易和学术机构的交往，更方便地发展情报员，获取有用的科技情报。不利之处在于，半官方或民间机构工作人员不具有外交豁免权，一旦情报活动暴露，派遣国可以对其启动司法程序，进行审讯，甚至判刑。

（三）利用情报官员的合法外国国籍进行派遣

除上述两种情况之外，利用情报官员的自然身份进行派遣，也属于公开合法派遣的一种形式。20 世纪二三十年代，苏联通过共产国际组织招收了一批优秀的外籍情报官员，他们通常秘密加入苏联国籍，同时保留自己原来的国籍，当执行派遣任务时，他们可以以真实的自然身份回到自己的祖国，或者被派遣到第三国，除了暗中为苏联情报机构效力之外，他们与自己的同胞没有丝毫区别。例如，从共产国际辗转加入格鲁乌的佐尔格，虽然秘密加入苏联国籍，但一直保留德国国籍。当别尔津派遣他去日本时，佐尔格回到德国办理了填写他的真实姓名的德国护照，然后申请了赴日签证，最终以《法兰克福日报》驻日记者的身份顺利抵达东京。在当今俄罗斯，由于西方国家的移民政策相对宽松，也有情报官员通过公开申请移民，或者与外国人结婚的方式取得外国国籍，然后被派往第三国。例如，2010 年 6 月，俄罗斯在美国的一个 11 人情报网络暴露后，据媒体披露，第一个被逮捕的俄罗斯女情报官员安娜·查普曼，原名安娜·库斯琴科，她于 2001 年与英国人阿列克斯·查普曼结婚后，改姓丈夫的姓氏，并加入英国国籍。2006 年，二人离婚。后来，安娜·库斯琴科以安娜·查普曼的身份移居美国，开始了秘密情报活动。

二、非法秘密派遣方式

非法秘密派遣是指给情报官员提供一套假身份材料，让其以冒名顶替的方式进入派遣国。接受这种派遣的情报官员通常被称为非法活动情报官员。

要完成这种派遣，首先需要寻找一个合适的身份证件。[①] 由于在现代化国家中，每个公民都会有出生证、学生证、结婚证、服役证明、医疗证明、纳税证明等一系列的证件，每一种文件都可以直接或间接地证明其身份，因此非法秘密派遣一般利用真实存在过的某个人的身份证件，而不是经不起检验的虚假身份证件。为了更好地保护在派遣国使用的掩护身份，需要使用至少一种其他假身份来进行掩护。通常是在派遣途中使用临时性的假身份，当安全到达派遣国后，就将临时的假身份弃置不用，启用精心设计的掩护身份。派遣途中使用的临时的假身份与进入目标国后使用的掩护身份没有丝

① 对少数以外国移民身份被招收的情报官员（如少年时从美国移民到苏联的卡洛·图米）进行派遣时，不需要再使用其他人的身份，但其生平经历仍需进行编造。

毫的牵连。在派遣之前，情报官员必须将所有关于新身份的点滴情况牢牢记在心中，就像真正经历过一样。负责培训非法派遣情报官员的教官还会扮演派遣国的警察或雇主，追根究底或者冷不丁地询问其身世和经历，以检查学员是否会在紧急情况下露出马脚。

其次，需要编造一份生平经历，并准备一些证明材料。编造生平经历时通常会把各种真假情况巧妙地编织在一起，而那些假情况的部分一般都是无法对证的。这是一项十分复杂和细致的工作，整个经历要能够自圆其说，不能有任何明显的破绽，为方便情报官员使用，也不能过于复杂，不易记忆。

为了使编造的生活经历显得更加真实，有时还需要伪造一些纳税证明、旅行档案之类的证明材料。例如，阿贝尔于 1948 年进入美国后，得到的新的身份文件中除了美国人埃米尔·戈德富斯的一份真实的出生证明之外，还有苏联国家安全部为他伪造的征兵卡和纳税证明。

为了编造一份完善的生活经历，往往需要动用已经在派遣国活动的情报官员进行艰苦的调查，提供许多真实信息，这种信息必须十分细致，例如假如生平中出现了某家情报官员“曾经工作过的公司”，那么所有关于这家公司的情况，包括同事的姓名和喜好都是调查的内容。

当关于新身份的一切准备就绪后，非法活动情报官员就会接受详细的行动指令，然后启程出发。进入派遣国的具体方式有绕道他国申请入境和偷渡两种。为了方便申请进入派遣国，通常需要花费较长时间绕道多个国家，然后申请入境。战时向接壤的邻国或岛国派遣时，还会采取陆地或海上偷渡的方式。卫国战争期间，苏联情报机构还采用秘密空投的方式直接将情报官员送到德国境内，但这种方式风险极大，战后一般不再采用。

非法秘密派遣方式的有利之处是，由于持有的护照或出生证明等证件是真实的，部分身世和经历也是真实的，情报官员以当地社会成员的面目出现后，能够融入当地社会，并深深地扎根于其中。他们具有与当地居民毫无二致的社会身份和职业，享有派遣国法定的公民权利和义务，其工作与生活不在派遣国情报机构的监控之列，极具隐蔽性，能够为情报活动提供全面的掩护，从而实现十分隐蔽的潜伏，他们甚至可以通过正常途径进入政府或军事机构工作，从而实现极深层次的渗透。在为日后开展情报活动提供隐蔽的掩护，促使情报活动达到较高深度的方面，非法秘密派遣方式具有合法公开方式所不具备的巨大优势，这也是俄罗斯情报机构十分注重利用这种派遣方式的原因。俄罗斯情报工作历史上真正具有影响力的情报官员，如阿贝尔、朗斯代尔等，都是以这种方式进行派遣的。当然，这种派遣方式的不利之处也是十分明显的，即情报官员的生命安全没有保障，一旦暴露，随即就会面临非法入境、从事间谍活动等指控，而在这种情况下，祖国几乎无法施以援手，等待他们的轻则是长期监禁，重则是死刑。

苏联情报机构曾大量使用这种方式向西方派遣非法活动情报官员，它们在这方面的成就远远超过了西方情报机构。这得益于两个方面的因素，一是布尔什维克党具有丰富的从事地下斗争的经验。从全俄特别委员会时期开始，苏联情报机构就把这一经验运用到情报工作中，通过非法派遣特工在外国建立起地下情报站。二是当时苏联情报机构在寻找合适的身份证件方面具有得天独厚的条件。首先，第二次世界大战期间，大量难民涌入苏联和东欧各国，有些难民在战乱中失踪或死亡，苏联情报机构则掌握了其身份证件，为派遣情报官员冒名顶替进入其祖国提供了方便。其次，第一次世界大战后，原来被德国控制的波罗的海沿岸国家赢得了独立，很多具有当地血统的美籍人士带着孩子回到老家。第二次世界大战爆发后，波罗的海三国又被苏联占领，成为苏联的加盟共和国。那些在波罗的海三国去世或被捕的美籍人士的护照，以及他们出生在美国的孩子的出生证，便成为苏联情报机构向美国派遣非法活动情报官员时可以利用的绝佳身份证件。例如，1947 年，一位具有立陶宛血统的美籍人凯奥蒂斯回到自己的出生地立陶宛探亲，当他因病在立陶宛一家医院去世后，他的护照便落入苏联国家安全部的手中。1948年，当国家安全部遣菲舍尔非法进入美国时，菲舍尔曾绕道捷克斯洛伐克、瑞士、法国、加拿大，然后才到达美国，而派遣途中使用的便是凯奥蒂斯的护照。再次，第一次和第二次世界大战期间，苏俄境内出现了大量难民，其中一些人流落到了欧洲国家，苏联历史上还发生过大量居民出逃的现象，这都为苏联情报机构利用本国难民的身份派遣情报官员提供了条件。这些情报官员以难民这种独特的身份为掩护，可以通过公开移民的方式进入派遣国。例如，为了对付白俄在国外建立的地下反苏组织，苏联情报机构就曾派遣情报官员以难民身份移民捷克、法国等国，对这些组织进行渗透。

目前，俄罗斯情报机构依然十分注重非法派遣的形式。2010 年 6 月，俄罗斯在美国的一个 11 人情报网络暴露后，据媒体披露，该情报网络领导人罗伯特·克里斯托弗·梅特索斯是于 1996 年以哥伦比亚首都波哥大居民的身份进入美国佛蒙特州诺维奇大学留学的。而事发前夕，他持一本加拿大护照，以旅游签证的方式，从美国进入塞浦路斯。在准备从塞浦路斯飞往匈牙利首都布达佩斯时，被塞国警方扣留。塞国警方还发现，梅特索斯所持护照并非其本人的，而是是盗用了加拿大一名死者的护照。

三、利用假叛逃的方式进行派遣

这种派遣方式是指设法让情报官员与对方情报机构取得联系，并谎称愿意投诚，取得对方信任后，伺机向己方传递情报或干扰对方针对自己国家的情报活动。用这种方式派遣的情报官员即《孙子·用间》中的五间之一——死间，因为这种派遣方式对情报官员来说风险极大，一旦被对方识破真相，情报官员往往必死无疑。指派情报官员以假叛逃形式打入派遣国情报机构内部是一种最危险、代价最高的派遣方式，不仅情报官员命悬一线，为了使其获得对方信任，还需准备相当数量和密级的真实情报供其提供给对方，而这就意味着一些情报官员和情报活动将被牺牲，最恶劣的后果是，做出牺牲后，派遣活动本身也失败了，这种情况下，代价是相当沉重的。这种派遣方式对执行派遣任务的情报官员的要求极高，他必须具有十分坚定的信念，为国牺牲的决心、超人的毅力，甚至过硬的身体素质，因为为了造成逼真的叛逃情景，有时还需使用苦肉计。

虽然这是一种最危险、代价最高的派遣方式，但一旦取得成功，收益也十分可观。因此，第二次世界大战期间，苏联情报机构策划了多次这种派遣活动，其中最传奇最成功的当属苏联内务人民委员会对亚历山大·伊凡诺维奇·纳夫拉蒂尔洛夫（“萨沙”）的派遣。为了对付投降德军的民族主义者安德烈·安德烈耶维奇·弗拉索夫所组建的一支叛军，内务人民委员会决定利用假叛逃的方式派遣情报官员打入德军内部。内务人民委员贝利亚亲自制定了派遣计划，决定让纳夫拉蒂尔洛夫化名“伊戈尔·格里戈里维奇·奥尔洛夫”（代号“萨沙”），并编撰了“奥尔洛夫”的经历。1943 年，“奥尔洛夫”乘飞机进入德国，杀死飞机上的所有人员后，跳伞着陆。身负重伤的“奥尔洛夫”表明了投诚之意后，获得了德国人的紧急救治。他对德国人宣称，自己对共产主义的幻想破灭，宁愿参加弗拉索夫的叛军，来推翻苏维埃政权，于是顺利通过了审讯。随后，“奥尔洛夫”以提供 20 多名在德活动的内务人民委员会情报官员为代价，获得了德国东线外军处处长盖伦的信任，并成功离间其与弗拉索夫的关系，使弗拉索夫领导的叛军未能开赴前线与苏军作战。1944 年，“奥尔洛夫”又及时向内务人民委员会通报了弗拉索夫在布拉格组织“解放俄罗斯各民族委员会”会议的情报，使其一举抓获委员会大部分成员。第二次世界大战结束后，“奥尔洛夫”在德国的使命完成，于是他又通过盖伦的情报组织进入美国中央情报局，转战美国。

第四节　情报官员的保护

情报工作是一种具有高度隐蔽性和巨大风险性的活动，明确情报官员的法律地位，为其提供真实身份保护和养老、伤残补助、死亡抚恤等社会保障，尤其是对外派情报官员提供身份掩护支持、暴露后营救等有效的保护措施，对于调动情报官员的主动性和积极性，培养其职业荣誉感和归属感，提升情报官员队伍的士气和凝聚力，具有非常重要的意义。因此，对情报官员的保护是情报工作的重要组成部分。

俄罗斯十分重视对情报官员的保护，多部关于情报工作的法律法规都对相关保护措施做出了明确规定，为保护工作的开展提供了法律依据。俄罗斯现行的《联邦安全总局法》（1995 年 2 月）和《俄联邦对外情报法》（1995 年 12 月）从不同方面对情报官员的法律地位，以及针对其人身、财产、家属的保护措施做出了规定。

《联邦安全总局法》第 17 条规定，联邦安全总局机关的工作人员在执行公务时是联邦国家权力机关的代表，受国家保护。任何人（除非得到联邦法律授权的机关和公职人员）无权干涉其公务活动；根据俄联邦法律的规定，保护联邦安全总局机关工作人员及其家属的生命和健康、荣誉和尊严、财产不受由于履行公务职责而导致的非法侵害。联邦安全总局机关工作人员执行公务期间，不得在没有联邦安全总局机关正式代表在场或者缺乏法庭判决的情况下，对其进行传讯和拘留，对其人身、物品、私人和其所使用的交通工具进行检查；关于联邦安全总局机关工作人员在外国特殊职位、组织、犯罪组织中执行过（正在执行）特殊任务的信息属于国家机密，只能在取得上述工作人员书面同意，或者联邦法律规定的其他情况下被公开。

《联邦安全总局法》第18条规定，在根据工龄确定联邦安全总局机关军事人员中高级专家的养老金和津贴时，可以按照联邦安全执行权力机关领导人决定的方式将其参军之前的工作年数计入工龄；联邦安全总局机关工作人员在外国特殊职位、组织、犯罪组织中执行特殊任务的时间可以按照俄联邦政府规定的方式计入工龄之中，作为确定养老金、授予军事称号、计算工龄津贴的依据。

《俄联邦对外情报法》第18条规定，关于俄联邦对外情报机构干部个人，包括对外情报机构退休人员的信息，属于国家机密，只有在对外情报机构领导批准后才能公开，而在非工作必须的情况下，还须取得上述人员的书面同意。根据该法第22条的规定，俄罗斯对外情报机构工作人员及其家属的社会保障由联邦法律予以保证；所有对外情报机构的干部享受国家个人保险；由于从事情报活动而导致干部或其家属健康受到损害时，应根据法律予以全面赔偿；干部或其家属由于从事情报活动而牺牲时，国家负担丧葬费用，并对其家庭给予一次性补助；对外情报机构的干部及其家属在境外因从事情报活动而被拘留、逮捕或审判时，国家有责任采取一切措施帮助其获得无条件释放；对外情报机构干部因暴露或其他不由其决定的原因而全部或部分丧失任职能力时，对外情报机构有责任为该人员安排工作，或者为其再次接受职业培训创造条件，并对由此产生的费用进行补偿；对外情报机构干部因从事情报活动而遭受财产损失时，国家根据俄联邦民事法律进行补偿，费用由联邦财政支付。

从以上法律规定可以看出，俄罗斯对于情报官员的保护主要有以下几方面：1. 情报官员的身份及其从事的情报活动属于国家机密，受法律保护；2. 情报官员因从事情报活动而使其人身安全、健康或财产受到损害时，享受国家社会保障（包括伤残后的待遇和死亡后的抚恤）。3. 情报官员的家属受国家保护，因情报官员从事情报活动而使其家属的人身安全或财产受到损害时，其家属享受国家社会保障。

上述保护措施适用于所有情报官员，对外派情报官员来说，还有一些具体的保护措施：

一、掩护身份支持

对于派驻到外国的情报官员来说，掩护身份维护的成功与否直接关系到派遣行动能否成功，甚至关系到情报官员的生命安全，因此对外派情报官员提供掩护身份支持，为其开展情报活动创造条件，是十分必要和重要的，也是对其提供保护的一项重要内容。苏联时期，为了便于情报官员维护掩护身份，往往安排其进入国营企事业单位的驻外机构中，使其可以将主要精力放在开展情报活动方面。对于那些专门提供掩护身份的公司，情报机构往往给予大量的经费支援，使其得以维持。对于非法派遣特工来说，在建立掩护职业时，通常会得到组织的经费支持。组建朗斯代尔情报网的克格勃非法活动情报官员科农·莫洛德（化名戈登·朗斯代尔）在到达英国之后，便用组织提供的资金开办了几家专门出租乐器、玩具和商用自动装置的公司，以公司老板的身份为掩护开展情报活动。莫洛蒂的公司后来实现了真正的盈利，公司生产的一种电子锁还在布鲁塞尔国际发明家协会组织的展览会上获得了金奖，因此他选择的掩护职业是十分成功的，使得他凭借商业领域的成功很快就在伦敦站稳了脚跟。

二、暴露后的营救

《俄联邦对外情报法》第 22 条明确规定，对外情报机构的干部人员及其家属在境外因从事情报活动而被拘留、逮捕或审判时，国家有责任采取一切措施帮助其获得无条件释放。当外派情报官员暴露后，一般由外交部门出面交涉，谈判营救方式，有时国家元首也会介入，直接从高层进行协商。营救的具体方式有外交交涉和协助潜逃两种。

苏联时期，尤其是斯大林时代，由于国际局势复杂，国际关系紧张，苏联与西方处于意识形态的对立之中，苏联政府较少通过外交途径营救被捕的情报官员，甚至在其被捕之后不承认其真实身份。1941 年佐尔格在日本被捕之后，虽然日本指出他是苏联间谍，但苏联政府一直保持沉默。直到佐尔格被处以绞刑，也没有采取任何营救措施。随着赫鲁晓夫调整对西方战略，于 1959 年访问美国，开启了破冰之旅，苏联政府才开始积极利用外交途径对情报官员进行营救。1961 年 1 月，克格勃非法活动情报官员莫洛德（化名戈登·朗斯代尔）被英国中央刑事法院判处 25 年有期徒刑，但他只服了三年刑就被苏联交换回国，同他进行交换的是曾为英国秘密情报局联系奥利格·潘可夫斯基的格雷维尔·梅纳德·温。1960 年，苏联击落用一架美国 U－2 高空侦察飞机，经过 2 年的谈判，1962 年，苏联用驾驶员弗朗西斯·加里·鲍威尔斯作为交换，成功营救了暴露后在美国服刑的菲舍尔（化名阿贝尔）。

在全球化背景下的今天，各个国家之间关系密切、联系频繁、利益交织，而且各国政府对情报和反情报工作均有较深认识和理解，因此情报活动或情报网络暴露后，承认本国公民在外国从事情报活动，并积极通过外交渠道进行营救，促使事件顺利解决，是国际惯例，也符合当事双方国家的利益。

自普京入主克里姆林宫之后，俄罗斯政府对情报工作的重视程度提高，对情报工作的投入加大，情报系统的地位有了很大提升，近年来，俄罗斯政府就曾屡次高调出面营救自己的情报官员。2010 年 6 月 28 日，美国司法部宣布，美方经过多年调查后逮捕了 10 名涉嫌从事情报活动的嫌疑人。随后，美国联邦检察官以阴谋从事非法情报活动和阴谋洗钱的罪名对他们提起了诉讼。而俄罗斯政府则立即针对这 10 名被捕的情报官员展开了营救活动。6 月 29 日，俄罗斯外交部就此事发表正式声明，承认被美方逮捕的是俄罗斯公民，并派多名俄罗斯外交官前去探视。后来，俄罗斯很快便秘密地和美国达成了一桩交换协议，即俄罗斯将释放因向西方出卖情报而被判监禁的核武器专家伊戈尔·苏佳金、对外情报总局前上校亚历山大·扎波罗斯基、总参情报总局前上校谢尔盖·斯科里波尔和原克格勃人员根纳季·瓦西连科，以换取10名被捕情报官员的自由。据称，为促成事件顺利解决，俄罗斯前任总统梅德韦杰夫亲自出面与美国总统奥巴马就此事多次进行沟通。接下来的一切都很顺利。7月8日白天，10名俄罗斯情报官员在纽约联邦法院承认了对自己的指控，晚10时，他们已经登上了飞往奥地利首都维也纳的飞机，在维也纳的交换完成之后，他们随即飞回了莫斯科。自独立以来俄罗斯政府最大规模的一次营救行动仅仅用了10天时间便成功结束。除10名情报官员之外，他们的子女同样在被营救之列，几名年龄较小的孩子在交换协议达成之前就已回到俄罗斯，另外几名当晚随父母同机离开美国。

在利用外交途径营救情报官员时，苏联和当今俄罗斯政府甚至不惜采取反制措施，为外交谈判提供条件。2004年2月13日，俄政府头号通缉犯、前车臣“总统”泽利姆汗·扬达尔比耶夫在卡塔尔首都多哈被炸身亡。2月18日，卡塔尔警方拘捕了3名俄罗斯情报官员，并指控他们涉嫌谋杀扬达尔比耶夫。后来，卡塔尔当局释放了俄罗斯驻卡塔尔使馆一等秘书维季索夫，准备对其他两名人员进行审判。俄罗斯政府对指控断然否认，要求卡塔尔马上放人，但卡塔尔当局态度坚决。2月26日，俄罗斯联邦安全总局在莫斯科逮捕了两名卡塔尔国家摔跤运动队成员，并指控他们在俄罗斯境内非法走私武器，预谋发动恐怖袭击。当时，两名运动员从白俄罗斯飞抵莫斯科，准备过境前往塞尔维亚参加2004年奥运会赛前技能比赛。消息一出，舆论普遍认为，俄方此举的真实用意是试图用这两名卡塔尔人交换自己的情报官员。3月23日，俄罗斯的外交努力取得了初步成效。当天，俄罗斯总统普京罕见地和卡塔尔埃米尔（国家元首）哈马德·本·哈利法·阿勒萨尼通了电话。同日，俄罗斯联邦安全总局释放了被捕的两名卡塔尔人。而卡塔尔当局宣布维季索夫为“不受欢迎的人”，并令其在 24 小时内离开卡塔尔，维季索夫便于当天返回了莫斯科。

维季索夫成功脱身后，俄罗斯外交部一再重申，对于其他两名情报官员，在他们被释放之前，俄罗斯将不会停止努力。事实上，除采取突然抓捕 2 名卡塔尔运动员这种反制措施之外，俄罗斯为了营救两名被捕情报官员，还聘请了多名律师为其进行辩护，除了俄罗斯本国的 4 名律师之外，还有来自英国、美国和卡塔尔三国的律师，其中包括美国前总检察长基克·托尔布尔克和美国驻联合国人权委员会特使杰罗姆·舍斯塔克这两名世界上最优秀的律师。

6 月 30 日，卡塔尔法院正式宣布了针对两名俄情报官员终身监禁（即 25 年监禁）的判决，俄方的营救似乎没有奏效。但到当年 12 月时，有媒体报道，两名俄情报官员已于 12 月 23 日安全返回莫斯科，普京总统还在 12 月 24 日专门打电话给卡塔尔埃米尔致谢。还有媒体披露，俄罗斯政府早就预料到，辩护律师所做的努力成效不大，卡塔尔法庭很可能会做出自己的判决。因此，便于 4 月 18 日派俄罗斯联邦安全会议秘书伊万诺夫赴多哈与卡塔尔外交大臣哈马德·本·贾西姆·本·贾比尔·阿萨勒萨尼举行了秘密会谈。会谈中双方达成了妥协，如果被扣押的两名俄罗斯公民遭到卡塔尔法庭的正式判决，俄罗斯方面不会为此采取报复措施，但卡塔尔埃米尔将在判决后对他们提出大赦。应该说，正是俄罗斯政府不懈的外交努力使两名情报官员逃脱了牢狱之灾。

除上述这种外交途径的营救方式之外，还有一种暗中协助暴露的情报官员潜逃至俄罗斯境内的秘密营救方式。例如，1951 年 5 月，“剑桥五杰”中的麦克莱恩面临暴露的危险，当时负责与他们联系的尤里·摩丁随即为他制定了叛逃计划，并决定让盖·弗朗西斯·伯吉斯帮助他出逃。5月25日晚，伯吉斯和麦克莱恩从英国南安普敦港坐上了一艘前往法国的渡船，从此便消失得无影无踪。1963年，菲尔比彻底暴露后，尤里·摩丁再次为他制定了出逃计划。1月23日，菲尔比成功地从黎巴嫩首都贝鲁特潜逃，后来安全抵达莫斯科。

第五节　情报官员的奖励和惩处

一、情报官员的奖励

为表彰情报官员在保障国家安全方面做出的突出贡献，通常对情报官员给予物质和精神两方面的奖励。物质奖励一般指住房、金钱等方面的奖励和保障。精神奖励的具体措施有职务擢升、军衔晋升、授予光荣称号和荣誉勋章等。苏联时期还有以情报官员的名字命名街道、广场、油轮等，以及发行纪念邮票、在公众场所设立塑像等措施。

苏联时期授予情报官员的最高英雄称号是“苏联英雄”。该称号是苏联国家荣誉的最高等级，根据苏联中央执行委员会1934年4月16日的决议设立，专门用来表彰具有英雄壮举的个人和集体。获得“苏联英雄”称号者，会同时获颁证书和金星奖章。金星奖章为黄金质地，五角星形，背面有“苏联英雄”字样，佩戴方式是以红色波纹绸绦带佩于左胸其他勋章和奖章的上方。

苏联时期授予情报官员的最高勋章是“列宁勋章”。“列宁勋章”也是苏联最高级别的勋章，设立于1930年列宁诞辰70周年前夕。列宁勋章起初为银质，1934—1936年间为金质，后改为白金质。勋章正面中央镌刻有列宁头像；外环饰有金质麦穗；顶端为一面红旗，旗上刻有列宁的名字；底部为镰刀和斧头的标志；左边是一颗红星。根据勋章颁发条例，该勋章授予在国防和社会主义建设中建立特殊功勋的个人、集体、机关、社会组织和部队，以及致力于加强苏联与其他国家友好合作关系的外国人。1973 年 5 月之前，获“苏联英雄”称号者，同时被授予苏联的最高勋章——“列宁勋章”，之后改为第二次和以后再被授予“苏联英雄”称号时，才同时授予“列宁勋章”。

除“列宁勋章”外，授予情报官员的勋章还有“红旗勋章”。该勋章最早设立于 1918 年国内战争期间，是一项军事奖励，用来授予直接参加战斗并且表现英勇的俄罗斯联邦公民。1924 年 8 月，设立了全苏统一的“红旗勋章”[①]。

在苏联情报工作历史上，有众多著名情报官员获得“苏联英雄”称号和“列宁勋章”的至高荣誉，或者命名建筑物等殊荣。1926 年，捷尔任斯基逝世后，苏联政府为纪念这位苏联国家情报机构的创始人，以他的名字命名了莫斯科市中心的一处广场，并设立了他的塑像。1940 年 8 月 20 日，西班牙人罗曼·米尔卡杰尔因暗杀托洛茨基而被墨西哥当局判处 20 年监禁。1960 年，米尔卡杰尔刑满释放后，被授予了“苏联英雄”称号，同时被授予“列宁勋章”。1962 年 2 月，苏联用击落的美国 U－2 高空侦察飞机驾驶员弗朗西斯·加里·鲍尔斯把菲舍尔（化名阿贝尔）交换回国。菲舍尔回到苏联后，受到了英雄般的礼赞，苏联最高苏维埃为了表彰的他卓越功绩，授予他“苏联英雄”称号和一枚“列宁勋章”。1963 年 1 月，菲尔比成功逃至莫斯科，苏联政府公开宣布接受他在苏联政治避难的请求，还为他提供了一套宽敞的住房和充足的金钱。1965 年，苏联政府授

① 勋章是由内外两层组成：白色珐琅质为底色，佩带金质铸成铁锤与镰刀，再有两条金麦花穗围着红星，外层背景有图案“黑铁锤”与“黑镰刀”交叉，火把与红旗交叉，旗上刻写“全世界无产者，联合起来！”由两条更大金麦花穗围着，徽章底部写：“CCCP”（USSR）苏联缩写字。附加绶带中间为白色，左右两边为红色。

予菲尔比一枚“红旗勋章”。1988 年 5 月 11 日，菲尔比以克格勃上将的身份逝世，苏联政府为他安排了军队最高级别的葬礼。1965 年，苏联政府终于承认 20 世纪 30 年代在日本组建“拉姆扎”情报小组的佐尔格是苏联情报官员，追授他为“苏联英雄”，以他的名字为莫斯科的一条大街和一艘苏联油轮命名，还发行了一套面值 4 戈比的佐尔格纪念邮票。1966 年，向苏联提供“柏林隧道”秘密的乔治·布莱克成功逃至苏联后，被授予上校军衔，此外，他还同时获得“列宁勋章”和“红旗勋章”。同样获得“列宁勋章”和“红旗勋章”的还有成功暗杀乌克兰民族解放组织领导人列夫·列别特和斯捷潘·邦杰尔的“冷血杀手”斯塔申斯基。1990 年，苏联分别发行了哈罗德·金·菲尔比和科伦·特罗菲莫维奇·莫洛迪纪念邮票。

苏联解体后，俄罗斯当局在政治上改弦易辙，对国家荣誉也进行了重新设置，恢复了部分沙俄时期的勋章和奖章，但并没有从根本上改变苏联时期的荣誉制度，保留了苏联时期的部分称号及获得者的相关待遇。俄罗斯现有的国家荣誉主要包括“俄罗斯联邦英雄”称号、俄罗斯联邦勋章等。“俄罗斯联邦英雄”称号设立于 1992 年，用以表彰为国家和人民建立的英雄功勋，同时授予的还有特别功勋标志——金星奖章和荣誉证书。俄罗斯共设立 15 种国家级勋章，包括圣安德烈勋章、圣乔治勋章、“祖国功勋”勋章、朱可夫勋章、“英勇”勋章、“军事功勋”勋章、“海军功勋”勋章、“荣誉”勋章、“友谊”勋章等。其中重新恢复的沙俄时期的圣安德烈勋章是俄罗斯联邦最高国家奖励，用来授予对俄罗斯的繁荣、昌盛和荣誉做出非凡功绩的杰出、社会活动家和其他俄罗斯联邦公民，以及为俄罗斯做出杰出功绩的外国首脑和政府领导人。

俄罗斯政府十分重视对情报官员的奖励，尤其是 2000 年普京执政以后，为重振俄罗斯情报机构，鼓舞士气，普京经常在公开场合赞扬情报工作者对国家安全的贡献，并对一些在苏联时期做出重要贡献的情报官员追授荣誉。2007 年 10 月 22 日，普京签署命令，追授已经去世的佐霍尔兹·阿布拉莫维奇·科瓦尔（英文名乔治·科瓦尔）“俄罗斯联邦英雄”称号，授予他金星奖章和荣誉证书，以表彰他对苏联原子弹研制工作所做的贡献。2007 年 11 月，俄联邦对外情报总局向乔治·布莱克颁发的“友谊”勋章，以表彰他对苏联国家安全做出的卓越贡献。2010 年 6 月 28 日，10 名俄罗斯情报官员被美国逮捕。两国随后达成协议，美国驱逐这 10 名俄罗斯情报官员，俄方则释放 4 名被控为美国从事间谍工作的俄罗斯人。10 名情报官员安全返回莫斯科后，受到了时任总理普京的接见。10 月 18 日，俄罗斯总统德米特里·梅德韦杰夫在克里姆林宫举行特别仪式，宣布对包括上述 10 名情报官员在内的俄联邦对外情报总局人员的奖励。

二、情报官员的惩处

因为情报工作的高度敏感性和隐蔽性特点，无论哪个国家，都会对泄露情报或叛逃的情报官员严惩不贷，这是不争的现实，而俄罗斯情报机构则尤其以对变节者的严厉惩处而闻名于世。

关于对情报官员的惩处，俄罗斯情报机构在招收情报官员时便明确规定，被录取的人必须承担不泄露在工作期间所接触信息的责任，还须签署保密保证书，如果不履行责任，将承担刑事责任。专门为格鲁乌培养情报官员的军事外交学院也规定，学员入校前必须在一份保证不泄露军事机密的文件上签字，并表明，如有泄露，愿意接受严厉惩罚。

对于那些隐藏在内部的泄密者，一旦发现泄密情况，反间谍机构会立即启动秘密调查。泄密者被抓获后，通常通过审判，判处相应刑罚，最重的判罚是死刑。为了达到震慑其他情报官员，教育民众的目的，苏联政府还对一些重要泄密者进行公开审判。

1962 年 10 月 22 日，向美国泄露大量军事机密的苏联总参情报总局的潘可夫斯基在莫斯科被逮捕。1963 年初，苏联最高法院军事法庭对潘可夫斯基叛国案进行了公开审判。5 月 11 日，潘可夫斯基被判处死刑。有报道称，对潘可夫斯基执行死刑的方式是总参情报总局对付组织中叛徒的传统方法：在一些关系亲密的同事的见证下，被活生生地投入熊熊燃烧的火炉。

苏联国家安全委员会情报官员维托夫（代号“再会”）向法国“领土监管局”泄露了许多关于苏联搜集西方国家科技情报活动的内幕，导致大量国家安全委员会的情报官员和情报员暴露，使国家安全委员会的科技情报搜集工作，乃至苏联经济发展蒙受了巨大损失。1984 年 12 月，维托夫被苏联最高军事法庭判处死刑，1985 年 1 月，被执行枪决。

苏联总参情报总局将军波利亚科夫为美国人服务了 20 年之久，提供了大量珍贵情报，因此被美国中央情报局局长伍尔西称为整个冷战时期美国最宝贵间谍。后来，波利亚科夫因美国中情局埃姆斯的揭露而东窗事发，并于 1988 年 3 月被苏联判处死刑。

苏联解体前后，西方情报机构趁俄罗斯社会混乱之机，对其进行了大肆渗透。普京上台后，俄罗斯情报机构加强了反间谍工作的力度，多名向外国提供情报的俄罗斯人遭到起诉。2004 年，俄罗斯法院裁决军控研究人员苏特亚金犯有叛国罪。调查人员称，苏特亚金向一家英国公司出售有关核潜艇和导弹系统的情报，而这家英国公司是美国中情局的一个掩护公司。同年，长期向英国军情六局出卖情报的俄罗斯总参情报总局退役上校谢尔盖·斯克里帕尔被捕。俄联邦安全局称，他向英国情报机构提供了在欧洲国家工作的数十名俄罗斯情报官员的名单。莫斯科的一家军事法院对其进行了秘密审判，记者只在宣读判决时被允许进入。2006 年 8 月 9 日，法院裁决斯克里帕尔叛国罪名成立，宣布剥夺其上校军衔和相关国家奖励，并判处其 13 年有期徒刑。

对于那些叛逃国外的变节者，俄罗斯情报机构的惩处措施更为严厉，为了宣判其叛国罪名成立，会进行缺席审判，甚至不惜一切代价将其长期列为暗杀目标，一旦机会成熟，便痛下杀手。那些受到西方情报机构严密保护，没有被追杀成功的变节者也只能终日生活在恐惧的阴影中。这是因为，相对于泄密者来说，那些叛逃或移居国外的变节者的危害更大。为了获得外国情报机构的信任和庇护，为自己捞取获得外国国籍的资本，他们会不计后果地把自己所掌握的各种情报和盘托出，有时会对情报机构带来长期的、系统性的危害。

1945 年 9 月，苏联驻加拿大武官处译电员古曾科因贪恋西方生活方式而叛逃，在苏联与西方尚是盟国的时候，他揭开了苏联总参情报局机构在西方活动的冰山一角，因而遭到了苏联总参情报局的追杀，一辈子只能戴着“套子”见人。

2002 年 4 月，苏联国家安全委员会反间谍局局长、现移居美国的奥列格·卡卢金被指控泄露了大量有关苏联国家安全委员会行动的机密，法庭透过俄驻美使馆向他发出了 3 次传票，要他出庭接受审判，但卡卢金获得了美国的政治庇护，公开表示拒绝回国受审。2002 年 6 月 22 日，俄罗斯莫斯科市法院以缺席审判的方式判决卡卢金“叛国罪”成立，判处其 15 年徒刑，取消将军军衔和所有荣誉。这是 1985 年以来俄罗斯法庭首次对一位情报部门高级官员的缺席审判，也是俄罗斯情报机构赶在禁止法院进行缺席审判的新版《刑事诉讼程序条例》于 7 月 1 日生效之前判定那些不可能出庭受审的变节者的行动之一。

在 20 世纪情报史上，苏联总参情报总局叛逃者沃尔特·克里维茨基于 1942 年 2 月在美国华盛顿一家旅馆里离奇死亡，苏联国家安全委员会叛逃者尼古拉·霍赫洛夫于 1957 年 9 月在德国法兰克福铊中毒身亡。早在 1945 年，尼古拉·霍赫洛夫主动放弃执行暗杀德国反苏组织领袖乔治·奥科洛维奇的任务，并向西方情报机构展示了苏联国家安全委员会研制的暗杀武器，其中一种武器外形酷似香烟盒，实际上却能发射出杀伤力很强的达姆弹，而当年沃尔特·克里维茨基正是头部被一颗达姆弹穿透而死亡。这些叛逃者的死亡案件都让人们联想到苏联情报机构的暗杀行动。

苏联解体后，俄罗斯政府对情报机构进行了重大改革，并宣称不再采取任何暗杀行动，但据一些前情报官员称，为保证秘密不被外泄，俄罗斯情报机构从来没有停止追杀那些叛逃海外的情报官员。

2006 年 11 月，叛逃英国的俄联邦安全总局情报官员亚历山大·利特维年科被证实死于放射性物质钋中毒，这一事件将俄罗斯推到了世界舆论的风口浪尖，俄罗斯情报机构是否在海外追杀叛逃特工再次引起了人们的高度关注。

第六章

影响俄罗斯情报机构的重要人物

第一节 “俄罗斯情报之父”捷尔任斯基

在俄罗斯情报史上，费利克斯·埃德蒙多维奇·捷尔任斯基被称为“俄罗斯情报之父”。他一手创立了苏联历史上的第一个情报机构全俄肃清反革命和怠工特设委员会（以下简称契卡），并出任第一任主席。

当时年轻的苏维埃政权面临着日益恶化的形势，捷尔任斯基领导契卡组织，通过一系列卓有成效的情报活动及严厉镇压活动，以秘密警察的红色铁碗手段巩固了苏维埃政权，为保卫十月革命的胜利果实立下了汗马功劳。

1926 年 7 月 20 日，捷尔任斯基因心肌梗死逝世于莫斯科。斯大林在悼词中给予他高度评价，并用“燃烧”二字来形容他战斗的一生。为了纪念捷尔任斯基，苏联共产党委员会将卢比扬卡广场改名为捷尔任斯基广场，并在广场中央设立了捷尔任斯基的铜像。这座矗立在克格勃总部前面的铜像后来成为苏联情报机构的象征。1991 年“8·19 事件”后，捷尔任斯基铜像被愤怒的人群推倒，捷尔任斯基广场重新被改名为卢比扬卡广场，一直沿用至今。

一、个人履历

1877年9月11日，捷尔任斯基出生于沙皇俄国治下的白俄罗斯明斯克州一个波兰族贵族地主知识分子家庭。幼年时他的志向是当一名大主教。但中学时的捷尔任斯基迷上了马克思主义。1895年，捷尔任斯基加入了立陶宛社会民主党，一直致力于波兰和立陶宛的革命运动，曾多次被捕。

后来，捷尔任斯基参加了十月革命和苏联早期的社会主义建设，做出了突出的贡献。捷尔任斯基曾任内务人民委员、西南方面军后勤部长、全俄中央执委员会改善儿童生活委员会主席、改善莫斯科工人生活委员会主席、交通人民委员、内务人民委员会国家政治保卫局局长、苏联人民委员会国家政治保卫总局局长、苏联最高国民经济委员会主席、苏联中央执行委员会主席、联共（布）中央政治局候补委员、苏联中央执行委员会委员等职，但他最著名的头衔还是“契卡”主席。

二、“契卡”闻名于世

1917年12月20日成立的“契卡”是克格勃的前身。1917年10月16日，俄国布尔什维克中央委员会扩大会议，正式通过关于武装起义的决议，成立领导起义的革命军事总部，捷尔任斯基被选为总部领导成员。他和列宁、斯大林一起领导了十月革命。十月革命胜利后，布尔什维克能够控制的只有彼得格勒、莫斯科及与其毗邻的方圆五百公里地区，其他地方则处于完全混乱的状态。

以列宁为首的布尔什维克很快就认为有必要建立一个“专门机构”来解决这一问题。12月20日，在致人民委员会的报告中，捷尔任斯基称：“别以为我会寻求革命的公道途径。我们现在不需要公道，现在是面对面的战争，是你死我活的战争。我建议并请求建立一个同反革命进行革命清算的机构。”同日，在列宁的提议下，苏维埃第一个负责安全和情报的机构——“契卡”成立。从此，“契卡”闻名于世界。

“契卡”在苏联建国初期的混乱局面下，扮演了举足轻重的角色。在捷尔任斯基的领导下，“契卡”为苏维埃政权的巩固和国家建设，贡献了不可磨灭的功绩。比如剿灭叛乱，清除流氓、黑帮、娼妓等社会丑恶，修复被战争破坏的铁路线，设立孤儿救助机构，救助战乱和饥荒造成的孤儿等等。捷尔任斯基以红色铁碗的手段，巩固了苏维埃政权。“契卡”后来随着苏联政治结构的演变，成为世界所熟知的“克格勃”（国家安全委员会）以及后来的俄罗斯国家安全局。

三、“铁腕费利克斯”

捷尔任斯基是一个非常正直、特别能工作的人。为了革命理想，他既会牺牲自我，也会牺牲他人。在担任“契卡”主席的第一年，捷尔任斯基工作、吃、住都在卢比扬卡自己的办公室。因为坚忍不拔的精神和严于律己的作风，加上阶级斗争的残酷性，被革命推翻的沙皇贵族阶级、资产阶级、富农阶级、反动军阀、极端民族主义势力等在西方势力的唆使和纵容支持下，在公开和隐蔽的战线与“契卡”进行了殊死搏斗，在你死我活的情势下，捷尔任斯基是强硬而坚决的，因此他获得了“铁腕”的称号，被称为“铁腕费利克斯”。

1937 年 12 月，在庆祝“契卡”成立 20 周年之时，苏联政府对捷尔任斯基的评价是：不知疲倦的布尔什维克，不屈的革命勇士。在他的领导下，“契卡”曾经数次消除了年轻的苏维埃共和国所遭到的极大威胁。年轻的苏维埃政权建立初期，在阴谋、暗杀和反革命行动接连不断的艰难岁月里，捷尔任斯基表现出了超人的精力、毅力和勇气，他不分昼夜、废寝忘食、孜孜不倦地坚守在自己的岗位上。工人阶级的敌人憎恨他，但又不得不对他肃然起敬，他高大的形象、大无畏的精神、敏锐、耿直和绝对的忠诚为他赢得了人们的尊敬。

四、“俄罗斯情报之父”

“契卡”从沙皇时期的情报机构中招募了大量的情报人员，用于镇压国内外的一切反动势力。1921 年，列宁高度评价了“契卡”情报人员的工作，称他们是“反对来自那些比我们强大得多的敌人企图颠覆苏维埃政权的斗争中的有力武器”，捷尔任斯基及其领导的“契卡”同反革命斗争的主要手段是 1917 年 12 月 20 日经苏维埃人民委员部认可的，主要包括“没收财产、迁移、吊销供应证、公布人民敌人的名单”等等。

自创立之日起，“契卡”便不断开展积极而有效的情报活动，最典型的案例是 1918 年 1 月 14 日，列宁的汽车遭到恐怖分子开枪射击，幸好未有人受伤。但七个半月后，列宁又被女刺客卡普兰击中两枪而伤势严重。“契卡”情报人员在捷尔任斯基的领导下经过一系列侦察活动，终于将一个暗杀团伙挖了出来。

在捷尔任斯基的领导下，“契卡”很快发展成了一个强大的情报组织，它在苏联各地建立起分支机构，并向各个方面扩大其控制力：军事、政治、经济、交通运输及工业部门几乎都受到“契卡”的监视。它集情报、反间谍、保卫、逮捕、审讯、判决、关押和处决于一身，能够非常高效率地对敌人进行全面的镇压，实行“红色恐怖”，“契卡”情报组织被称为当时苏维埃政府最有力的情报工具。

随着国内战争的结束和苏维埃政权的日益巩固，“契卡”的职能亦随之扩大，也需要进行调整。1922 年 2 月 6 日，全俄中央执行委员会颁布法令，决定撤销“契卡”及其所属的地方机构，同时决定在内务人民委员部设立“国家政治保卫局”，已升任内部人民委员的捷尔任斯基兼任该局局长。1922 年 12 月 30 日苏联正式成立后，苏联中央执行委员会于 1923 年 11 月 2 日决定设立直属于苏联人民委员会的“国家政治保卫总局”，是国家安全情报机关脱离了内部人民委员部，捷尔任斯基出任总局第一任局长，捷尔任斯基凭其在俄罗斯（苏联）情报史的杰出贡献而赢得了“俄罗斯情报之父”的称号。

第二节 “格鲁乌”创始人别尔津

在莫斯科克格勃第一总局的“纪念馆”里，悬挂着众多的苏联时期情报英雄的肖像，但其中仅有一人从未当过人民内务委员部的军官，这是仅有的例外，他就是扬·卡尔洛维奇·别尔津（Ян Карлович Бер）将军，他一手创建了“苏联所有情报机构中最机密的一个部门”——“格鲁乌”。“格鲁乌”是苏军总参谋部情报部的简称，是完全隶属于苏联军队、由军方管制的情报组织。

一、苏联情报界的“拉脱维亚派”

扬·卡尔洛维奇·别尔津（1889—1938 年），其真姓名为丘济斯·彼得里斯（Кюзис Петерис），出生于拉脱维亚，1905 年加入俄国社会民主工党，后来有几年他是在铁窗下和西伯利亚的苦役中度过的。第一次世界大战时在沙俄军队服役。他 1919 年参加红军，在短命的拉脱维亚苏维埃政府中工作过一段时期。国内战争时期，别尔津曾担任师政治部主任和“契卡”驻军队的代表。1920 年被正式调入苏军情报部门工作，1924 年起曾两度担任苏军总参谋部情报部部长。

在苏联情报史上，如果说费利克斯·埃德蒙多维奇·捷尔任斯基及其几名主要助手在一段时期曾被称为“波兰派”的话，那么在别尔津仕途之初，他的许多最亲密的战友在军事情报生涯中的经历与别尔津十分相似，因此他们被称为“拉脱维亚派”。1935 年，别尔津以二级集团军指挥官身份被派往远东，1936 至 1937 年间，别尔津开始担任西班牙共和国军队军事顾问。一年后，他奉命召回苏联。当时，正值斯大林发动的大清洗时期，别尔津明知必死，可还是回国了。最终，包括别尔津在内的大批苏联红军情报部门人员被残酷“清洗”，别尔津也难以幸免。

二、临危受命创建军事情报机构

作为年轻苏维埃军队的军事情报组织，“格鲁乌”是在特殊的历史背景下创建的。俄国十月革命胜利后，为满足战场上的作战需求，1918 年 6 月 13 日苏维埃红军成立“东方战线登记部”，负责东方战线的军事情报工作，随后其他各条战线也按照东方战线的模式，成立了相对应的情报组织，隶属于同级参谋部的军事情报组织在军团以上部队建立起来。

但十分奇怪的是，在苏维埃红军总参谋部却没有负责军事情报事务的总情报机关，并且当时在情报事务中处于垄断地位的“契卡”对所有各条战线的情报工作频频施压，对军事指挥机构的情报需求完全置若罔闻。在这种情况下，苏维埃红军领导人托洛茨基提出，要在总参谋部一级成立总的军事情报机构，服务于军事作战与指挥。于是，1918 年 10 月 21 日，列宁签署法令，成立“共和国野战参谋部登记部”，负责协调和领导各条战线的军事情报工作，这样一来，一个统一的全国军事情报机关便出现了，“共和国野战参谋部登记部”就是“格鲁乌”的前身，当时担任部长的是来自“契卡”的情报人员西蒙·伊万诺维奇·阿拉诺夫。

当时，“共和国野战参谋部登记部”虽然负责搜集各类军事情报，但其地位和情报能力远不能满足现实作战的需求，尤其是1920年苏波战争中，这一问题暴露无遗：由于极度缺乏军事情报，红军惨遭败绩。于是，列宁下定决心整顿情报工作，在1920年召开的俄共（布）中央政治局会议上通过决议，提出“考虑到已经形成的这种国际形势，我们身处其中，必须将我们情报工作的问题提到应有高度，只有严肃的、摆正位置的情报工作，才能使我们摆脱盲目的意外行动”。

此时，扬·卡尔洛维奇·别尔津开始走马上任“共和国野战参谋部登记部”了。上任不久，别尔津便着手对军事情报机关进行一系列的改组和整顿，“登记部”被改组为红军总参谋部的第二部，地位得到极大的提升，在随后的改组中，“登记部”被正式改组为红军总参谋部第四部，定名为总参谋部情报部，简称“格鲁乌”，别尔津也正式成为“格鲁乌”的首任最高领导人。

三、对苏联情报工作贡献卓著

别尔津对苏联情报工作第一大贡献是重视对无线电截听和间谍渗透手段的运用。20世纪30年代初期，别尔津参加过国家政治保卫总局联合分队和国家政治保卫总局特别任务处下辖的第四局的组建工作。联合分队的主要任务是负责军事、民用情报的侦听。领导这个分队的，是国家政治保卫总局的格列布·博基和他的副手、第四总局的哈里克维奇上校。这个分队当时是整个政治保卫总局最隐密的部分。

别尔津对苏联情报工作的第二大贡献是，他对那些用于间谍渗透的技术装备的管理与使用。这些技术装备是国家政治保卫总局在

20世纪20年代为对付流亡白军以及在20世纪30年代为渗透外国政府和军事机关而专门研制的。根据1980年苏联为纪念国外处成立60周年而编写的秘史，这项战略是在别尔津同国外处头目阿尔图佐夫、国际联络部主任科明捷恩·皮亚特尼茨基的谈话中产生的。极有可能，这项首创的想法是别尔津提出的。别尔津最感兴趣的是使用间谍来搜集情报。他的首创想法很快就被国家政治保卫总局和内务人民委员部效仿。

别尔津对苏联情报工作的第三大贡献是“慧眼识佐尔格”。在别尔津发展培养的众多的间谍中，理查德·佐尔格可以算是出类拔萃的。1964年，也就是他死后二十年，佐尔格成了苏联英雄。在他的忌日，苏联人们写了一系列经官方批准的着力渲染的传记来纪念他，然而这位在间谍史上有着传奇经历的英雄，正是别尔津的慧眼识才，亲自登门到访，佐尔格才会答应为格鲁乌工作的。当时佐尔格给他的印象是：“一个有着敏锐的头脑、渊博的政治知识和对国际事务有着精辟见解的人。”

总而言之，别尔津是苏军情报组织杰出的领导者之一，他对20世纪30年代苏联情报组织的建立和发展留下了不可磨灭的影响。

第三节　斯大林与苏联情报机构的“大清洗”时期

1937—1938年间，苏联发生了举世震惊的“大清洗”运动。由苏联最高领导人斯大林发起的“大清洗”运动开创了人类历史上不曾有过的先例：一个政党将自己一半的成员逮捕，一个政权将自己多数的上层成员处决，一支军队的军官团在和平时期几乎被全部消灭，一个国家的公民看到门外有汽车停下就怀疑自己将被逮捕。它是苏联历史上最恐怖、最黑暗的时期，这一历史时期在苏联历史上被称为“大恐怖”时期，在此期间，苏联情报机构遭到了严重的破坏，包括别尔津在内的大批苏联情报组织人员被残酷“清洗”，仅在1937年一年时间内，苏联内务部就有3000余人遭到清洗，在整个“大清洗”期间，苏联情报机构失去了70%的情报人员，其中大部分应该是在国外工作的情报人员。

苏联各个情报组织都几乎陷入瘫痪，这直接导致了第二次世界大战爆发前苏联情报工作的严重滞后。与此同时，苏联军事情报组织内部在经历“大清洗”之后，1940年6月，菲利普·戈利科夫被任命为总参谋部情报部部长。“格鲁乌”等军事情报人员开始对最高领导人斯大林唯命是从，完全迎合斯大林关于战争爆发的看法，甚至对理查德·佐尔格等情报人员关于德国进攻苏的报警情报做了不实事求是的判断，戈利科夫甚至错误地判断到：“这可能是英国人散布的假情报，是英、美的离间计等等。”

同苏联国内情况不同，在这场动乱中大批在国外工作的“格鲁乌”人员得以幸存，这为即将到来的第二次世界大战打下了牢固的情报基础。第二次世界大战爆发后，军事情报重新得到克里姆林宫的重视，因情报失误而撤职的戈利科夫改行率领苏联军事代表团去英国和美国进行关于向苏联提供军用物资的谈判，同时在世界各地秘密发展军事情报人员。

于是，在斯大林以及戈利科夫等人的积极推动下，“格鲁乌”很快又高效运转起来，源源不断的情报从全世界各地不断地传送到莫斯科“格鲁乌”总部。很快，“格鲁乌”在全球建立了颇有成效的情报网络，其中在欧洲主要是搜集各种军事情报，以利于展开军事行动，在美国则主要是搜集军工科学方面的信息，这对发展苏联的国防工业产生了极大的帮助。整个第二次世界大战期间，“格鲁乌”在全世界建立了几个至今仍为人津津乐道、也是情报界视之为样板的情报网，主要有：欧洲的特雷帕尔情报网、“红色乐队”情报网、

“拉多”情报网；亚洲地区的佐尔格情报网；美国的阿姆托格公司。

第二次世界大战结束后，以斯大林为首的苏联领导层对苏联情报与安全机构进行了一系列的改组，比较重大的事件主要有：1946年，根据苏共中央和苏联最高苏维埃主席团的决议，苏联正式设立“内务部”和“国家安全部”；1947年，为协调对外情报工作，苏联成立了“情报委员会”，由苏联外交部领导，对部长会议负责，负责指导全面的秘密情报工作，此举意在协调苏联的对外情报活动。但由于权力派系的争斗，这一改革遭到了各个情报机构的强烈反对。总参谋部情报部（“格鲁乌”）于1948年率先脱离情报委员会；1952年，苏联“情报委员会”领导人阿巴库莫夫在政治斗争中失势，“情报委员会”随之宣告解散，对外秘密情报工作被重新纳入国家安全部的领导之下。

第四节 安德罗波夫与苏联情报机构的大发展

一、“克格勃”一家独大局面的形成

1953年斯大林逝世后，苏联领导层出现了争夺领导权的斗争，当权的新领导改组了整个情报系统，国家安全部被改为国家安全局，被并入苏联内务部。赫鲁晓夫上台后，于1954年3月13日再次对苏联的情报系统进行重大改组，把内务部的国家安全局分离出来，在此基础上成立“国家安全委员会”，简称“克格勃”，它名义上属于苏联部长会议，但实际上对苏共中央政治局负责，它的职能不仅包括搜集各类情报，而且还负责安全、保卫、边防、看押犯人等，甚至有些职能与情报完全没有任何关系。

从赫鲁晓夫时期开始，“国家安全委员会”（“克格勃”）在很短的时间内就发展成为一个庞大的情报组织，英国学者雷蒙德·帕尔默曾这样形容“克格勃”：“和美国非常分散的情报组织不同，苏联的情报机构几乎完全集中在克格勃，克格勃在苏联已深入生活的每一个方面，甚至在武装部队和总参谋部内也有它的人员，用苏联的军事用语来说，克格勃总是被称为我们的邻居，克格勃则把总参谋部情报部（‘格鲁乌’）称为我们军队的邻居”。

该时期，“克格勃”之所以能够获得极大的发展，这同苏联历届政治领导人出于加强统治集权的需要、不断扩充情报组织有着直接的联系，其中最典型的领导人当属曾在“克格勃”主政15个年头、之后又当了15个月苏共中央总书记的尤里·弗拉基米尔洛维奇·安德罗波夫（Юрий Владимирович Андропов）。

安德罗波夫被认为是苏联历史上最神秘的总书记和国家元首，他是苏联唯一能够从克格勃爬上苏共中央总书记这个最高位置的人物。在这个世界上，到目前为止能够从情报人员做到国家元首的只有三个人，安德罗波夫算一个，剩下两个人是老布什和普京。可是在此之前，他只是苏共中央书记处的一个书记，除苏联以外，并没有多少人知道他是谁；就是在苏联，许多老百姓也不熟悉他的名字。在他的领导下，“克格勃”不断膨胀，由惩罚性的情报机关变成世界上最庞大的情报组织，成为苏联的形象代言人。安德罗波夫因为患有眼疾而经常带着“蛤蟆镜”，这也被看做“克格勃”总头目的标志性配饰。

二、从“伏尔加河的纤夫”到“克格勃”最高头目

安德罗波夫于1914年6月15日生于俄国东南部铁路线上的一个小镇纳古茨卡娅。这个小镇现在属于俄罗斯斯塔夫罗波尔边区的

明纳拉洛沃茨克区。他的父亲是纳古茨卡娅车站的一个铁路雇员。年轻的安德罗波夫在鲁宾斯克水运技术学校完成职业训练之前，曾经做过短期的电报报务员、电影放映训练班学员和伏尔加河航运线上的水手。像许多浪漫派传记作者所说的，他曾经是一名“伏尔加河的纤夫”。

年轻的安德罗波夫并没有在苏联的江河上久留。1935 年从水运技术学校毕业后，开始专职搞共青团的组织工作。1937 年，他是共青团雅罗斯拉夫尔州州委书记，1938 年晋升为州团委第一书记。安德罗波夫 24 岁那年进入卡累利阿——芬兰共和国首都彼得罗扎沃茨克市的国立大学读书，这是俄国与芬兰交界的西北部重要的工业城市。第二次世界大战爆发，很快波及俄国的西部边境。1941 年，安德罗波夫未能完成大学的学业，担任了卡累利阿——芬兰共和国共青团第一书记。次年，德国法西斯入侵苏联，安德罗波夫组织了青年游击队。

战争结束后，安德罗波夫成为政治明星，于 1954 年至 1957 年出任苏联驻匈牙利大使，正是凭借在驻外期间敏锐的情报意识和高超的外交手段，安德罗波夫才能够在之后出任“克格勃”的最高领导人。1956 年，匈牙利爆发了反政府的武装暴乱，安德罗波夫准确地把这一事件定性为“反革命事件”，并及时向莫斯科做了汇报。

处理匈牙利事件期间，一个小插曲充分展示了安德罗波夫作为一名出色情报人员的优秀潜质：据当时任匈牙利反政府武装纠察队队长的科帕奇回忆，“起义”失败后，他被押解到苏联大使馆，安德罗波夫笑容可掬地赏以茶点，还建议他到新政府任职，科帕奇受宠若惊，安德罗波夫亲自叫秘书派车送科帕奇去见新政府首脑卡达尔，可是令科帕奇没想到的是，他一出使馆楼门就被塞进装甲车押送监狱，一关就是七年。

1957 年，安德罗波夫回到莫斯科，开始担任苏共中央联络部部长，主管其他社会主义国家相关事务，他曾多次随同赫鲁晓夫出访东欧国家，赫鲁晓夫下台后，他又多次随同勃列日涅夫出访和参加东欧各国共产党的代表大会。1967 年 5 月，安德罗波夫被正式任命为苏联部长会议“国家安全委员会”的主席，即“克格勃”的总头目，从此安德罗波夫在苏联政坛便扶摇直上、平步青云。1967 年 6 月，成为苏共中央政治局候补委员；1973 年，成为苏共中央政治局委员；1976 年被授予大将军衔，同时负责统领 25 万边防军；1980 年当选最高苏维埃代表；1982 年 11 月，安德罗波夫从勃列日涅夫手中接过了苏联最高权利的权杖，成为苏共中央总书记，但可惜的是，他在总书记的位子上仅仅呆了 15 个月便撒手人寰。

三、“外交使团”掩护下的对外情报侦察

安德罗波夫身材高大，举止文雅，爱好艺术，会说一口流利的英语，颇有学者的风度。他获得过“列宁”勋章，并且享有“社会主义劳动英雄”的称号。安德罗波夫本人十分崇拜“克格勃”老祖宗捷尔任斯基，是他的忠实拥趸和粉丝。在安德罗波夫的书房里的挂像，既不是马克思、恩格斯，也不是列宁、勃列日涅夫，而是捷尔任斯基。在生活中，安德罗波夫确实与捷尔任斯基一样，将自己的全部身心都放在“克格勃”的事业上，亲自批准所有的重大政策和行动。安德罗波夫担任“克格勃”主席之后，大约有 3 万名专职情报人员在国外活动，他们分布在全世界各地，无孔不入，搜集政治、经济、军事、文化以及各方面的情报，甚至西方各大城市每日商品价格的起落，也一日不漏地报回苏联国内。

安德罗波夫曾在驻外使馆工作过，他深谙其中攫取情报的门道，因此他特别重视“克格勃”情报人员利用外交官的身份来刺探情报。苏联大使馆的“合法的”情报网异常广大，它的整个外交使团像是在为情报机构“打掩护”，“特别使命”高于外交活动。在安德罗波夫担任“克格勃”首脑期间，来自莫斯科的“外交官”被有关国家

宣布为“不受欢迎的人”而赶走的丑闻接二连三，出尽了洋相。以下仅是1969年至1973年5年内被遣返或驱逐的苏联情报人员，从中可以发现当时“克格勃”情报人员的活动有多么猖獗。

1969年4月，肯尼亚政府驱逐苏联大使馆的一等秘书。

1969年5月，由于苏联驻象牙海岸大使参与颠覆该国政府的活动，象牙海岸宣布同苏联断交。象牙海岸总统在谈到这件事件时指出：俄国外交家滥用了我们给他的权力，干涉了象牙海岸的内部事务。

1970年5月，苏联驻扎伊尔的4名外交官，因为参与颠覆活动，被该国宣布为“不受欢迎的人”。

1971年7月，105名苏联“外交官”和其他人员因在英国从事间谍活动，被英国政府统统驱逐出境，成为当时轰动世界的大新闻。

1972年4月，苏联驻玻利维亚的大使馆由于同反对该国政府的政变有牵连，119名使馆人员和家属被赶走。玻利维亚内政部指出，苏联外交官“利用外交豁免权”在玻利维亚“组织了一个颠覆机构”。

1972年8月，苏联驻哥伦比亚的8名外交人员，由于干涉该国内政，被哥伦比亚政府驱逐出境。

1973年4月，苏联驻西德二等秘书塞尔吉夫，因间谍活动而被西德当局秘密驱逐出境。

1973年4月，苏联驻英大使馆的两名武官，因在英国建立一个间谍网被揭发而被驱逐出境。

1973年5月，法国国家安全法院判决一宗间谍案，苏联驻法大使馆的秘书、武官等许多“外交官”与这一宗间谍案有关。

1973年5月29日，苏联驻法大使馆空军副武官叶夫根尼·尼古拉耶维奇·米隆基涅中校，在巴黎空展上偷窃飞机仪器，当场被抓，人赃俱获，成为又一国际丑闻。

1973年8月，苏联驻曼谷大使馆的一名“外交官”，因间谍活动被驱逐出境。此人名叫维克多·瓦连柯，原是1971年7月被英国驱逐的披着“外交官”外衣的苏联间谍之一。

1973年11月，法国《震旦报》报道，法国驱逐了在法从事间谍活动的苏联大使和参赞出境。

1973年11月6日，突尼斯总统布尔吉巴在国民议会上，再次揭露苏联在突尼斯建立间谍网。在此之前的9月间，苏联新闻记者由于“粗暴干涉”突尼斯内政而被捕，两名驻突“外交官”也因同间谍活动有关而被宣布为“不受欢迎的人”。

四、“排除异己”为目标的对内情报侦察

在安德罗波夫主政期间，“克格勃”不但加强了对外的谍报活动和颠覆破坏活动，而且还加剧了对国内的控制，“克格勃”建立了一个新的部门，即“第五管理总局”，其职能是专门负责抓捕犹太人，迫害宗教信徒，消灭地下出版物和压制不同意见，肃清思想意识方面的异端邪说。这些活动比斯大林逝世以来的任何时期进行得更为系统、有效和彻底。正如安德罗波夫自己所说：“我们竭力帮助那些思想混乱的人，竭力使他们改变自己的想法，消除他们的混乱思想。”1973年，安德罗波夫亲自签署了题为《关于对被拒发去以色列的离境签证的犹太族人开始实行业务观察》的命令。申请前往以色列的离境签证人，被“克格勃”视为敌人。“克格勃”把他们置于24小时的监视之下，收集可以利用的情报，以便让他们蹲班房。

在安德罗波夫的领导下，“克格勃”滥用精神病学进行政治迫害已经成为惯例。1967年以后，“克格勃”建立或接管了大批的精神病院，无需出示证据，用不着正常的法庭审判，也不会破坏“社会主义法制”，“克格勃”的精神病学家们想把一个公民监禁多久，就可以监禁多久。他们只需要说，这个神智不正常的人患了“改革社会的妄想病”，或“道德说教癖”，或“对自己估计过高”，或表现

为“不能理解现实”，就都构成了关押的理由。在精神病房里，“克格勃”可以任意折磨受害者，用损坏大脑和神经系统的药物使他们变成真正痴呆的傻子。

对于国内的“异己分子”，安德罗波夫秉持“擒贼先擒王”的理念。他认为，与其大规模搜捕、审判、驱逐出境，倒不如将两三个“首恶”或暗杀、或收买、或驱逐、或治成精神病，剩下的人自然溃不成军。安德罗波夫还主张把政治犯流放到全苏联最寒冷的雅库斯特的北极圈，这样可以让他们“头脑冷静冷静”，他甚至将索尔仁尼琴驱逐到国外去。

在安德罗波夫任“克格勃”主席期间，苏联曾经流传出这样一则政治笑话：

问：苏联哪座建筑物最高？

答：位于捷尔任斯基广场上的克格勃大厦地下室，从那里可以观察苏联每个家庭、每个角落的动静。

五、服务于国家重大决策的情报工作

在安德罗波夫的领导下，“克格勃”无论在机构设置、组织分工、人员编制、财政支出等方面，还是在活动的手段和规模方面，都堪称世界情报组织之最，甚至连美国的情报组织都无法与之媲美。与此同时，“克格勃”的权限和地位也不断扩大和膨胀。“克格勃”名义上受苏联部长会议领导，实际上直接受苏共中央政治局控制，重大行动都是苏共中央直接交办。随着势力的不断扩大，“克格勃”在苏联政治生活中的影响和作用也日益明显，许多重大政治事件的背后都有它的影子，国家的许多重大决策都离不开“克格勃”的情报支持。

安德罗波夫任“克格勃”主席期间，发生了三起重大的国际事端。捷克斯洛伐克想建立“人道的社会主义”，于1968年闹起“布拉格之春”，安德罗波夫认为这是匈牙利事件的翻版，主张立即镇压；1969 年中苏发生了珍宝岛武装冲突，苏联最高领导人中有人慷慨激昂地要求对中国予以有力打击，安德罗波夫则持反对意见，最终勃列日涅夫相信了“克格勃”头目的意见，没有同中国打仗；1979 年入侵阿富汗问题上，当时已经进入苏共中央政治局的安德罗波夫主张派兵，最终安氏的意见占据了上风，苏联出兵阿富汗。

第五节 戈尔巴乔夫与苏联情报机构的改革

一、“蜜月”式的合作时期

安德罗波夫在担任苏共中央总书记期间，希望由戈尔巴乔夫来继承他的事业，因此他不断给戈尔巴乔夫提供各种机会展现后者的聪明才智，但安德罗波夫的过早离世，使得戈尔巴乔夫的“接班之路”不得不推迟了两年。1985 年，苏联领导人契尔年科去世，戈尔巴乔夫正式入主克里姆林宫，成为苏联这艘超级航母的掌舵人。

戈尔巴乔夫曾亲眼目睹过安德罗波夫从情报头子到国家最高领导人的转变过程，他深知“克格勃”等苏联情报组织的无所不能。因此，他从上台伊始就看到了“克格勃”在国内外的情报优势，积极扶持情报组织的发展。他深信，“瞬息万变的国际斗争形势要求苏联有一个反应灵敏的情报机构，其对外政策的新思维要求“克格勃”能最大限度地提供西方对苏联改革政策所做出的重大反应。”于是，戈尔巴乔夫在上台后从多个方面扩大了“克格勃”的权限，不仅原封不动地保留了“克格勃”的职能和权力，还赋予了其新的任务和职能：在对外情报侦察方面，戈尔巴乔夫要求“克格勃”搜集西方对其改革政策的最新反应，积极搜集和获取西方的先进科学技术情报；在对内情报侦察方面，赋予“克格勃”更多地参与经济管理工作，镇压恐怖主义和经济犯罪等方面的职能。

与此同时，“克格勃”对戈尔巴乔夫予以了充分的信任，在戈尔巴乔夫的“接班”过程中发挥了重要作用，就各方面问题提供了详细的情报支持，“克格勃”送给苏共中央政治局的报告，完全支持戈尔巴乔夫的立场，为戈氏当选苏共中央总书记立下了汗马功劳。根据戈尔巴乔夫的指示，“克格勃”积极开展搜集西方先进科学技术情报的工作，期间提供了大量的、具有重要价值的政治、科技情报，为戈尔巴乔夫的“新思维改革”做出了十分重要的贡献。

戈尔巴乔夫同样没有“亏待”这些忠实的情报人员，在他的努力下，时任“克格勃”主席切布里科夫当选为政治局委员。1988 年 1 月，戈尔巴乔夫又提拔了自己的亲信克留奇科夫为“克格勃”新一任主席。克留奇科夫对戈尔巴乔夫言听计从，被认为是不露锋芒、没有野心的执行者，他比他的前任更适应戈尔巴乔夫的“新思维改革”，在克留奇科夫的主导下，“克格勃”所开展的秘密情报工作逐渐揭开了神秘的面纱：克留奇科夫公开在“克格勃”的办公室接待西方的记者，与他们探讨历史问题；一向秘不示人的安德罗波夫学员也接待了外国来宾；甚至历史上的一些存在争议的情报问题也被重新拿出来反省。总而言之，在戈尔巴乔夫执政初期，披着神秘外衣的“克格勃”逐渐走入公众的视野。

二、大刀阔斧的情报机构改革

随着“新思维改革”逐步向深入推进，改革越来越偏离社会主义方向，戈尔巴乔夫同以“克格勃”为首情报组织经历了短暂的“蜜月”式的合作期之后，开始走向分裂。戈尔巴乔夫开始将改革的触角伸向了这个庞大的国家情报机器，此举遭到了“克格勃”的强烈抵制。连戈尔巴乔夫信任的克留奇科夫也认为，戈尔巴乔夫的改革破坏了苏维埃制度的进程，公开表示反对改革，甚至联合苏联军队领导人对戈尔巴乔夫的做法进行制约，“克格勃”因此成为苏联所谓“民主派”和社会舆论攻击的对象和目标，被指责为“斯大林主义恐怖和罪行的主要责任者”。

对于“克格勃”的倒戈行为，戈尔巴乔夫没有坐视不理，他将“克格勃”视为推进“新思维改革”的“拦路虎”，“欲除之而后快”，于是戈尔巴乔夫逐步加大了对情报机构的改革力度，调整“克格勃”的组织机构，限制其开展情报活动的权限。1989 年 10 月，戈尔巴乔夫下令撤销了为对付持不同政见者的“克格勃”第五总局，将其改组为苏联“宪法制度保卫局”，用以“协调对付恐怖主义活动的斗争”。1990 年 4 月，戈尔巴乔夫又下令将“克格勃”由直属苏共中央政治局变为“为总统提供情报”，并由政府和议会对其实施监督。1991 年 2 月，戈尔巴乔夫解除了“克格勃”第一副主席博布科夫和副主席皮罗日科的职务；1991 年 5 月 16 日，苏联最高苏维埃正式颁布《苏联国家安全机关法》，首次将“克格勃”的机构、职能、任务公开，同时首次以法律文本的形式将苏联国家安全机关置于苏共领导体系之外。

三、“8·19 事件”与动荡的情报组织

随着戈尔巴乔夫对情报机构的改革不断深化，苏联情报组织受到的冲击越来越大，“克格勃”对戈尔巴乔夫及其改革政策的不满情绪越来越强烈，并逐步公开走向决裂，这最终导致了震惊世界的“8·19 事件”的发生。

1991 年 8 月 19 日，苏联副总统亚纳耶夫、总理帕夫洛夫、“克格勃”主席克留奇科夫、国防部长亚佐夫等党政军实力派人物，软禁了时任总统戈尔巴乔夫，成立了“国家紧急状态委员会”，接管了国家政权。在这一突发事件中，克留奇科夫发挥了核心的领导作用，

可以说，“8·19事件”完全是由“克格勃”一手主导的。但同样令人感到震惊的是，此次政变很快就流产了，“克格勃”内部的部分成员甚至都站到了政变的主要对手——叶利钦一边，“克格勃”下属的“阿尔法”特种部队竟然集体拒绝执行命令。

“8·19事件”加速了苏联的解体，同样也改变了“克格勃”的命运。“8·19事件”结束后不久，苏联国家高层领导集团内部针对这一“造反”情报组织的清算和清洗便迅即开始：

8月22日，刚刚从软禁中获释的戈尔巴乔夫便发表电视讲话，公开批评国家安全系统不可靠。

8月26日，戈尔巴乔夫又在苏联最高苏维埃会议上提出，“要改组克格勃，使之不被利用进行违反宪法的活动。”

8月28日，戈尔巴乔夫又下令成立调查委员会，专门调查“克格勃”在“8·19事件”中的作用。

叶利钦强烈批评“克格勃”，说“克格勃”在这次给俄罗斯人民带来重大威胁和心理伤害的未遂政变中起了很不光彩的“首恶”作用，而克留奇科夫是政变的主要策划者，要为此追究其法律责任。

从此之后，“克格勃”遭到了毁灭性的打击。“克格勃”主席克留奇科夫8月21日在克里米亚被扣留，当他回到莫斯科后，未等出机场就被宣布逮捕；8月25日，“克格勃”第一副主席格鲁什科被宣布解除职务和逮捕；9月5日，“克格勃”的另一位副主席杰米索夫也被解除了职务；9月27日，苏联最高苏维埃接着宣布将“克格勃”的另一位副主席阿格耶夫解除职务并且逮捕。同时，苏联“克格勃”总部的几个主要总局的局长也面临着与他们上司一样的命运，曾与克留奇科夫一同前往克里米亚的“克格勃”警卫局局长普列汉诺夫亦被解除了职务并被逮捕，“克格勃”下属的第一总局局长、第二总局局长、第十二总局局长等人均一一被解除了职务。从8月21日至9月13日，“克格勃”总部局以上领导干部几乎全部被撤职或逮捕，整个指挥体系被打乱或被肢解，大批情报人员被撤换下来，正常的情报工作几乎难以维持，情报工作基本上处于瘫痪状态。

四、巴卡京主导“最后的疯狂”

克留奇科夫被撤职后，戈尔巴乔夫匆忙任命了苏联原内务部部长瓦季姆·巴卡京出任新一届“克格勃”主席，他同时也是最后一任主席。瓦季姆·巴卡京于1937年出生在西伯利亚的基谢廖夫斯克市，1964年加入了苏联共产党，先后担任苏共克麦罗沃市委员会的第二书记、苏共克麦罗沃州委会的书记、基洛夫州党委第一书记，1988年开始担任苏联内务部长。

戈尔巴乔夫之所以青睐巴卡京，其中最重要的原因是自戈尔巴乔夫担任苏联共产党中央总书记以来，巴卡京就一直是他的“新思维”及其路线的积极追随者。在“8·19”事件中，巴卡京更是紧紧地站在戈尔巴乔夫一边，为保全戈尔巴乔夫的苏联总统权威立下了头功。

根据戈尔巴乔夫的指示，巴卡京对“克格勃”进行了前所未有的大清洗、大肢解，对“克格勃”各级组织进行了空前改组，由此上演苏联情报机构改革“最后的疯狂”。

该时期，巴卡京主导的情报改革内容主要包括：1991年10月23日，苏联宣布中止《苏联国家安全机关法》，逐步撤销“克格勃”。同时提出：

设立“跨共和国安全局”，巴卡京担任第一任局长，接管了原“克格勃”的第二总局（反间谍总局），主要从事与来自国外的间谍与情报渗透作斗争，同时负责苏联国内的反毒品和军火走私、恐怖暴力犯罪、有组织的重大犯罪活动和政府内的贪污等犯罪行为；

设立“保卫边界安全委员会”，接管边防军，卡里尼琴科被任命为苏联“保卫边界安全委员会”首任主席，主管各加盟共和国的边防事务，统一指挥各国境内的边防军，并对苏联各个加盟共和国在守卫共同边境时所面临的所有问题进行协调；

设立“总统政府通信委员会”，接管了“克格勃”第八局（负责密码与通信）、第十六局（负责信号情报和密码）的职能，同时还接管了“克格勃”的政府通信部队、科学中心和通信学院；

设立“中央情报局”，接管了“克格勃”的第一总局（情报总局），普利马科夫被任命为首任情报局长，主要分管针对国外的情报搜集工作，并对已获得的情报进行分析和研究；

设立“跨加盟共和国国家安全协调委员会”，委员会成员包括“跨加盟共和国安全局局长”巴卡京、苏联“中央情报局局长”普里马科夫和各个加盟共和国国家安全机构领导人。该委员会的主席由巴卡京兼任。“跨加盟共和国国家安全委员会”成立后，即被规定必须在苏联总统和苏联国务委员会的领导下进行工作。而各加盟共和国的国家安全机构都在这个“跨加盟共和国国家安全委员会”中派驻自己的常驻代表。“跨加盟共和国国家安全协调委员会”主要负责协调上述三个委员会和各加盟共和国之间在情报搜集、反间谍、交流情报信息、情报综合分析研究以及在必要时采取的重大举措中统一行动等方面的重要工作。

将警卫局、边防总局、通信处、档案处等机构划归到苏联国防部，将原来只能由“克格勃”主席或代主席才有权调动的“阿尔法”特种部队以及第九管理局（警卫局）置于总统的直接控制之下。

最终，巴卡京一系列“破坏性的、以肢解克格勃为目的”的情报机构改革，从整体上改变了苏联历史上形成的只有一个中央集权情报机构、党政和军队两大情报系统并存、情报与反情报合一的情报体系。1991 年 12 月 3 日，苏联最高苏维埃正式宣布“克格勃”在法律上被取消。戈尔巴乔夫原本想进一步改革苏联国家安全和情报机构，但还未来得及实施，12 月 8 日苏联就宣告解体了，戈氏的情报改革计划也就此泡汤。

第六节　叶利钦与俄罗斯情报机构的分立

一、“分立而治”的情报组织体系

苏联解体后，原来情报机构在各个加盟共和国的分支机构被各共和国接收。作为苏联最大遗产的继承国，俄罗斯接管了原“克格勃”驻外和俄境内的情报机构，并在此基础上经过多次改革，成立了俄罗斯的情报和安全部门。下面，我们简要回顾一下俄罗斯独立初期情报机构的艰难改革之路。

其实，早在“8·19”事件结束后不久，叶利钦便已经着手对俄罗斯联邦共和国的情报机构进行改革了。他先于全苏解体即宣布命令，于1991年11月26日正式决定把“俄罗斯联邦安全委员会”改为“俄罗斯联邦国家安全局”。5月6日刚刚走马上任“俄罗斯联邦国家安全委员会”代理主席的伊万年科少将被正式任命为“俄罗斯联邦国家安全局”局长，波捷亚金被任命为主持日常工作的第一副局长。同时，叶利钦总统还任命奥尔洛夫为负责与日益猖獗的黑社会和其他有组织犯罪的副局长、皮亚塔科夫为负责反间谍与境外情报渗透活动的副局长、萨沃斯基诺夫为负责莫斯科地区俄罗斯国家重要机构和要害部门安全保卫工作的副局长。

1991年12月18日，叶利钦颁布第293号总统令，接管苏联中央情报局，并将其改组为“俄联邦对外情报局”；将苏联“总统政府通信委员会”改为“俄联邦政府通信与情报局”。

12月19日，叶利钦签署命令，决定撤销苏联和俄罗斯其他的情报和安全机构，将它们改组为统一的“俄联邦安全与内务部”，任命在“8·19”事件后刚刚当上俄罗斯内务部长的维克多·巴兰尼科夫为部长。

巴兰尼科夫早在1961年就进入了内务学校学习，毕业后一直在地方的内务部门工作，1983年调入莫斯科的苏联内务部总部工作，又在1988年调任阿塞拜疆共和国内务部副部长，1990年又调任俄罗斯内务部部长。担任了俄罗斯联邦国家安全部部长以后，他明确主张国家安全机构的主要任务应该是维护国家的基本利益和保障宪法的执行。

但是，叶利钦主张推行的“超级部”模式遭到了最高苏维埃的严厉批评，并招致俄罗斯各界人士的强烈不满，甚至连俄联邦宪法法院认为该部门的建立不符合宪法，应予以撤销。1992年1月17日，俄联邦总统叶利钦取消了《关于成立俄联邦安全与内务部》的命令，分别成立了两个互相独立的政府部门：俄联邦内务部和联邦国家安全部。巴兰尼科夫继续担任俄联邦国家安全部部长。

1992年6月13日，叶利钦下令将边防军列入国家安全部编制，边防军司令兼任国家安全部副部长，同时在国家安全部成立“反恐怖局”。在俄罗斯成立的各个情报机关中，俄联邦国家安全部继承了“克格勃”最核心部分的职能。

自此，以国家安全部、内务部、中央情报局、对外情报局、联邦安全局、政府通信与情报局等几个主要情报机构的俄罗斯“分立而治”的情报界雏形基本形成，以前那种过度集中集权、“克格勃”独大的情报体系不复存在，这成为俄罗斯独立以后情报系统发展的总体方向。

二、“一波三折”的情报机构改革

在叶利钦的领导下，俄罗斯独立初期的情报机构改革之路并不平坦，一波三折。以俄联邦国家安全部为例，在该机构成立的短短四年时间中，先后进行了多次改组，更换了四任领导人。1993年7

月，叶利钦解除了加入反叶阵营的巴兰尼科夫联邦国家安全部部长的职务，并将警卫局从联邦国家安全部中剥离出来，划入总统安全局，直接由其本人控制，同时将“阿尔法”和“信号旗”两支特种部队划归警卫局管辖，直接对总统负责。

但后来发生的两件事情，迫使叶利钦再次对联邦国家安全部进行改革：一是1993年10月发生的莫斯科事件，在这次叶利钦与俄罗斯最高苏维埃之间的冲突中，联邦国家安全部曾派遣“阿尔法”秘密潜入“白宫”，将总统签发的最后通牒送到了反对派领袖议长哈斯布拉托夫和俄联邦副总统鲁茨科伊手中；二是在同年12月举行的俄罗斯联邦第一届议会选举中，联邦国家安全部有一半以上的人员投票支持叶利钦的对手——自由民主党领导人日里诺夫斯基。这两件事情使叶利钦对联邦国家安全部的信任荡然无存，于是他再次决定彻底改组联邦国家安全部。

1993年12月21日，叶利钦颁布命令，撤销联邦国家安全部，成立俄罗斯联邦反间谍局，任命戈卢什科为首任局长，同时大幅削减反间谍局的人员编制，削减到原来联邦国家安全部人员编制的46%，其中管理机构从3500人缩减至1500人，安全系统的工作人员从15万人削减至7.5万人。为保证反间谍局的人员更加专业化和忠诚，叶利钦下令对原联邦国家安全部的人员逐个审查，削减下来的人员转移到内务部等护法机关。根据叶利钦的指示，联邦反间谍局没有侦察的任务，仅仅是对发生的事件密切注视并向领导人报告，因此原来隶属于联邦国家安全部的侦察局被转隶俄联邦总检察院，联邦国家安全部所属的几支特种部队被划归到警卫局和联邦政府通信和情报局。联邦反间谍局仅仅保留了原来联邦国家安全部“最必要的部门”，主要包括：反间谍行动局、包围战略设施的反间谍活动局、军事反间谍局、经济反间谍局、反恐怖局等。

叶利钦在改革情报组织体系的同时，对情报机构的指挥体系也进行了颠覆性的改革。他效仿美国人的做法，将联邦反间谍局直接纳入俄联邦总统的领导范畴，使其成为联邦执行权力的中央机关，不再是政府的职能部门。

叶利钦对情报机构的改革，受到了俄罗斯所谓“民主人士”的热烈拥护，他们认为此次改组彻底埋葬了“克格勃式”的情报体系，但叶利钦的改革措施同样遭到了俄罗斯情报人员的强烈反对，甚至连俄联邦反间谍局的首任局长戈卢什科都公开指责叶利钦撤销联邦国家安全部“损害了俄罗斯的安全”。“反间谍局成立不到三个月，俄罗斯在国内和国际上接连发生了两起令叶利钦十分难堪的事情：一是1994年2月发生的埃姆斯间谍案风波中显得软弱无力，应变不足；二是同年2月23日俄国家杜马通过大赦决定后没有起到应有的作用”。这两件事促使叶利钦再次决定走马换将。

1994年2月28日，叶利钦撤掉了戈卢什科的局长职务，任命联邦反间谍局第一副局长斯捷帕申为新任局长，但在新任局长的领导下，联邦反间谍局的情报工作并没有得到改善，为了建立“强有力的情报机关”，叶利钦再次改组情报机关。1995年4月，叶利钦签署了《俄联邦国家安全局机构法》，将反间谍局改组为俄联邦国家安全局，并扩大了机构的权限和实力，首任局长为斯捷帕申。该局公共关系主管米哈伊洛夫说：“反间谍的定义狭窄，并且只意味着反对外国的情报部门，我们已逐渐给他赋予了其他的任务，”它有权在国内和国外进行情报活动，用于增强俄罗斯经济、科技和国防潜力。但此次改革并没有使俄罗斯情报工作有多大起色，斯捷帕申在局长的位子上也没呆多久便因“布琼诺夫斯克人质事件”而被免职了。

总而言之，叶利钦执政时期，俄罗斯情报界“分立而治”的情报体系雏形基本形成，但特殊的时代背景注定了情报改革的一波三折，俄罗斯情报改革之路，同其俄罗斯整个国家的复兴之路一样，注定充满了曲折与反复，这种状况一直延续到普京执政时期才最终得到改善。

第七节　普京与俄罗斯情报机构的重振

1999年12月31日，俄罗斯总统叶利钦再次让世界为之感到震惊：他宣布辞去总统职位，指定弗拉基米尔·弗拉基米洛维奇·普京为俄罗斯代总统。普京，这个曾经有着17年情报工作经历的人物从幕后走到了台前，开始引领着俄罗斯这个庞大的国家进入到新的千年。"克格勃"出身、曾担任俄联邦国家安全局局长和联邦安全会议秘书的普京成为克里姆林宫主人后，一直在努力恢复和加强情报机构的影响和权力。

一、从"克格勃"特工到国家总统

普京，早在中学时代便对苏联"克格勃"产生了浓厚的兴趣，喜欢看介绍俄罗斯情报斗争的电影和书籍。1975年，普京以列宁格勒大学法律系在校学生的身份秘密加入到"克格勃"。他自己在回忆中写道："我对克格勃向往已久，我就是喜欢情报工作，因为我有远大的理想，我可以利用我的专长成为社会上有用的人。"

进入到"克格勃"以后，普京被分到列宁格勒，负责监视外国人的行动。20世纪80年代，他因工作出色，被调到莫斯科，参加了著名的对外情报训练学院（即安德罗波夫学院）。1985年，普京被派往民主德国，开始在德累斯顿市开展秘密情报侦察，负责一个常驻东德、代号为"光线"的秘密情报网络，为莫斯科搜集科技和经济情报。由于情报工作开展得极为隐蔽，直到苏联解体后，普京安全顺利地返回到俄罗斯。

回到莫斯科之后，普京担任了圣彼得堡大学校长助理，负责处理国际关系工作，之后他又做了圣彼得堡市长索布恰克的助手。1996年，索布恰克在选举中败北，普京应邀到莫斯科工作，担任总统庞大资产的一个办公室主任的助手；1997年，普京调入总统办公厅，担任办公厅副主任；1998年5月，担任办公厅第一副主任，并受到了当时总统叶利钦的器重。同年7月，普京重操旧业，被任命为俄联邦国家安全局局长。

担任联邦安全局局长后，普京展示出了过人的情报工作能力。他在较短时间内对联邦安全局进行了大幅度的改组，缩减中央机构，将机关从6000人精简至4000人，同时不断加强地方各分支机构的情报力量。与此同时，他积极倡导恢复和提高联邦安全会议的职能和作用，在他的推动下，俄罗斯于1999年颁布了《俄联邦安全会议章程》，明确了安全会议的职能、作用与地位，为理顺俄罗斯情报界各组织之间的关系奠定了基础。

正是凭借着出色的领导能力和过人智慧，普京最终从叶利钦的诸多“接班候选人”中出线，成为俄罗斯总统的正式继任者，而后来的事实证明，普京没有辜负叶利钦的青睐，他带领着满目疮痍的俄罗斯逐步走上了国家复兴的振兴之路。

二、浓厚情报情结与情报机构重振之路

普京上台执政后，丝毫不掩饰自己的情报经历，同时在其身上有着浓厚的情报情结，他毫不讳言自己在“克格勃”的工作经历，多次公开接受采访，大胆谈论自己的情报生涯，并表示为此感到骄傲和自豪，他说：“国家总是需要情报人员的，在情报部门工作，我最大的收获就是拥有了一颗爱国心，我热爱我的祖国。”针对俄罗斯社会对情报人员的各种不解和偏见，普京经常为饱受争议的苏联时代情报机构辩护，他说：“我们当然不能忘记1937年，不能说我们不需要像克格勃这样的国家安全机构，我17年的工作都同这个组织

有联系，如果说我不想为它辩护，那我就是一个虚伪的人。”

2001 年 12 月 20 日，在庆祝俄罗斯“情报人员节”时，普京不仅参加了庆祝大会，而且发表了热情洋溢的讲话，他在讲话中鼓励俄罗斯情报人员抬起头重新做人，他说，“提到（克格勃）历史，我们不必难为情，我们应当为英雄们和他们的业绩感到骄傲……情报机构是俄罗斯民主政府自然、必需的组成部分，而当前国家情报机关的主要任务是保护人权和自由、打击恐怖主义、同国外情报部门的侦察活动作斗争”。2005 年 12 月 19 日，普京亲临对外情报总局，参加了该局 85 周年的庆祝大会。此外，他还别出心裁地运用展开各种活动来重塑俄罗斯情报机构的形象，他下令花费数千万卢布拍摄关于情报题材的电影，用于赢得国内民众对情报工作的支持和理解。

普京曾经长期在情报部门工作，他对俄罗斯情报部门存在的诸多问题和弊病认识得十分清楚。因此，他从上任伊始便着手对俄罗斯情报部门进行大刀阔斧的改革，以图在最短的时间内重振俄罗斯情报机关。同叶利钦的做法一样，普京也提拔了一大批前“克格勃”人员进入到俄罗斯国家政治和军事领导层，例如 2000 年 3 月，普京任命联邦安全会议秘书谢尔盖·伊万诺夫为国防部长，开创了情报人员担任国防部长的先河，后来伊万诺夫又担任了俄罗斯政府主管军工企业的第一副总理、总统办公厅主任等职务。如果说人事改革仅仅是普京时期情报改革的起点的话，那么对情报机构体制编制的改革则是普京倡导改革中的重中之重。

2000 年 2 月 7 日，普京批准了《俄联邦武装力量、其他部队、军事单位机关中的联邦安全机构（军事安全机构）条例》，该条例要求俄联邦国家安全局除在联邦武装力量之外，尽快在边防军、联邦政府通信和情报局、内务部、铁路部队、民防部队以及其他准军事组织设置情报分支机构。

同时，普京下令成立联邦安全局第三局（军事反间谍局），其主要职能是负责发现并监视各种危险倾向、防止武装力量内不稳定因素力量的增长，制止发生危害国家安全的行为，第三局的职权范围异常广泛，从防范武器弹药走私到阻止外国情报机构对军事部门的渗透、保障核武器和设施安全、揭露军队内部叛乱和阴谋等，同时它还被赋予了许多特殊的权利，例如根据需要可以随时在现役军人中发展秘密情报人员、并让其暗中为联邦安全局效力。

2003 年，普京又颁布总统令，将联邦政府通信和情报局的部分部队、联邦边防军划归到联邦安全局，使其由原来的 8 万多人猛增至近 30 万人，成为仅次于国防部和内务部的强力部门，此举大大增强了各情报部队指挥的高度统一性，便于加强相互间的协调，可以有效避免冗余的重叠，大大提升情报工作的效率，更好地适应打击恐怖主义和毒品犯罪等新的情报需求。

2004 年 7 月 11 日，普京签署命令，再次重组联邦安全局，将跨共和国安全局等多个部门纳入联邦安全局指挥体系中，使得联邦安全局的功能再次扩充，基本上恢复了“克格勃”时期的大部分功能。

从普京对情报机构的一系列改革措施上看，他的情报思想同叶利钦的情报改革思想截然相反，风格迥异。叶利钦对情报机构的改革秉承的是“分而治之”的理念，因为他从“8 · 19 事件”中得出的教训：“不能再把国家情报领域诸多特殊职权集中于一个机构，否则一旦失控，自己总统宝座难保。”因此他将庞大的“克格勃”组织肢解成数个直接对其本人负责且相互独立的情报机构。但随着俄罗斯国家的统一和普京执政地位的稳固，“分而治之”的情报机构优势已经不复存在，反而导致了各个情报机构之间职责混乱、任务重叠冗余和跨部门行动难以协调等弊端，使得情报系统整体工作效力低下，尤其是在车臣战争中暴露无疑。在这种情况下，出身“克格勃”并长期从事情报工作的普京，则看准了俄罗斯情报机构的弊病所在，重新将“建立一个高度统一、专门的情报机关，使之成为统一领导、统一指挥的超级安全机构”作为重振情报机构的最重要目标。可以说，普京上台执政以来，俄罗斯情报机构的改革基本上都是沿着这一主线走过来的，并在未来发展中继续走下去。

第七章

俄罗斯情报机构的秘密行动

第一节 “燕子”和“乌鸦”的诱惑

色情和间谍自古以来就是密不可分的，《圣经》中曾记载了这个故事，大力士参孙中了菲力斯人的美人计而招致了杀身之祸。西方情报界因而将致参孙于死地的娣莱拉称为“地球上第一个女间谍”，她甚至还获得了“情报鼻祖”的美称。作为大名鼎鼎的苏联情报组织，同样十分重视使用性间谍来获取重要的情报，并且屡试不爽。

在俄罗斯情报机构秘密行动的参与者中，“燕子”和“乌鸦”是必须要提及的，西方情报界为克格勃情报人员专门起的两个名字：“燕子”特指苏联克格勃的女间谍，而“乌鸦”则是指男间谍，他们都属于特定的间谍群体——性间谍。苏联克格勃的“燕子”和“乌鸦”全都经过职业训练，他们的出色表演足以令古往今来的性间谍自愧不如。“燕子”和“乌鸦”的招募和培训工作主要由克格勃第二管理总局来负责。对于“燕子”和“乌鸦”来说，政治合格是首要条件。

作为女间谍，“燕子”要求必须有美丽的外表，必须聪明，起码懂一门外语。当姑娘被克格勃选中后，招募人员将秘密地会见她，告诉她已经被提名在党的机关工作，报酬丰厚。如果她同意，除了可以得到丰厚的报酬外，还可以在大城市分得一套公寓。克格勃请她进一步考虑，并进一步审查其家庭背景。而后，克格勃会告诉她，她将接受一项涉及国家重要机密的工作，一旦同意接受训练，就必须保证永远不泄露她所知道的一切，连亲人也不能透露。如果姑娘答应了这一切条件，她将被送到马克思恩格斯学校去学习 4 个月的基础课。

“燕子”在训练期间如果成绩优秀，她将被送到喀山市的韦雷内伊进行深造，即进行性技巧训练。“燕子”毕业考试的内容分别是引诱毫无性生活经验的 15—17 岁的男少年，与六七十岁的老头子们发生性关系，前者的合格标准是能消除没有经验的男子的恐惧，后者则要能激起他们的性欲。经过“克格勃”的性训练，姑娘们从原来天真纯洁的少女变成了玩世不恭、能和任何男人睡觉而毫无廉耻之感的妓女。平常人的性生活，对她们来说是可望不可及。在她们眼里，美已经没有特殊意义，只要对方是个男人，并且给予她所需要的就行。事实上许多“燕子”在没有任务的时间里，就是从事妓女甚至诈骗的工作，并得到“克格勃”的保护令受害者哑巴吃黄连。

作为男间谍，“乌鸦”的招募条件则相对比较低，他们不一定要容颜出众，因为“乌鸦”进攻的对象，一般不是那些风流少妇，而是那些相貌平平、事业成功而情场失意的妇女。“乌鸦”的训练要求是非常严格的，他们除了要精通心理学，以及掌握激起女性性欲的本领之外，他们的心理障碍关也不好过。因为他们勾引的对象是那些丑陋、心灰意冷和乏味的中年妇女，所以他们的实习是要跟许多难看的、粗俗和肮脏的乡下女人，脾气刁钻古怪的老处女发生性关系。“乌鸦”们必须充分运用他们所掌握的性技术和心理学，使这些女人不但性欲大发，而且言听计从甚至不惜替他们犯罪。“乌鸦”们经过“克格勃”的训练，也从纯洁的少男堕落为无耻之徒。

苏联“克格勃”的“燕子”和“乌鸦”经过一段时间的训练之后，就可以单独放飞。从性间谍学校出去的男男女女，绝大多数已经没有礼义廉耻观念，他们所具有的只是本能，同一个娼妓差不多。一般来说，无论是“燕子”还是“乌鸦”，其从事间谍活动的程序是完全一样的，从捕捉目标开始，到逼其就范结束。讹诈是其最常用的手段。①

苏联“克格勃”“燕子”和“乌鸦”开展的最经典的秘密行动之一是20世纪50年代后期“策反”法国驻莫斯科大使莫里斯·戴让的行动。这次行动中，“克格勃”第二总局的负责人奥列格·米哈伊洛维奇·格里巴诺夫中将亲自出马，组织“燕子”和“乌鸦”向法国大使馆发动进攻。“燕子”和“乌鸦”双管齐下，堪称绝对经典。

作为法国戴高乐将军的密友，戴让在1955年12月被任命为法国驻苏联大使后，苏联“克格勃”欲通过此人了解法国的外交政策，因此“克格勃”在戴让身上下了大本钱。他们在戴让的寓所安装了窃听器，戴让的苏联司机及其夫人的贴身侍女都是克格勃的情报员。克格勃注意到，戴让夫人虽然年过40，却风韵犹存；而戴让本人，虽然已经56岁，却对女性有着特殊的爱好。因此，“克格勃”决定双管齐下，用“燕子”和“乌鸦”向戴让夫妇发动进攻。结果，戴让很快上钩，在莫斯科上演了一连串的风流韵事。而大使夫人，虽然称克格勃的“乌鸦”为“我的最好的俄国朋友”，但尚未失贞。后来，戴让在与他的苏联情人男欢女爱之际，被那女人的“丈夫”当场拿获，挨了一顿痛打。之后，化装成苏联文化部高级官员的奥列格·格里班诺夫出面“调解”，使那位被戴了绿帽子的“丈夫”

① 闻敏著：《苏联谍报70年》，金城出版社，2010年版，113页。

答应不去控告戴让。此后，戴让与格里班诺夫之间形成了一种特殊的友谊。1963年9月，负责此项行动的“克格勃”特务克罗特科夫叛逃英国，供出了此事，最终东窗事发。戴让于1964年2月奉召回国。戴高乐总统用一句话打发了戴让：“嗯，戴让，搞女人搞得好啊！”①

冷战时期的“克格勃”，“燕子”和“乌鸦”堪称是苏联情报组织秘密活动的“杀手锏”，根据苏联情报组织的解密档案显示，“燕子”开展的秘密行动要比“乌鸦”开展的秘密行动数量要高出几倍，但这并不意味着“乌鸦”没有辉煌的“战果”。其中最具轰动性的事件当属“克格勃”“乌鸦”成功地使挪威首相夫人成为线人的秘密行动。

1993年，已经退休的苏联“克格勃”将军——潘图斯基对外宣称，他曾一手策划安排了手下的“乌鸦”成功地勾引了挪威前首相基哈德森的妻子佛娜，使她心甘情愿地为“克格勃”提供情报。这一间谍事件一经曝光，立即引起了举世震惊。1954年，挪威首相夫人佛娜率领一个青年友好代表团访问苏联。苏联“克格勃”决定利用这个机会，用“乌鸦”来把这位夫人拉下水。潘图斯基将军周密策划，精心部署，亲自导演了一场“乌鸦行动”，一位名叫贝尔雅可夫的“乌鸦”来充当此次行动的主角，他化装成导游，成功地引诱了第一夫人，并获得了大量关于挪威及北约国家的秘密情报。潘图斯基称此为他情报生涯中“最伟大的壮举”，因为“无论是谁，纵有天大的本事，也绝无可能探听到北约成员国之一——挪威政府首相坐在高靠背椅上或躺在澡盆里的说话内容”。②

对“克格勃”的“燕子”和“乌鸦”来说，间谍生活要简单得多，他们并不需要去窃取情报也无须去组建间谍网，更不用干“险

① 高金虎著：《国际间谍战》，江苏人民出版社，1997年版，第225页。

② 情报与国家安全课题组：《情报与国家安全——进入21世纪的各国情报机构》，时事出版社，2002年版，第265页。

活”，他们只是利用他们的身体本钱以最有效的方式诱捕猎物而已。他们无须知道行动的目的和后果，事实上上级也不会让他知道得更多。当然，他们所受的严格的训练并不轻松。可以说“克格勃”使他们饱受身心的折磨，直至丧失人伦、理性，葬送了美好的一生。

第二节 “间接暗杀”和“直接清除”

俄罗斯情报组织可以说是组织境内外追杀行动的高手，其情报人员成功的追杀行动曾轰动整个世界。俄军总参情报总局（即“格鲁乌”）、对外情报局和联邦安全局等俄罗斯情报界“三巨头”都具备实施境内外追杀的资格和能力。但从职权范围上看，实力雄厚、经验丰富的“格鲁乌”与对外情报局是其中的“黄金搭档”，长期分工合作使两个部门形成有效的行动模式，即“格鲁乌”负责锁定目标，对外情报局情报人员实施准确行动。俄罗斯情报组织实施境内外追杀行动一般分为“直接清除”和“间接暗杀”两种途径。

1979 年 12 月，苏联“克格勃”“清除”时任阿富汗总统的哈菲祖拉·阿明的行动是苏联情报组织在境外开展的、典型的“直接清除”行动之一。当时，阿明总统表现出了背离苏联的倾向，苏联领导人最终决心出兵阿富汗，并除掉这位依靠政变上台的阿富汗总统，他成了苏联情报人员的“直接清除”目标。12 月底，苏联军用运输机开始往喀布尔国际机场运送大批军人和装备，后备部队同时从陆路向阿富汗集结。27 日晚，苏联的装甲兵纵队从机场向位于首都喀布尔西郊的达鲁拉曼宫推进，“克格勃”上校博亚里诺夫率领的克格勃特别小组“阿尔法”担任先头部队。“克格勃”特种部队身着阿富汗军装，乘坐挂有阿富汗标志的军用卡车，强行通过了检查站，并对阿明所在的达鲁拉曼宫采取了突袭。阿明和他的卫队及家属被全部歼灭，博亚里诺夫上校本人、大约10名“克格勃”突击队队员和其他苏联士兵也在战斗中丧生。

历史上，苏联情报人员为了不暴露身份大多会首先采取“间接暗杀”方式，如借助可靠情报，收买内线除掉目标。毒药凭借其方便快捷、安全经济等特点，常常成为俄罗斯情报人员开展秘密行动的首选。1957年，苏联情报组织干净利索的海外追杀列夫·列别特行动便属于典型的“间接暗杀”行动。列夫·列别特是流亡在联邦德国的乌克兰民族主义者，此人专门训练间谍到苏联活动，还与反共的“乌克兰民族主义组织”来往密切。克格勃总部决定除掉此人，并将这一任务交给了苏联克格勃情报人员博格丹·史塔辛斯基。

史塔辛斯基使用的凶器是“气雾杀人枪”：只要轻轻扣动扳机，一支带有发射栓的玻璃针便会撞破玻璃针管。一团气雾过处，所有生命便会停止呼吸，几乎声息全无。1957年10月9日，史塔辛斯基从柏林飞往慕尼黑。第二天，他来到列别特情报人员住的地方，等候列别特的出现。他买了一份报纸，坐在列别特办事处的对面，耐心地等待着。这样的等待整整持续了两天，第三天上午，列别特的身影终于出现了。史塔辛斯基快速进入列别特情报人员住的大厦，上了二楼，把武器掏出来，用报纸掩盖着，等待时机。当列别特上楼出现在面前时，史塔辛斯基抬起右手，扣动了扳机。只一瞬间功夫，列别特往后一仰，从楼梯上重重摔下去。史塔辛斯基立即打碎装有解毒剂的玻璃瓶，深深吸了一口解毒剂，逃离了现场。几十分钟以后，列别特情报人员住的大厦被围得水泄不通，警车、急救车的笛声响成一片。这时，史塔辛斯基已经登上了飞往柏林的飞机。几天后，从慕尼黑传来消息：“10月12日10点40分，列别特被发现倒毙，经过法医鉴定，他死于心脏病。”

进入21世纪后，俄罗斯联邦安全局在车臣反恐作战期间常常借助“格鲁乌”的可靠情报，收买内线除掉恐怖分子，所用工具一般是奇形怪状的毒剂和毒针，或者安装高灵敏度传感器，引导俄正规军运用精确制导武器除掉目标，这同样属于“间接暗杀”方式。2002 年 4 月，车臣非法武装三号头目哈塔卜被锁定为俄联邦安全局“间接暗杀”的目标。联邦安全局情报人员收买了哈塔卜最信赖的心腹易卜拉欣·阿里，让他将一封涂有神经毒素的信件面呈哈塔卜。据哈塔卜的家人透露，哈塔卜打开信件后不到 5 分钟就毙命了。原来那种剧毒的神经毒素一经接触人的皮肤，就会被皮肤吸收，顷刻间引发当事人心脏病发作并窒息死亡。

2007 年，俄罗斯国家杜马通过了新的《反恐法》修正案，批准总统普京动用情报人员到境外从事反恐行动，这同样为俄罗斯情报组织在境外从事特殊性质的秘密行动提供了法律依据。

第三节　假情报行动

炮制并散布假情报是世界各国情报组织的一种惯用手法和伎俩，其目的在于迷惑和欺骗敌人，离间和破坏敌人内部的稳定与团结，为自己一方即将开展的行动制造舆论。在与西方情报组织的长期争斗中，假情报行动是俄罗斯情报人员经常使用的一种战术，俄罗斯情报组织称之为“积极行动”战术。1959 年，苏联“克格勃”第一总局增设“D”处，专门从事开展假情报工作，假情报行动从此以后成为“克格勃”境外秘密行动的重要组成部分。

第二次世界大战结束后，苏联国家安全部门配合波兰情报部门，消灭了以“自由与独立”的名义进行活动的克拉约瓦军队。1948 年，苏联和波兰情报部门精心谋划，又伪造了一支“自由与独立”部队。1949 年，“自由与独立”部队派出一名使者通过他们过去的西方赞助者与美国中央情报局取得联系，告之“自由与独立”仍在活动。从1950年开始美国中情局为这个组织源源不断地空投武器、发报机和金币。“自由与独立”为美国中情局提供了大量的“情报”。当然，这些情报都是原苏联和波兰情报与安全部门精心编制的。[①]

20世纪70年代，时任美国国务卿亨利·基辛格也曾进入被苏联“克格勃”的“黑名单”，成为苏联情报组织开展假情报行动的对象。当然，“克格勃”并非想要招募他，而是要通过编造、散布假情报来挑拨他与当时美国政要的关系。

事情起因是这样的，1974年11月，“克格勃”得到一条重要情报：基辛格签署了一份由中央情报局起草的文件，下发给美国驻巴黎、布鲁塞尔、日内瓦、维也纳和伦敦的外交机构，指示它们以公开或秘密的方式搜集有关这些西欧盟国的情报。“克格勃”利用这份情报，将计就计，依照原来文件的标题和编号伪造了一份新文件，上面注明签发人依然是基辛格。经过“克格勃”的添油加醋，这份假文件火药味更浓，要求美国外交官搜集有关法国、英国、意大利和西德领导人个人私生活是否“干净”以及他们执行北约政策是否“坚决”的情报。这份假文件让人有意透露出去，结果自然是引起了轩然大波。“克格勃”炮制逼真文件使得基辛格的外交工作一度陷入被动，西欧盟友都把怒气全发在这位国务卿身上。

20世纪70年代初，苏联外交官费拉托夫在阿尔及利亚工作时，不慎落入美国中央情报局的色情圈套而不能自拔。他被迫为中央情报局充当间谍。不久，他调回莫斯科，但仍继续为美国人秘密效力。苏联反间谍部门发觉此事后，并未将他逮捕判刑，而是给了他一个将功补过的机会，即利用他的双重间谍身份向中央情报局输送假情报。

---

① 皖华：《克格勃的假情报行动》，《国家安全通讯》，2000年第3期。

第四节　情报人员的外派渗透

20世纪，“克格勃”在西方国家组建了规模庞大的情报网络，对主要西方国家都进行了卓有成效的渗透。冷战期间，法国在相当一段时间内是“克格勃”活动的最主要目标，而且“渗透”最深：在法国招募的重要“线人”达50多名，在西欧国家中首屈一指，且覆盖面甚广，从政府机构、情治部门，到工商界、新闻界，统统涉及在内。冷战时期，暴露的苏联在法国的最重要的间谍是乔治·帕克。“克格勃”曾利用他对法国国防部和戴高乐政府成功地进行了渗透。乔治·帕克于1944年在阿尔及利亚首都阿尔及尔被苏联国家安全人民委员部招募。在此后将近20年间，他利用职位之便向苏联提供了大量法国和北约的情报，在他出任北约组织新闻处负责人仅仅7个月的时间里，他为“克格勃”送去了近200份北约总部各主要负责人的详细履历，北约会议重要文件、西方防止核袭击的对策计划等重要系统性文件。

冷战结束后，俄罗斯情报组织继承了苏联时期的“传统”，接管了苏联时期“克格勃”的驻外情报人员，同时继续加大对西方国家的渗透，俄罗斯情报人员开展的秘密活动变本加厉。前任美国联邦调查局局长弗里多茨谴责说，冷战后的今天，俄情报机构的活动十分活跃，经美反间谍部门调查的200余起间谍事件中有相当一部分与他们有关。1999年4月，一名在联合国暗中从事谍报工作的俄罗斯情报官员被美国联邦调查局情报人员发现刺探美国情报。这是美国联邦调查局近6个月以来第二次查出俄罗斯对外情报局人员在美国从事间谍活动。英国反间谍部门认为，俄间谍在英活动越来越厉害，他们甚至试图通过收买手头拮据的英国情报人员的手段打入

M15 或 M16 等机构。法国情报部门也抱怨说，俄在法境内的人力情报活动几乎已恢复到冷战时期的水平。德联邦宪法保卫局称，俄情报人员为获取情报，不仅通过多种多样的公开途径，还广泛使用秘密手段，如招募间谍、建立情报网，并以现代通信工具和方式取代传统联络手段，现已查明有 165 名俄情报人员在德活动。1997 年 11 月底，德国曾大张旗鼓地公布了一起俄间谍案。1998 年 3 月，挪威外交部指控 5 名俄“外交官”从事有损两国关系的活动，并责令其中两人立即离境。1998 年 7 月俄罗斯与韩国之间爆发了互逐外交官事件，一时间，两国间谍风波闹得沸沸扬扬。

第五节　搜集科学技术情报

情报是国家发展科学技术的重要手段。科技情报提供了关于科学技术发展的重要信息，展示一个国家科学技术发展的动向，为国家制定科技战略、方针提供依据或借鉴，能获得直接的成果，转化为巨大的生产力，促进本国的经济和科技的发展，节省大量的人力、物力和时间，给国家带来巨大利益。此外，科技情报本身就是一种财富，它的表现形式虽然只是一些图纸、资料、计算公式和说明书等等，但这些东西一经应用，就会转化为巨额财富。为此，世界各国的情报组织大都将搜集科学技术情报作为秘密行动的重要内容之一。

苏联一直高度重视科技情报工作。自 1939 年开始，根据莫洛托夫的命令建立了苏联全权代表处下辖的技术情报局，该局的任务是搜集科技和军事情报，而日常工作的领导由苏联全权代表处的高官葛罗米柯负责。1954 年 6 月 30 日，苏共中央委员会通过了加强国家安全的决议，确定科技情报侦察的主要任务是获取原子能方面、喷气式飞机技术和无线电定位技术方面的文件材料以及获取最新式装备。自20世纪50年代中期开始，苏联情报机构愈发重视科技情报的意义，这一时期专门负责科技情报侦察的“克格勃”对外情报局第十处的分工已发展为原子、航空航天、电子、医学、化学、其他技术和情报分析共计5个部门。①

20世纪70年代，苏联情报机构继续加强对科技情报的搜集，其任务主要是获取发达资本主义国家在科学和技术方面的最新成果（重点是科研和试验成果）、最新的技术和工艺以推动苏联经济的发展。为加强科技情报的搜集工作，苏联对外情报局在1974年将第十处改组为T局，T局的首长同时兼任对外情报局的副局长。T局拥有一支由2000名专业科技人员组成的情报队伍，分别在国内外工作。他们不仅有权决定出席国际会议的科学家人选，而且还派人随团出国直接与外国学者接触。在国外工作的T局情报人员大部分以外交官、科学顾问、公司代表等合法身份为掩护，从事科技情报搜集活动，小部分以仿造身份和假证件非法潜入别国进行刺探、搜集有关核研究、太空技术、导弹潜艇技术、电子工业、光学纤维、机器人等尖端科学技术的情报。对外情报局高度重视科技情报的搜集工作，1977年在雅谢涅沃召开的庆祝十月革命胜利60周年的一个内部会议上宣布，在过去的五年内T局获取了12万份科技文件和2万多份图表。②

20世纪80年代初，苏联军事工业委员会（以下简称“苏联军工委”）负责协调科技情报的搜集工作。它的主席由一位副总理担任，协调五个情报部门的行动：情报总局、“克格勃”第一总局T局、国家科技委员会、科学院秘密处和国家对外经济联络委员会。

① Д. П. Прохоров：《Разведка от Сталина до Путина》，Издательский дом Нева，2005，стр. 100.

② Д. П. Прохоров：《Разведка от Сталина до Путина》，Издательский дом Нева，2005，стр. 103.

1980 年，苏联军工委曾 3617 次下令搜集详细的科技情报，到该年底完成了 1085 项命令，这些情报被用于 3396 项科学方案和研究设计试验。1985 年，苏联军工委的情报 61.5% 来自美国情报源，10.5% 来自西德，8% 来自法国，7.5% 来自英国，3% 来自日本。①

苏联情报组织获取科技秘密方面的活动大大缩短了重要工业技术研发周期，为苏联战后重建、工业生产、军备竞赛方面取得举世瞩目的成就发挥了不可低估的作用。苏联情报组织搜集科技情报有许多经典的案例：20 世纪 50 年代，苏军总参谋部情报部派遣非法活动情报官员科农·特罗菲莫维奇·莫洛德以加拿大人戈登·朗斯代尔的身份进入英国，莫洛德后来领导了著名的"波特兰"情报网，利用在英国皇家海军波特兰基地工作的哈里·霍顿搜集到建造反潜舰艇的重要技术情报。

① Д. П. Прохоров：《Разведка от Сталина до Путина》，Издательский дом Нева，2005，стр. 104.

第八章

俄罗斯情报机构的传奇特工

相对于技术侦察而言，俄罗斯情报机构更加重视人力情报，自成立以来，情报机构虽然不断调整变化，但依靠人力对外国进行渗透是其对外侦察的主要手段，这点始终未变，20世纪的苏联则是世界上人力情报活动开展得最强有力和最有成效的国家。苏联人力情报工作之所以能够在世界情报战场取得骄人战绩，得益于良好的谍报工作传统和最广泛的间谍网络，更是得益于一支高素质的谍报人员队伍。

苏联谍报工作的传统来自于沙皇时期的秘密警察制度和布尔什维克党早期的地下工作。在美国还没有建立情报机构的时候，沙皇的特工人员就已经在西欧从事情报搜集与暗杀、破坏活动了。而列宁、捷尔任斯基等苏联早期的领导人都有丰富的地下工作经验，他们充分理解谍报工作的重要性，高度重视谍报工作。苏联情报机构成立后，便立即开始在国外组建间谍网的工作。

苏联拥有遍布世界各地的最广泛的谍报网络，通常除了驻外情报站负责发展当地的情报员网络之外，通过非法派遣途径渗透进去的非法活动情报官员还会组建更为隐蔽的谍报网络。在招募情报员时，苏联情报机构十分注重放长线，钓大鱼，即看重情报员的长期利用价值，而不急功近利，竭泽而渔。长期以来，苏联情报机构在组建谍报网络、招募情报员方面投入了大量精力和财力，保障了谍报网络的高效运转。

苏联还拥有一支高素质的谍报人员队伍。多年来，苏联情报机构不仅培养了众多令西方情报机构叹为观止的优秀情报官员，在招募别国情报员方面，也比西方情报机构取得了更大的成绩。第二次世界大战前后，以及冷战期间，苏联几乎在每个主要西方国家内都招募了多名情报员，有一些还是相当高级别的重量级情报员。这些情报员或因为信仰共产主义，或因为贪恋钱财，或因为贪慕虚荣而长期为苏联工作，使得苏联对西方国家的政治、军事、文化、科学和经济等各个领域都进行了卓有成效的渗透。

在英国，苏联情报机构取得的最辉煌的成就就是招募了“剑桥五杰”和乔治·布莱克，他们代表了20世纪30年代那个特殊时期苏联对西方国家最高级别的渗透。

哈罗德·金·菲尔比、伊·弗朗西斯·伯吉斯、唐纳德·麦克林、安东尼·布兰特和约翰·克恩克罗斯都于30年代初毕业于英国剑桥大学。当时的剑桥大学是共产主义思想在英国传播的最多的地方，这些年轻的大学生深受共产主义思想的感染，并决心为反法西斯事业贡献自己的力量，他们把为苏联工作视为实现自己的理想的最佳方式，因而被苏联情报机构招募，后来他们被称为“剑桥五杰”。“剑桥五杰”是苏联在剑桥大学学生中招募到的核心成员，苏联情报机构十分看重他们的发展前途，指示他们打入英国政府和情报机构内部。后来，菲尔比（代号“斯坦利”）成为英国军情六局反间谍处处长，伯吉斯（代号“希克斯”）在第二次世界大战初期时曾在英国军情五局工作，后来和麦克林（代号“希克斯”）一样进入了英国外交部，布兰特（代号“约翰逊”）1940年加入英国军情六局，第二次世界大战后回到剑桥大学任教，曾任乔治六世国王的艺术顾问，克恩克罗斯（代号“约翰·凯恩克罗斯”）先进入英国外交部，后又加入军情六局。伯吉斯和麦克林1951年暴露，菲尔比于1963年暴露，他们都逃到了苏联，布兰特和克恩克罗斯在20

世纪 80 年代才暴露，他们都留在了英国，但并未遭到审判。“剑桥五杰”被原美国中央情报局局长艾伦·杜勒斯称为第二次世界大战期间最强大的情报小组，也是世界谍报史上永恒的传奇。

乔治·布莱克是在 1950 年朝鲜战争中被北朝鲜军队俘虏后开始为苏联工作的，当时他是英国驻汉城领事馆副领事，也是英国军情六局[①]驻汉城情报站站长。战争中的所见所闻使他对西方对共产主义国家的对抗进行了深刻反思，并决心站在共产主义国家这边。当然，他为苏联工作是有限度的，即只提供与反对共产主义国家有关的情报，并且不接受酬金。1953 年布莱克被释放返回英国后，继续在军情六局工作，使得苏联在继菲尔比之后，对英国情报机构又一次成功地进行了渗透。布莱克向苏联透露了军情六局在东欧国家招募的间谍名单、英美两国计划窃听苏联驻东柏林机构的“柏林隧道”秘密等重要情报。1961 年，布莱克因叛逃的波兰总参情报部副部长迈克尔·戈伦涅斯基的揭发而暴露，被判处 42 年徒刑。但他于 1966 年成功越狱逃至莫斯科。布莱克被克格勃授予上校军衔，被苏联政府授予列宁勋章和红旗奖章。2007 年 11 月 12 日，布莱克 85 岁寿辰之际，为回应英国女王向 1985 年叛逃英国的前克格勃高官戈尔季耶夫斯基授勋，俄联邦对外情报总局局长米哈伊尔·弗拉德科夫向他颁发了象征国家最高荣誉的友谊勋章。

冷战时期暴露的苏联在法国的最重要的间谍是乔治·帕克。苏联利用他对法国总参谋部和戴高乐政府成功地进行了渗透。帕克是在 1944 年被招募的，当时他在阿尔及利亚的法国流亡政府中工作，曾担任“自由法兰西”广播电台政治部主任、海军部长办公室主任等职务。战后帕克随流亡政府迁回巴黎，担任法国总参谋部情报处联络员，1958 年戴高乐重新执掌法国政权后，他又出任北约组织新

① 军情六局全称英国陆军情报六局（MI6 = Military Intelligence 6），又称秘密情报局，缩写为 SIS，代号为 MI6，与军情六处同意。

闻处处长一职。帕克利用职位之便向苏联提供了大量关于法国和北约的情报，在他出任北约组织新闻处负责人仅仅 7 个月的时间里，他就提供了近 200 份北约总部各主要负责人的详细履历，北约会议重要文件、西方防止核袭击的对策计划等重要文件。1963 年，帕克在法国国家领土监视局的秘密调查行动中暴露，被判处无期徒刑。7 年后获得乔治·蓬皮杜总统的特赦。

第二次世界大战期间，苏联的“红色乐队”和“卢西”情报网对德军部队和最高统帅部进行了十分成功的渗透，德军最高统帅部中持不同政见的军官向苏联提供了希特勒下达给德军的指令、德军统帅部下发到旅一级的作战计划、德军的后备兵力和兵力部署情况等详细情报，为苏军赢得斯大林格勒会战和库尔斯克战役的胜利，彻底改变了欧洲战场的态势，也改写了第二次世界大战的历史进程。战后，西德仍旧是苏联情报机构渗透的重点目标。已经暴露的重要间谍包括西德联邦情报局对苏情报处处长海因茨·费尔费等。

20 世纪 30 年代，苏联关注的焦点是欧洲大国和日本，对于关于美国的情报并不重视，而是仅把美国看作对其他国家开展情报侦察的基地。但苏联情报机构一直保持着与美国共产党地下活动小组的联系，给他们提供活动经费，通过他们搜集有关德国和日本的情报。当时地下活动小组招募的重要情报员包括美国助理国务卿弗朗西斯·塞勒的助手艾德热尔·希斯和财政部长亨利·摩根泰的得力助手加里·德克斯特·怀特等。到第二次世界大战快结束时，美国已经逐渐成了苏联情报侦察的主要目标之一，而当时的美国信奉“君子不看他人信件”，反间谍防线十分虚弱，因此苏联情报机构得以对美国罗斯福政府、国防部、战略情报局（中央情报局的前身）实施了全面的深度渗透，招募的重要情报员包括罗斯福总统的行政事务助理波奇林·卡里、战略情报局局长多诺万的私人助手敦坎·恰普林·利和军事工业局统计处工作的维克多·彼尔罗等。冷战时期，美国成为苏联的头号敌人，两国情报机构也展开了一场不见硝烟的生死搏击。尽管苏联情报官员叛逃西方的事件时有发生，但苏联人对美国的渗透似乎更胜一筹。目前曝光的重要间谍包括中央情报局官员尼科尔森和奥尔德里奇·埃姆斯、联邦调查局官员皮茨和罗伯特·汉森、美国国家安全局的斯特凡·利普科、前美国海军军官约翰·沃克、陆军后备役上校乔治·特罗菲莫夫、退休军事情报分析员戴维·布恩、美国海军密码破译员丹尼尔·金等。今天，美国仍然是俄罗斯对外情报总局的首要工作对象，俄美两国之间的谍报活动从未停止。2010 年 6 月，俄罗斯的一个 11 人间谍小组被美国联邦调查局破获就是最好的例证。

无论是优秀的情报官员，还是重量级的情报员，他们在俄罗斯情报机构与西方情报机构的角逐中都发挥了不可估量的作用，他们的名字将永远载入世界情报战的史册，他们是理查德·佐尔格、鲁道夫·阿贝尔、哈罗德·金·菲尔比、奥尔德里奇·埃姆斯、罗伯特·汉森……

第一节　活跃在日本的“德国记者”理查德·佐尔格

第二次世界大战后期的 1945 年 8 月 15 日，日本宣布无条件投降。之后，美军以联合国的名义迅速开进日本，在东京巢鸭监狱，他们意外发现了一份卷宗，从而发现了一个苏联间谍小组在日本的活动曾扭转第二次世界大战格局的秘密。1949 年 2 月，当美国向世界公布这个秘密时，间谍小组领导人理查德·佐尔格的名字旋即震惊了世界。

理查德·佐尔格，原名伊卡·哈尔多维奇·宗捷尔，1895 年 10 月 4 日出生于阿塞拜疆首都巴库，父亲是德国人，母亲是乌克兰人。

1898 年，佐尔格随父母迁往德国定居。第一次世界大战爆发后，当时还是高中生的佐尔格入伍参军，投入了德比和德俄战争之中，并两次负伤，腿部留下终身残疾。离开战场养伤期间，战争的残酷和战时民生的凋敝使佐尔格开始质疑自己所参与的战争，并对自己的人生道路感到迷茫。后来他曾说过："我们虽然在战场上拼命，但我和我的士兵朋友们没有哪一个了解战争的真正目的，更谈不上它的深远意义了。"正当佐尔格陷入苦闷和彷徨之时，他接触到了共产主义的经典著作，并深深为之吸引。佐尔格阅读了大量的德国和俄国有关社会主义和共产主义的著作，还广泛涉猎希腊哲学家和黑格尔的作品，通过这样的系统学习，他逐渐成长为一个思想上自觉的共产主义战士。

1918 年 1 月，佐尔格正式退伍，开始到基尔大学攻读国家法和社会学。在俄国十月革命的风潮传至德国后，佐尔格积极投身革命洪流，四处宣传革命道理，号召工人和士兵参加革命。德国革命进入低潮后，为逃避追捕，佐尔格来到汉堡大学继续完成学业，并于 1919 年以优异成绩获得社会学博士学位。毕业后他继续从事革命事业，并于 1919 年 10 月 15 日加入新成立的德国共产党，积极参与筹建共产党支部和培训地方党组织干部的工作，表现出了超凡的工作能力。

佐尔格高涨的革命热情、献身共产主义事业的热切渴望及他在德共组织中富有成效的活动引起了苏联共产党共产国际部门的关注，并得到了高层人士的高度评价。1924 年 4 月，德国共产党在法兰克福召开第九次代表大会期间，佐尔格与共产国际代表团的成员有了接触，接受了前往共产国际工作的邀请。当年 10 月，佐尔格来到莫斯科，被安排在共产国际国际联络部工作。该部实际是一个秘密机构，负责处理特殊党务，如向国外派遣特工人员、向各国党组织分发党费、传达指示等。佐尔格对苏联的社会主义政权充满了向往，对作为世界进步组织中坚力量的苏联共产党充满了景仰，来到莫斯科不久后就加入了苏联共产党，并秘密加入了苏联国籍。此后，他多次以共产国际特派员或指导员的身份前往北欧三国、英国等地开展工作。

佐尔格早年曾博览群书，悉心研究社会主义理论著作，并坚持写作。1922 年他在法兰克福出版的第一本书《关于卢森堡的资本积累论》就博得了好评。在共产国际工作期间，佐尔格时常发表时事评论，出版了多部专著和小册子。在 1928 年出版的专著《新德意志帝国主义》中，他做出了德国法西斯的出现势必改变世界格局的预测，表现出了敏锐的洞察力和深厚的分析研究功底，引起了不小的反响。

1929 年，联共（布）党内的斗争波及到了共产国际，佐尔格受到布哈林事件的影响，被调离共产国际。但佐尔格没有对共产主义和苏联失去信心，他始终相信苏联是世界无产阶级斗争的堡垒。1929 年下半年，佐尔格被苏联军事情报局（红军总参谋部四局）局长别尔津吸收到自己麾下，成为了一名情报官员。这是佐尔格人生道路上的历史性转折点，他从此开始成长为一名优秀的情报工作者，并一步步走向事业的辉煌。佐尔格自己也很满意这份新的工作，他曾说："谍报工作是我所喜欢的，而且我认为我自己适合干这行……我的性格、兴趣和爱好，都使我倾向从事政治情报和军事情报工作，从而回避党内争论。"

1929—1932 年，佐尔格被派往中国上海工作，他利用德国记者的掩护身份搜集了大量关于中国政治、经济、军事方面的情报，取得了不凡的工作成绩，并深入采访了许多地方，成为了一名中国问题专家。这期间，他还与中国革命结下了不解之缘。通过美国进步记者、作家史沫特莱，他与中共从事秘密工作的陈翰笙共事并建立了密切的合作关系。佐尔格对远东问题的深刻理解以及在中国卓有成效的工作，同中国同志的鼎力相助是分不开的。而他也通过蒋介石当时的德国军事顾问团为中共提供了不少有价值的情报。据业已解密的材料，佐尔格在上海近三年时间里，共发回莫斯科 597 份急电，其中有 335 份直接通报给了中国工农红军和中华苏维埃政府。

在中国的工作使佐尔格的情报工作能力得到了极大的锻炼。同时，佐尔格信仰坚定、头脑冷静，观察力敏锐，文笔犀利，善于交际的特点使他赢得了苏联军事情报局别尔津的赏识和信任，也为他此后走向情报生涯的辉煌巅峰打下了坚实的基础。

1933 年是佐尔格人生的又一个重要时刻。当时，希特勒已经爬上了德国总理的位置，而苏联在远东地区的心腹之患——日本国内的军国主义势力也正在迅速崛起。苏联急于了解日本的对德政策及其对苏联的秘密意图，而德日关系的进展也使得日本成为有可能获取关于德国情报的地方。因此，苏联情报机构开始重视在日本的情报工作。在别尔津的推荐下，在日本组织情报网的重任落在了佐尔格的肩上。除个人才干因素外，他此前在中国工作期间积累的丰富的东方知识，以及他拥有德国国籍的得天独厚的条件，都使佐尔格成为担此重任的最佳人选。而佐尔格也正是在日本创造了情报史上的奇迹，被舆论称为光耀东方的一代“间谍巨星”。

佐尔格为日本之行进行了大量的准备工作，其中最重要的事情就是取得合适的掩护身份。为此，他返回德国，在新闻界找工作以取得新的记者身份，同时熟悉新闻界的各种背景资料。由于佐尔格在中国期间为德国《德意志粮食报》和《社会学杂志》撰写的文章产生了的巨大影响，使他获得了中国和远东事务专家的声誉，所以佐尔格很顺利就成为了《柏林交易所报》和《每日展望》等较有影响的报社的特约记者，还取得了德国当时最有影响的报纸《法兰克福日报》驻日本记者这一重要身份。为了掩人耳目，佐尔格到柏林地方政府注销了到中国的旅行护照，重新申请了一份用他的真实姓名填写的护照，并办齐了所有必备证件。

1933 年 9 月，佐尔格终于踏上了日本的土地。初到日本，他首先安顿下来，认认真真地做起了记者工作，以树立自己的掩护身份所需的形象。佐尔格阅读了大量有关日本政治、经济、文化、历史等方面的书籍，对日本社会有了比较深刻的了解和认识。他凭着自己敏锐的观察力和准确的判断力，为《法兰克福日报》和《每日展望》等报纸杂志撰写了很多观点精辟的文稿，因此他很快便得到报界同行们的钦佩，成为外国驻日本记者团中的佼佼者。同时他凭借非凡的社交能力混进德侨社团，广泛结交政治家、外交官、军官、工商业人士、演员等各种朋友，以扩展情报来源渠道。

经过一段时间的等待之后，佐尔格组建了自己在日本的谍报小组。小组成员包括：南斯拉夫人布兰科·武凯利奇，公开身份是法国哈瓦斯通讯社驻东京记者，此人长得英俊潇洒，风度翩翩，是东京最富名望的外国记者之一，可以在西方记者中活动，了解西方国家对远东问题的政策；日本人宫城与德，16 岁移居美国，并加入美国共产党，公开身份是《日本广告人》杂志的美术编辑，此人对日本国内问题很有研究，与日本军界也有着密切联系，可以打探日本军界的动态；德国人伯恩哈特，毕业于莫斯科无线电通信学校，负责报务工作。后来，由于伯恩哈特无线电技术不精，常常影响与总部的通讯联络，佐尔格要求总部派遣在中国与他合作过的报务员马克斯·克劳森替代了他。马克斯·克劳森原为德国人，后加入苏联国籍，并参加了苏联共产党。他无线电技术娴熟，技能高超，为小组工作提供了良好的保障。1934 年 4 月，日本《朝日新闻》著名驻华记者、中国问题专家尾崎秀实返回了日本，佐尔格在中国以记者身份工作时与尾崎秀实结识，且颇为投缘。尾崎虽不是共产党员，但曾是东京帝国大学马克思主义学习小组的成员，对共产主义事业极为热心，同时他在日本政界和政治性组织中有广泛的人脉关系。因此，佐尔格把尾崎秀实也发展为小组成员之一，使他成为自己的得力助手。

至此，佐尔格在日本秘密建立起了一个人员精干、组织严密、分工明确的间谍组织。佐尔格的代号为“拉姆扎”，主要负责研究纳粹德国与日本的关系动向问题。尾崎的代号为“奥托”，主要利用他中国问题专家的有利身份，努力接近日本的决策部门和高层人士，查明日本政府和总参谋部的计划和真实意图。武凯利奇的化名为“吉戈洛”，主要利用他在英、美、法等欧美记者中的广泛关系，搜集西方各国对日本的远东政策，特别是展望日苏关系方面的情报，并对其进行加工处理。宫城的化名为“乔”，主要任务是保持和扩大与日本军界人士的联系，搜集关于日本国内重要问题的信息，并加以汇集整理得出结论报告。当时，日本正在全力备战，全国上下笼罩着军国主义的阴云，气氛紧张而神秘，宪兵队和反间谍机构的活动日夜不息，几乎每个外国人都会被盯梢。谍报小组的隐蔽和联络是一个严峻的问题。对此，佐尔格制定了严格的保密安全纪律和联系方法，要求所有的笔记只能用英语记，使用完毕应立即销毁，4 名小组成员可以挑选自己所需要的人员，但他们不得知道4 人领导小组的任何成员。

佐尔格深知，日本是一个反间谍意识浓厚的封闭国家，反间谍机构对外国人始终保持着高度警惕，尽管当时正值日德亲善期间，他也具有德国人的身份，但直接从日本国内搜集情报仍然是十分困难和危险的。因此他决定从德国驻日使馆入手，努力以“第三帝国”高级外交官信任的人的身份在那里站住脚。德国驻日使馆的武官尤金·奥特成为了佐尔格打入德国使馆的突破口。

1934 年1 月的一天，凭借《每日展望》报的编辑策勒博士的介绍信，佐尔格与奥特搭上了线。奥特是一名典型的德意志军人，当时还只是临时在德国驻日大使馆任武官助理，被派驻在名古屋一个日军炮兵团任联络指挥官。他与佐尔格年龄相仿，都参加过第一次世界大战，有着相似的经历，他对佐尔格的教养、风度和谈吐也很欣赏，因此两人很快建立了亲密联系。佐尔格得知奥特为给柏林写工作报告而发愁，便有意提供一些关于日本军事方面的情报给他，在他面前发表一些有关日本形势的透彻分析和独特见解。这样，奥特提交的报告引起了柏林的关注，不久他就被提升他为上校武官，调至东京使馆工作。奥特深知，如果没有佐尔格的鼎力相助，他可能还将在名古屋冰冷的军营里呆下去，所以他从内心里感激佐尔格。而且，为了自己今后的飞黄腾达，他也觉得自己离不开佐尔格的帮助，因此奥特武官把佐尔格视为最亲密的挚友，把他介绍给使馆的其他工作人员，带他出入许多重要的聚会和场所。在给柏林写报告之前，奥特总要和佐尔格商讨，因此他经常把一些机密信息提供给佐尔格，以供参考。

1933 年底，德国新任驻日大使迪克森的走马上任又给了佐尔格一个接近使馆顶层的机遇。这位大使在国内时就因佐尔格的一篇引起广泛关注的文章而知道了佐尔格这个名字。上任后，他对佐尔格的才能有了进一步的了解，也经常被佐尔格对形势的精辟论断所折服，在起草致柏林的报告时常常不自觉地注入佐尔格的观点，而这就不得不事先与佐尔格就各方面的情报和材料进行广泛的沟通。佐尔格得以接触到更加核心、更加机密的情报。由于不能将大使提供的材料带走，佐尔格往往只能临场强记要点，回到寓所后根据记忆编写摘要。

这期间，1936 年 2 月日本青年军官发动的未遂政变也助了佐尔格一臂之力。当时，日本国会选举刚刚结束，代表日本最好战的军人群体的“政友会”遭到了失败，仅仅得到了 5 个席位。属于“皇道派”势力的一些好战的青年军官本来就对政府心存不满，于是孤注一掷，策划了军事政变，企图通过陆军大臣实现“国家改造”，建立军人独裁政权。2 月 26 日清晨，1400 多名士兵在青年军官的指挥下，冲出营房，迅速地占领了东京政府所在的几幢大楼，包括陆军省、警视厅和国会。与此同时，他们还袭击了首相官邸和几位显贵的公馆。现任首相死里逃生，两名前首相则死于非命。早在政变发生之前，佐尔格就发现了日本政局面临的严重危机，并一直密切注视着青年军官集团的行动，通过对尾崎秀实和宫城与德所收集的情报进行分析，他得出结论："皇道派"正准备发动武装政变，一切取决于2月20日国会选举的结果。佐尔格还专门就此事写了一份分析报告，除了向莫斯科总部通报之外，他还向德国大使、武官和助理武官通报了自己的判断。但他们对佐尔格提供的情报未予重视。待事件真正爆发后，使馆的高级官员们不得不对他更加刮目相看了，佐尔格精准的情报使他在德国驻日使馆树立了权威形象，极大地提高了他在使馆中的地位。

经过几年的苦心经营，佐尔格与使馆各级官员都相处得十分融洽，加之与大使和武官之间的良好关系，他俨然成为使馆的非正式助手，能够自由出入使馆，接触各类秘密材料。

1938年3月，奥特武官被任命为新一任德国驻日大使。新任大使特别准许佐尔格在大使馆公开办公，1939年欧战爆发后，更是正式聘请佐尔格担任使馆的新闻专员，负责将柏林发来的官方电报编成新闻简报。这对佐尔格来说正是求之不得的事情，从此他可以光明正大地研究德国发来的绝密材料，甚至可以将材料带回自己的办公室或放在自己的家里。这样一来，佐尔格简直如鱼得水，游刃有余，德国驻日使馆中的任何秘密都逃不过他的眼睛了。

与此同时，小组的另一名重要成员尾崎秀实对日本政府的渗透也取得了重大进展。回到日本国内的尾崎继续关注中国局势，他发表的多篇分析中国抗日形势的文章都引起了极大的轰动，他本人也从日本新闻界的一个"中国通"一跃成为社会各界公认的中国问题专家。当1937年6月近卫文麿首相组建新内阁后，尾崎秀实被他吸收进了自己的圈子，成为了他的私人顾问。近卫有一个早餐会制度，每个星期三早晨，近卫必定召集高级幕僚和私人顾问们聚集在一起，一边用餐，一边讨论国家大事，提出一些对策和谋略计划。早餐会上提出的计划通常也会成为日本政府的正式计划。而尾崎也是早餐会的座上客，主要负责提供有关中国的情况，提出对中国事务的处理意见。他与近卫内阁书记官长风见章还是大学同学，私交甚好，这样尾崎不但对日本政府的决策非常熟悉，而且能施加一定的影响，他俨然成了佐尔格小组在日本政府中的常驻代表，发挥了巨大的作用。

佐尔格领导的谍报小组在日本的活动有如利剑出鞘，所向披靡，德国和日本政府几乎所有事关苏联利益的机密都被秘密汇报给了莫斯科。这使苏联最高当局不仅得以看清欧洲希特勒德国的战略企图，而且对日本在亚洲的动向也了解得一清二楚，掌握了战略上的主动。佐尔格对中日战争的前途做出了准确预测，告诉斯大林日本将陷入对华战争的泥潭，这对斯大林做出援华抗日的决定产生了一定影响。佐尔格通过奥特和德国外交部特派信使施密滕了解到，日本驻德大使小岛与纳粹头目里宾特洛甫在柏林秘密进行德日结盟谈判的情况，根据佐尔格发回的报告，苏联最高当局掌握了谈判的各个阶段的详细情况。佐尔格甚至还获取了1936年11月25日签署的德日《反共产国际条约》的部分内容。

佐尔格最辉煌的战绩当属向苏联当局通报了德国进攻苏联的准确时间和日本军队将南进而非北攻苏联的战略决策。

在德国进攻苏联之前，世界舆论纷纷猜测希特勒的下一个目标将是英国本土，德国军队也做出了一些准备跨海远征的姿态。但是，佐尔格不这样认为，在对希特勒发动的前几次欧洲战事的特点进行研究之后，他敏锐地意识到希特勒选定的下一个征服对象将是苏联。佐尔格将各个渠道搜集到的情报，包括外交信使和使馆工作人员的只言片语，进行汇总分析，发现德国预定大举进攻英国的计划和军队调动都是虚构的，只是为了声东击西，秘密备战，搞突然袭击。因此，早在1940年11月18日，佐尔格就向莫斯科发出了德国准备攻打苏联的战争预警，当时离开战还有整整七个月。据悉，佐尔格小组是最早向莫斯科汇报这方面情报的苏联情报侦察力量。从此，有关德国可能进攻的日期、兵力部署、主攻方向的情报源源不断地从东京发往莫斯科。1941年5月1日，佐尔格给莫斯科当局发送了一份内容详实的电报："希特勒决心对苏联开战并摧毁苏联，以便利用苏联欧洲部分作为原料和粮食基地。开战的时机可能在：1. 摧毁南斯拉夫之后；2. 播种期结束时；3. 德国同土耳其谈判结束时。希特勒将在5月份的最高统帅部联系会议上最后决定开战时间。"5月底，他从奥特大使处看到的一份来自德军总参谋部的密信称："有关德苏战争应采取的必要措施已完全确定，一切已准备就绪。德国将在6月下旬发起进攻。德军180—190个师已聚集在东线。"于是，他又向莫斯科发出重要警告："德国将于1941年6月下旬进攻苏联，确凿无疑。"1941年6月1日，尾崎秀实向佐尔格紧急通报了日本驻德大使发回首相府的密电："希特勒亲自接见了日本大使，正式通知日本，德国将于6月22日对苏联不宣而战。希特勒要求日本在同一天从远东的满洲地区向苏联红军发动进攻。日本大使不置可否，说自己将立刻向本国政府汇报此事。但他自己无权作任何承诺。"于是，一条"战争将于1941年6月22日爆发……"的情报又发回了莫斯科。佐尔格的情报不仅准确预测了开战时间，还揭示了德国最高统帅部制定的"巴巴罗萨"计划中最核心的战略意图："预期德国将采用从两翼展开迂回包抄进攻的策略，以包围和孤立苏联边境的各个苏军兵团。"

佐尔格以敏锐的观察力、灵活的方法，以及坚韧的毅力完成了情报史上令人叹为观止的大手笔。但是，他向莫斯科发出的一次次有关德苏战争的警报，却没有得到斯大林和苏军最高统帅部应有的重视。1941年6月22日拂晓，德国果然背信弃义，全面撕毁了墨迹未干的《苏德互不侵犯条约》，发动了对苏联的侵略战争。苏联红军在准备不足的情况下，只能连连撤退，在战争初期处于十分被动的局面。

对苏联的闪电式袭击再次奏效之后，纳粹德国在欧洲战场取得了空前的胜利，希特勒踌躇满志，开始竭尽全力地说服日本把战争的枪口瞄准苏联，以早日争取对苏全面胜利。在这种情况下，如果日本果真从远东进行夹击，莫斯科就会腹背受敌，结果不堪设想。因此，日本是否会在东线对苏开战就成为了莫斯科最为关心的问题。从1941年6月以来，佐尔格领导的小组针对这一问题开展了大量工作。他们搜集了关于7月上旬以来日本国内开始的大规模的普遍动员的详细情况，有关日本军队征兵、调动的各种情报，佐尔格从奥特大使处了解到了日本军界首领对向苏联开战的保守态度，尾崎则从近卫首相府得到了日本"御前会议"做出的"帝国国策要纲"决定以及最高统帅部会议上关于作战对象的决策情况。佐尔格对这些情报进行了全面的分析，并参照日本的经济结构、国家财政预算、军事力量及战略资源储备等综合性材料和数据，经过缜密的研究得出结论：日本由于资源贫瘠，无力进行长期的战争，不会在已陷入中国问题泥潭的同时分兵进攻苏联，相反南下夺取战略资源才是日本的首选。

1941年10月初，德国部队开始向莫斯科挺进，首都莫斯科危在旦夕。就在这命悬一线的危急时刻，佐尔格向莫斯科发出了世界情报史上最具典范意义的结论性报告："1941年9月15日之后，苏联的远东地区可以认为是安全的，来自日本方面的威胁已经排除。日本关东军仍将留在满洲，不可能发动对苏战争。同时，日本却将在数周以后、年底以前，决定是否最终向美国宣战。"这是一条对战争进程发生了重大影响的情报。根据佐尔格及时准确的情报，苏联决定从驻留在东方以防日本入侵的西伯利亚军队中调集9个师的精锐力量支援莫斯科保卫战。来自西伯利亚的生力军打破了战争僵局，苏军在莫斯科战役中转败为胜。莫斯科保卫战的胜利首次使德国的闪击战遭到了失败，从而扭转了整个对德战局，改变了第二次世界大战进程。

佐尔格小组在日本活动长达八年之久，大量搜集情报的同时，破绽也随之增多。由于频繁地向莫斯科发送电报，有时甚至是超长电报，他们惊动了日本反间谍机构东京警视厅特别高等警察课（即特高课)，特高课的无线电专家截获了一些小组发送的密电码，虽然无法破译，但他们开始怀疑有一个庞大的间谍组织潜伏在国内。经过细致的搜捕行动，特高课终于在1941年摸清了小组的情况。在小组被破获之前，佐尔格感到自己在日本的使命已经完成，曾向上级报告，要求被召回莫斯科，或派往德国继续从事秘密工作。但他的报告石沉大海，没有得到答复。1941年10月18日，一切已为时已晚，在东条英机陆相的亲自指挥下，包括佐尔格在内的小组主要骨干全部遭到逮捕。这就是曾经闻名一时的“共产国际间谍案”，亦即“佐尔格—尾崎事件”。五天之后苏联方面获悉了这一消息，但却一直保持沉默。随后，曾负责与佐尔格小组联系的苏联驻日使馆二秘兼专员扎依采夫悄悄离开了东京。在东京巢鸭监狱被关押了3年之后，1944年11月7日，十月革命胜利27周年之际，佐尔格被处以绞刑，一代“间谍巨星”就此陨落。

作为第二次世界大战期间的著名情报官员，佐尔格的名字与世界反法西斯战争紧紧联系在一起，他领导的小组为拯救苏联，维护世界和平做出了重大贡献，他们创造的奇迹让世界动容。佐尔格的事迹后来被多次搬上电影荧幕，苏、美、英、法、德、日等国家都出版了有关他的专著，学术界还举办佐尔格事件国际讨会研究其活动。美国的情报人员训练学校甚至把他的事迹当作训练教材。苏联也于20世纪60年代打破了对佐尔格事件的沉默。1964年11月，苏联最高苏维埃主席团追授佐尔格为“苏联英雄”，以表彰他“立下的卓越功勋和表现出来的勇敢精神与英雄气概”。1965年春天，为了纪念理查德·佐尔格诞辰70周年，苏联在全国范围内发行了一枚纪念邮票。邮票为正方形，面值4戈比，图案为：红色背景中，一枚苏联反法西斯英雄勋章衬托着佐尔格的半身肖像。至今，在莫斯科市波列扎耶夫地铁车站入口不远处，还矗立着一座佐尔格纪念碑，纪念碑上佐尔格身披立领斗篷，坚定的目光凝视着远方。

佐尔格天生就具有一名情报员所应具备的基本素质，他机警、聪明，性格随和，语言天赋无与伦比，交际能力非凡，而且富有冒险精神。他所具备的知识渊博、头脑冷静、观察力敏锐，而且信仰坚定的特点也决定了他将是一名优秀的情报人员。佐尔格在情报工作生涯中创造的奇迹奠定了他在世界情报史上不可取代的地位。他是在情报实践中出色地实现了“以最小的牺牲换取最大的胜利”的现代“间谍大师”，他的信条是：不撬保险柜，但文件却主动送上门来；不持枪闯入，但门却自动为你打开，这是谍报工作最高境界的体现。一个典型的例子是：一次，尾崎秀实向佐尔格通报了近卫内阁的外交政策已经准备就绪，但自己无法看到的情况。佐尔格与尾崎反复商量如何才能拿到这份重要文件，而又不会招致怀疑。最后，佐尔格要求尾崎直接找近卫首相，要求阅读这份政府外交计划。后来在早餐会上，尾崎秀实慎重地向近卫提出了阅读最新制定的政府外交计划的要求。近卫考虑片刻后说：“计划是绝密的。但是，尾崎君，你的要求是应该的。到首相府来看吧。”等尾崎到了首相府，机要员已得到近卫的指示，准备好了文件。机要员把尾崎带到一间空无一人的保密室后便退了出去。尾崎马上把门反锁上，拿出事先藏好的微型照相机把文件拍了下来。佐尔格自己想获取某方面情报时也经常使用直接与奥特大使或柏林信使咨询、讨论该问题的方式。为了得到关于德国是否进攻苏联的准确情报，佐尔格曾当着奥特大使的面询问一位柏林来的信使：“苏联人对德国向西的行动有什么反应呢?”那位傲慢的信使不屑一顾地说：“苏联有什么反应并不重要，今年7月，在柏林最高统帅部的会议上，元首已经决定将消灭苏联有生力量的计划进一步加以完善。”信使提到的计划即希特勒批准的“巴巴罗萨计划”的前身——“弗里茨计划”。信使的话证实了佐尔格此前的推测。

佐尔格之所以能够做到在日本潜伏8年，不用偷盗之术而取得令人叹为观止的情报工作成绩，应该说是得益于他成功的掩护身份，以及他本人的博学多才和敬业精神。

佐尔格选择的掩护身份是记者，这是一种很好的掩护职业，因为记者可以去任何地方采访任何消息，会见任何人，提出各种问题而不会引起注意和怀疑。他也的确通过自己的努力成为了一名相当成功的记者。为了超过一般记者的水平，佐尔格投入大量精力，广泛阅读了有关日本社会、政治、军事的书籍，还通过尾崎秀实、宫成与德等人了解日本社会和政局不为外国人所知的深层特点。这对他具有重要意义，使他撰写的时事评论文章无论在驻日外国记者中，还是在德国国内都引起了强烈的关注，取得了巨大的反响。佐尔格因此成为了东京和柏林都家喻户晓的著名记者，在社会上享有很高的声望。他供职的《法兰克福日报》的编辑部曾一再对他表示感谢，因为他的文章提高了该报的声誉。甚至连德国外交部都在 1940 年 12 月承认佐尔格是“目前我们在东亚最优秀的新闻记者”，并时常参考他的文章。也正是由于他的著名记者声望，德国外交部批准他担任驻日本使馆的新闻专员的正式职责。而这一切都为他从事情报工作铺平了道路。掩护身份选取的成功和他作为记者取得的优异成绩，为他打入德国驻日使馆提供了莫大的方便。他的智力和魅力赢得了德国大使、武官和盖世太保头目对他的好感和信任，以至于他被捕之后，奥特大使和德国驻日本大使馆的纳粹头子党卫军上校迈津格尔都认为，逮捕理查德·佐尔格博士是日本对德国的一种挑衅行为，是对德意志帝国的侮辱，控告佐尔格一案背后有存在反德势力的可能性，他们还联名致电柏林，试图解救他们的亲密朋友。

佐尔格在小组成立之初曾对自己的同志提出这样的要求：“在我们向中央汇报任何情况时，我们都要进行调查核实，我们不能仅仅满足于当一个传递情报的信箱或转运站，而应当自己成为情报的来源。为此我们就得仔细研究情况，成为通晓值得我们注意的各个领域的学者、研究人员和真正的专家。”因此，尽管佐尔格能够利用自己的掩护身份获得大量的优质原始文件，但他从不轻易相信单方面来源的情报，而是要综合各个渠道来源的情报，通过自己的分析和判断得出结论。他不是简单地收集情报，然后将其送往莫斯科，他发回总部的通常都是完整的情报报告，而非还需总部分析人员加工的原始情报素材。为此，佐尔格付出了比一般情报官员巨大得多的努力。佐尔格为了分析日本是否会进攻苏联的问题而深入研究日本的政策、计划，日本的战略资源储备等经济情况，详尽无遗，确凿无误，可谓尽善尽美。尾崎通过近卫首相府提供了大量材料，佐尔格本人在德使馆看到不少文件，听到不少谈话，但佐尔格从不轻信任何一条。他把收集到的情报相互验证、比较，细致至极，最后才做出结论。将零散的、看似无关的情报汇总起来，加以分析整合，这就是佐尔格坚持的情报工作方法。

正如佐尔格所言，在自己的谍报生涯中，他坚持通过自己的分析和判断撰写情报报告，并以渊博的知识和高超的情报分析能力开创了世界情报史上学者型情报官员的先例。佐尔格取得了社会学博士学位，担任过大学助教的工作，早年即开始发表文章，出版专著，对社会主义理论、国际政治问题都很有研究，因此他本质上就是一位学者，具有专业的学术功底，在日本工作生活期间，他对日本社会的方方面面都进行了细致的研究，成为了他自己所提出的学者、研究人员和真正的专家。在与小组其他成员的交往过程中，他很注重与他们交流关于日本政治、历史、甚至艺术方面的问题，通过他们了解日本。佐尔格后来曾写道："我们研究日本不只限于新闻记者和报章杂志。我们会面时不仅仅是传递与讨论某些情报。当我遇到相当棘手的实际问题时，往往由于谈到其他国家发生的类似现象，或者追溯到日本历史而深受启发。在这方面，由于尾崎对日本的历史和政治以及世界通史和世界政治都有渊博的知识，我同他相处确实受益匪浅。正是由于他的帮助，我对军界上层在操纵国家方面非凡而独特的作用和元老会议的性质有了明确的了解。虽然御前近臣组成的这种枢密院不是宪法所规定的，但实质上是日本最有影响的政治机关……没有宫城，我永远不会理解日本的艺术。我们常在展览会和博物馆见面，所以当我们讨论情报工作的某些问题，或者讨论当前的政治形势时，往往会离题而谈起日本或中国的艺术，这在我们也是常见的事……”佐尔格被捕之后，日本警察从他家中搜出了一些从事间谍活动的器材，同时他们也注意到，佐尔格的家更像是一名无辜的正在进行学术研究的专业作家的家：书柜中陈列着包罗万象的日本书籍，床头柜上摊开着一位日本十六世纪诗人的诗集。警察还发现一部关于当时日本政治的书稿，这曾是佐尔格孜孜不倦，一心想要实现的一部著作。

佐尔格把自己的学术研究、新闻报道和情报工作进行了完美的结合，并使前二者服务于自己的本职工作，这是佐尔格区别于一般情报官员的最大特点。这一特点也奠定了他在世界情报史上不可取代的大师地位。

第二节 隐藏在美国社会的“千面人”鲁道夫·阿贝尔

20 世纪四五十年代，他是美国纽约布鲁克林的一名画家。当这名消瘦沉默的中年男子走在纽约的大街上时，与一般的美国人没有任何区别。若不是被人出卖，他有可能继续一边在自己的画室作画，一边领导苏联在北美地区的谍报网。他就是被西方情报机构称为“千面人”的苏联国家安全委员会上校鲁道夫·伊凡诺维奇·阿贝尔。

鲁道夫·伊凡诺维奇·阿贝尔原名威廉·根里霍维奇·菲舍尔（Вильям Генрихович Фишер），1903 年 7 月 11 日出生在英国的纽卡斯尔。父亲根里赫·马特韦耶维奇·菲舍尔（Генрих Матвеевич Фишер），来自雅罗斯拉夫尔省的一个被强制俄罗斯化的德国人家庭，是一位工人革命家，多次见过列宁和克里扎诺夫斯基。他还是一位掌握多种语言的人，会说德语、英语和法语。母亲是萨拉托夫人，也参与革命运动。1901 年，菲舍尔一家因参与革命活动而被驱逐出国，他们来到英国，成了政治流亡者家庭。童年时的阿贝尔表现出了对自然科学的特殊兴趣，同时他还学会了演奏乐器和绘画。15 岁时，阿贝尔曾在一家造船厂当制图员学徒，16 岁时，考入了伦敦大学。

1920 年，菲舍尔一家返回俄罗斯，加入苏联国籍，同时保留了英国国籍。有一段时间他们和其他著名革命者家庭一起生活在克里米亚。回国后阿贝尔开始在共产国际执行委员会做翻译工作。1924 年他考入了莫斯科东方学院印度系，但一年后他又应征入伍，进入了莫斯科军区第一无线电报务团，成为了一名十分优秀的报务员，他的无线电技术得到了大家的公认。复员后阿贝尔开始在工农红军空军部队科学研究所做无线电技术员工作。

1927 年 4 月 7 日，阿贝尔与叶莲娜·列别杰娃结婚。列别杰娃毕业于莫斯科音乐学院，后来成为一名专业的竖琴家。同年 5 月 2 日，他被国家政治保卫总局招收，一段传奇的情报工作生涯就此拉开序幕。

早期阿贝尔在国外处先后从事翻译和无线电报务员工作，后来为几个驻欧洲国家的情报站担任报务员，也曾在英国和另一个欧洲国家执行过非法派遣任务。在苏联 20 世纪 30 年代的大清洗中，阿贝尔的不少同事被逮捕或处决，他本人也在 1938 年 12 月 31 日被内务人民委员会开除，当时他是上尉军衔。此后他在全联盟商会和空军军工厂工作，这期间他多次申请回到情报工作队伍。

1941 年 9 月，阿贝尔又被内务人民委员会招收，他被安排在一个负责在德军后方组织游击战的部队中，从事为派往德占区的游击队和侦查小组训练报务员的工作。这期间他与鲁道夫·伊凡诺维奇·阿贝尔（Рудольф Иванович Абель）一起工作，并结下深厚的友谊。后来阿贝尔被捕时使用的就是此人的名字和经历。战争快结束时阿贝尔又回到非法侦察活动部门工作。

第二次世界大战结束后，苏联情报工作的重心开始转向美国，发展和壮大在美国的间谍网是当务之急。于是，阿贝尔接受了一项重要任务，即以非法身份进入美国，组织搜集原子能情报的工作，并领导苏联在美国的谍报网，他的代号叫“马克”。苏联国家安全部安排阿贝尔假冒安德鲁·凯奥蒂斯以难民身份申请进入加拿大，然后再进入美国。真正的安德鲁·凯奥蒂斯于1895年出生于立陶宛，后来移民美国，1947年他前来欧洲游历，苏联驻丹麦大使馆给他发放了允许访问苏联的旅游文件，同时扣留了他的护照。

1948年11月，阿贝尔成功地绕道加拿大来到了美国纽约。在这里他得到了一套新的身份文件：美国人埃米尔·罗伯特·戈利德富斯（Эмиль Роберт Гольдфус）的出生证明，以及伪造的征兵卡和纳税证明。真正的戈利德富斯于1902年8月2日出生在纽约，14个月时就夭折了。这份出生证明是内务部在西班牙内战期间得到的。根据苏联国家安全部编造的经历，戈利德富斯是纽约一位室内画家的儿子，童年时居住在东120区第87大道，1916年初中毕业后一直在底特律工作，1947年才返回纽约。

阿贝尔首先在百老汇附近的一家便宜旅店里住下，并且凭借自己的表演才能找到了一份在百老汇和布鲁克林的杂耍游艺场当演员的工作。尽管这是阿贝尔生平第一次来到美国纽约，但由于他在出发前做足了功课，他显得对纽约很熟悉，他那地道的美式英语发音也让人确信他就是美国人戈利德富斯。就这样，阿贝尔成功地在纽约站稳了脚跟。

安顿下来后，阿贝尔便慢慢和自己谍报网里的人员建立了联系，到1949年5月底时，他已经开始积极地工作了。由于工作十分成功，1949年8月他便得到了一枚红旗勋章。

1952年，阿贝尔在布鲁克林美国司法部大楼的对面租下了一间工作室，开始作一名画家。阿贝尔在绘画方面颇有造诣，完全达到了一名专业画家的水平。他像一个真正的艺术家一样与人长时间地细致地讨论艺术问题，同时他不修边幅，生活散漫，表现出了艺术家特有的浪漫气质，因此他的画家身份扮演得相当成功。当然，他也有一些反常的特点，例如总是避免讨论政治问题，没有家室，也从不与人谈论私生活，尤其是因为要和莫斯科联系而显得作息时间与常人不同。但是，这些细微的破绽由于阿贝尔在其他方面掩饰的相当成功而很容易被人们忽视。不仅如此，为人谦和的阿贝尔与周围邻居的关系非常融洽，认识他的人都对他的人品交口称誉。

在美国社会长期生活，阿贝尔还时常告诫自己保持清醒的头脑，坚定意志，不在舒适的物质生活中沾染享乐的习惯。就这样，直到被自己的助手雷诺·海哈南告发之前，阿贝尔成功地潜伏了 9 年，他领导的谍报网为莫斯科提供了大量珍贵的情报。

雷诺·海哈南（代号“维克”）是莫斯科应阿贝尔的要求给他指派的一名助手，主要任务是帮助他发展情报员，做一些日常事务。海哈南原在芬兰工作，组织上选中他以后，他便冒充尤金·尼古拉·梅基在赫尔辛基申请了美国护照。真正的梅基 1919 年出生于美国，父亲是移民美国的芬兰人，母亲是纽约人。1927 年他随父母移民到苏联的卡累利阿共和国。1938 年在苏联国内的大清洗中曾因特务嫌疑而被捕，但随即被释放。后来他被内务人民委员会招募，负责调查大清洗时期其他受到迫害的卡累利阿家庭的情况。根据组织的安排，他向海哈南提供了自己在纽约的出生证明。作为身份掩护计划的一部分，海哈南还同一名芬兰妇女结了婚，尽管他在苏联已有妻室。

1952 年 10 月，海哈南带着新婚妻子来到了纽约。他的第一项任务是与自己的上级阿贝尔取得联系，报告他已安全抵达的信息。在纽约中央公园靠近格林餐厅的酒馆旁边，有一条不通车辆的小道，路旁立着一块写着“小心骑马者”的牌子。海哈南在靠近这块牌子的栏杆的横杆下按上了一个红色图钉。这个地点是他在莫斯科时指定给他的几个联络点之一。

一个多月后，阿贝尔在指定的地点投下了给海哈南的第一封指示信。阿贝尔习惯把信件制作成微缩胶卷放在一些特制的空心镍币里进行传递。这封信也不例外。但是，海哈南在纽约的情报工作似乎注定要失败，他竟然没有收到这枚镍币。与阿贝尔的首次联络便以失败告终，究其原因，很可能是因为海哈南的谍报技术不过硬，没有及时找到投放信件的联络点，因而没有及时取走镍币。

海哈南与阿贝尔的首次联络失败并不是非常严重的失误，更大的失误在于，那枚装有微缩信件的空心镍币不翼而飞，再也没有回到阿贝尔手里。事后证明，空心镍币像正常的钱币一样进入了流通领域，并于1953年落入一个名叫詹姆斯·鲍扎德的报童手中。正是这名报童偶然发现了镍币中隐藏的秘密，并把它交给了当地警察局。由于警察局的警察和纽约布鲁克林联邦调查局分局的侦探们对这种镍币均闻所未闻，也无法解读微缩胶卷上的数字，因此这枚镍币最终被送到联调局总部的著名侦探罗伯特·兰菲尔的手上。兰菲尔对这枚镍币以及其中的微缩胶卷进行了细致的研究。虽未解读胶卷上的文字，但他也不是一无所获。联邦调查局的实验室的检验结果证明，空心镍币系由专业人士制作，并非美国本土生产，而且胶卷上的五位一组的数字是由一种苏联产的西里尔字母打字机打出来的。后来，加拿大皇家骑警队向兰菲尔透露了一些关于镍币的信息，并称苏联情报机构在纽约可能潜伏了一名持有非法身份的情报官员。兰菲尔根据这些情况推断这枚镍币是苏联情报机构在美国进行活动的工具，也可能是与莫斯科进行联系的方式。兰菲尔建议联邦调查局从有莫斯科业务的公司雇员中寻找有充当信使嫌疑的人，以找到调查的突破口。但由于这种调查的工作量极大，所掌握的信息又极其有限，美国联邦调查局后来并没有对这枚镍币的事立案侦查。阿贝尔也因此而躲过一劫。但是，正如海哈南在美国的工作注定是要失败的一样，阿贝尔似乎也注定要因他而暴露。

阿贝尔与海哈南的第一次见面是在一家电影院的卫生间里。接上头之后，二人来到了附近的一家咖啡馆。海哈南的酷似侦探电影里的特务的装扮和他臃肿短小的身材给阿贝尔留下的第一印象并不好。海哈南则从阿贝尔的眼神中读出了一丝不满和鄙视。在日后的接触中，阿贝尔渐渐发现海哈南不仅对各种必须掌握的谍报技术不熟练，而且工作态度也很不端正，指示他执行的几次任务亦均无果而终，便流露出了不满之意，甚至心存鄙视。而海哈南也因为被派来做非法定居间谍，同时不得不接受阿贝尔刻板的教导而内心郁闷。他和阿贝尔之间的这种关系为他日后告发阿贝尔埋下了伏笔。

尽管对海哈南的表现不满意，但阿贝尔仍然信任他，并且在工作中手把手地教导他。1955 年，阿贝尔由于工作出色而被晋升为上校军衔，并且获得了对驻外情报官员的最高奖赏——回国探亲半年。在这之前，阿贝尔决定让海哈南在新泽西州纽瓦克开一家照相馆，以获得长期掩护身份。他帮他租了公寓和店铺，还亲自帮助他学习照相技术。一切准备就绪之后，阿贝尔指示海哈南开张经营，自己便离开了美国。当阿贝尔于 1956 年初返回纽约时，他吃惊地发现海哈南的照相馆根本没有开张。而海哈南还极力为自己辩解说“纽瓦克太潮湿了，不适合开照相馆”。事实上，海哈南在阿贝尔走后便把工作上的事情抛之脑后，整天过着花天酒地的生活，甚至忘记了自己的非法间谍身份，在公众场合酗酒闹事，惊动了当地警察。

由于海哈南不仅在工作上毫无成绩可言，在生活上的表现更是荒诞不经，阿贝尔对他彻底失望了，于是开始向总部反映，希望将海哈南召回莫斯科。总部最后同意了阿贝尔的请求，通知海哈南其已被晋升为中校军衔，且奖励其回国休假。

但是，军衔晋升和回国休假的奖励引起了海哈南的怀疑。他深知自己在美国的工作乏善可陈，连长期掩护身份都没有找到。以阿贝尔对他生活的了解，阿贝尔也不应该为他请功。那么，唯一解释得通的原因就是总部想利用奖励稳住他，以骗他乖乖回国。谙熟“克格勃”内部规则的海哈南非常清楚，在莫斯科等待自己的将是严厉的惩罚，甚至是生命危险，而绝非鲜花和掌声。海哈南认真思考之后便暗下决心不返回莫斯科。但是，阿贝尔的态度非常坚决，他三番五次要求海哈南回国。这样，海哈南不得不于 1957 年 4 月 24 日登上了开往法国巴黎的“自由”号轮船。遗憾的是，海哈南不仅没有回到莫斯科，而是选择了一条截然相反的道路：向美国人自首，并告发阿贝尔。

1957 年 4 月 26 日，海哈南走进了美国驻法国大使馆，把自己的经历和阿贝尔的情况向使馆负责安全事务的官员和盘端出。使馆官员起初不肯相信坐在自己眼前的就是赫赫有名的“克格勃”官员，直到海哈南说出阿贝尔，他才决定把他送回美国，交给联邦调查局处理。

海哈南又回到了美国。滑稽的是，联调局的侦探同样不相信他说的话，还判定他是一个带有自杀倾向的酒鬼。当时，罗伯特·兰菲尔已经离开了联调局，也就没有人把海哈南和 1953 年出现的空心镍币联系起来。情急之下，海哈南拿出了自己的一枚空心镍币，掏出了里面的微缩胶卷，并声称自己能够破译上面的数字。当海哈南流利地读出了信件的内容之后，联调局终于开始相信他了。后来，侦探们又想起了 1953 年的那枚空心镍币，经过比对，确认两枚硬币为同一型号。海哈南同样破译了那枚镍币中的信文，才知道信是阿贝尔写给他的。

根据海哈南的供述，联邦调查局很快在布鲁克林锁定了阿贝尔。1957 年 6 月 21 日，阿贝尔在纽约的拉塔姆旅馆被美国联邦调查局逮捕。为了让莫斯科得知自己被捕的消息，并且相信自己不是叛变者，阿贝尔在被捕时用了自己已故的朋友鲁道夫·伊凡诺维奇·阿贝尔的名字。

美国人了解阿贝尔的身份和重要地位，他们想诱劝阿贝尔为其充当美国间谍，因此抓捕是秘密进行的，而且一开始的罪名只是以非法身份进入美国。但是，阿贝尔拒绝了美国人的劝降和高薪承诺。于是，美国决定对他以间谍罪名义进行公开审判。1957 年 10 月 14 日，法庭公开审判了阿贝尔案件，海哈南作为重要证人出庭做证，但阿贝尔始终否认自己是情报官员，否认自己为苏联工作。对阿贝尔的审讯是十分特殊的，在美国司法历史上没有先例可循。最后，阿贝尔被判犯有如下罪状：一是阴谋把军事情报交给苏联，这条罪状的最高处罚是死刑；二是进行搜集军事情报的秘密活动，这条罪状的处罚是 10 年徒刑；三是非法进入美国。根据美国《移民法》，所有非法入境者都要被驱逐出境。但是，在美国辩护律师詹姆斯·多诺夫的帮助下，阿贝尔于 1958 年 2 月 21 日被判处 30 年徒刑，并罚款 3000 美元。阿贝尔被捕后，克格勃安排专人以家属的身份给他写信，在多诺夫的鼓励下，阿贝尔在法庭上宣读了这些信件，多诺夫还安排阿贝尔的美国邻居出庭，证明阿贝尔为人友善，这些都对判决产生了影响。

在监狱中阿贝尔保持了平静的心态，有时间他便做算术题，读爱因斯坦的书，或者研究艺术理论，画画。

对阿贝尔的审判在西方世界引起了轰动，但苏联媒体却没有任何报道。当时，苏联领导人拒绝承认阿贝尔，并向世界宣布苏联不搞间谍活动。但是，与绝大多数暴露的非法活动情报官员相比，阿贝尔是幸运的，入狱不久，他就重获自由。

1960 年 5 月 1 日，美国一架 U－2 高空侦察飞机进入苏联领空之后在斯维尔德洛夫斯克地区被击落，驾驶员弗朗西斯·加里·鲍尔斯被苏联俘获，他被指控从事间谍活动，并被判处 10 年徒刑。由于 U－2 高空侦察飞机事件影响极大，美国政府十分希望鲍尔斯能尽快被释放。后来，经过两国间多次协商，一桩换谍交易终于达成。美国方面用来交换鲍尔斯的正是阿贝尔。苏联方面则答应释放鲍尔斯和另外两名美国间谍。

1962 年 2 月 12 日，冷战时期的第一次间谍交换仪式在东西方冷战的最前沿——东西柏林边界的格利尼克桥上举行。参加交换仪式的有后来成为“克格勃”第一总局执行非法派遣任务的“s”局的局长尤里·德罗兹多夫（代号“尤尔根·德里弗斯”，装扮成阿贝尔的德国表兄）和换谍专家沃尔夫汗克·福格尔。

更幸运的是，回国后阿贝尔没有受到反间谍机构的审查，经过休息和疗养之后，他又开始在总部上班，主要从事培养年轻非法派遣情报官员的工作。在休闲时间里，阿贝尔便画风景画。阿贝尔虽然没有得到任何高级职务，但受到了许多奖励。他一生中因为在国家安全方面做出的突出贡献而被授予三枚红旗勋章、一枚列宁勋章、一枚劳动红旗勋章、一枚一级卫国战争勋章、一枚红星勋章，以及许多其他奖章。

1971 年 11 月 15 日，阿贝尔在莫斯科因肺癌逝世，他传奇的一生结束了。

在苏联，阿贝尔的传奇经历被搬上了电影荧幕，他在 1968 年参与拍摄了与他的经历有关的电影《死亡季节》，从而开始被苏联民众熟知。苏联还出版了多部有关他的著作。1990 年解体前夕，苏联政府专门发行了一套阿贝尔纪念邮票。

阿贝尔作为非法派遣情报官员取得的成功几乎无人超越，他被舆论称作“二十世纪间谍大师”，西方情报机构也对他刮目相看，称他为“千面人”。阿贝尔暴露后，美国中央情报局局长杜勒斯曾说：“我希望我们现在在莫斯科也能有三四个像他这样的人。”

阿贝尔最辉煌的成就便是以非法身份进入苏联情报工作的最重要的对象国工作，并且出色地完成了自己的使命。与具有公开身份保护的情报官员相比，非法派遣情报官员不仅要具备情报工作专业能力，还要具备强大的生存能力。而阿贝尔最大的特点就是精通谍术，善于伪装。他在建立和维持掩护身份方面所取得的成功，一直被作为教育和培养情报官员的教材。

阿贝尔之所以能够取得巨大的成功，他的非凡的天赋和出众的才华起了至关重要的作用。首先，他不仅熟练地掌握了英文，而且还能惟妙惟肖地模仿美国当地的口音，这使他可以毫不费力地冒充美国居民，而不会招致怀疑。其次，他还擅长绘画和音乐，会木工和钳工。这些才能为他寻找合适的掩护身份，在异国他乡长期生存提供了极大的方便。专业画家这个掩护身份就选择得相当成功。他本人的绘画才能足以胜任这个角色。更重要的是，以艺术家为掩护身份，一般来说不会引起人们的注意。艺术家之间对彼此的私人生活不会追根究底，尊重别人的私生活是艺术家的信条。此外，艺术家的作息没有定时，如果阿贝尔的楼上深夜还亮着灯，或者房间里有谈话声，人们也是不会产生怀疑的。正是这种职业，使得阿贝尔合情合理地利用夜晚来收集、编写情报。作为画家，时常需要外出采风，这样阿贝尔离开纽约去视察各个情报活动点，与手下的人员接头便有了合理的理由。再次，阿贝尔性格沉稳，为人谦和低调，始终保持谨慎和克制，习惯于严格自律，具有使自己不显眼的本领，就连审理阿贝尔案件的美国法官也说："他走在街上可以同任何人没有两样"。

第三节　插入英国军情六局的“尖刀”金·菲尔比

20 世纪 40 年代至 60 年代初，他是英国秘密情报局高级官员，一度还是秘密情报局局长的人选。但实际上，他从 20 世纪 30 年代起就被苏联情报机构招收，长达 30 年的潜伏生涯使他成为世界情报史上的传奇人物，被舆论称为“20 世纪最大的间谍”，他就是在东西方两大阵营的对抗中发挥了重要作用，堪称苏联情报机构插入英国秘密情报局的一把“尖刀”哈罗德·金·菲尔比。

哈罗德·金·菲尔比（Harold Kim Philby）原名哈罗德·阿德里安·罗素·菲尔比（Harold Adrian Russell Philby），英国人，1912 年 1 月 1 日出生在印度的安巴拉。父亲加里·圣约翰·布里杰尔·菲尔比当时在英国驻印度殖民政府中担任文官。1919 年菲尔比一家搬回了伦敦。菲尔比自幼接受了良好的教育，1925 年进入著名的威斯敏斯特学校学习，1929 年考入剑桥大学特里尼蒂分院。

20 世纪 30 年代的英国，政局动荡，经济萧条，广大民众，尤其是知识分子对资本主义制度产生了怀疑。在剑桥这座具有悠久历史的大学校园里，苏联成功的经验使年轻的大学生们兴奋不已，他们谈论最多的不是学问，而是形形色色的社会主义思想，还纷纷成立各种社会主义协会。初到剑桥的菲尔比也加入了社会主义协会。作为英国工党的支持者，起初他的活动并不积极，但当工党在 1931 年的英国政府选举中背叛工人阶级的利益，和保守党勾结，组织了一个国民政府后，他终于明白，英国工党和世界左派的主流绝非一致，工党只是打着社会主义的牌子，实际上同保守党没有太大的区别。此后，他开始积极地参加剑桥由共产党员领导的社会主义协会的活动。

1933 年 3 月的复活节假期，菲尔比来到了柏林。当时正值国会纵火案发生后不久，他亲眼目睹了德国纳粹对犹太人惨绝人寰的暴行，对共产党人的疯狂迫害。这次经历使他对法西斯主义有了切身的了解，也是菲尔比逐渐向共产主义靠拢的一个重要因素。此外，当时的剑桥大学有一些老师在与学生交流时常常会探讨共产主义思想，其中就包括菲尔比的经济学老师莫里斯·多布。多布非常看重共产国际在反法西斯斗争中的作用，他的思想深深地影响了菲尔比。

在剑桥大学的学习生活和在德国的亲身经历对菲尔比的人生道路产生了深刻的影响。当他 1933 年 6 月大学毕业时，已经决定献身共产主义事业了。菲尔比在多布的介绍下与一个在法国巴黎的共产党组织取得了联系。不久，他便以一名自由记者的名义前往维也纳地下共产主义小组工作。在那里他参加了奥地利社会主义者反对右翼政府的斗争，加入了由奥地利共产党支持的社会民主党的志愿者队伍，主要负责在各个反政府力量的踞点之间传递消息。这期间他还结识了奥地利女共产党党员利茨·弗里德曼，并于1934年4月与之结婚。奥地利的政治斗争以社会主义者的失败而告终，右翼政府捣毁了工会委员会、左翼报刊、社会主义者组织、援助贫困组织等机构，还出动军队炮轰工人住宅区。在这种严峻的形势下，菲尔比表现得非常积极和勇敢，他做了许多把奥地利社会主义者和共产党员送往国外避难的工作。

菲尔比在维也纳的表现引起了当时苏联国家政治保卫总局派驻当地的情报官员特奥多尔·马雷的注意。他发现菲尔比的身上有着智慧和不惜为信仰献身的狂热的完美结合，因此便希望招募他为苏联国家政治保卫总局工作。马雷是匈牙利人，第一次世界大战时曾任奥匈军队的随军牧师，但被俄国人俘虏。十月革命爆发后，他脱离俘虏营，加入了布尔什维克者的行列，后来还加入了契卡，成了一名共产党员。马雷身材魁梧、相貌英俊，是一个极具个人魅力的人，同时对共产主义理想有着狂热的执着。他在物色间谍，鼓舞他们斗志，并赢得他们的忠诚方面具有不凡的才能。菲尔比也受到了马雷的强烈感染和影响。当时，在包括菲尔比在内的许多大学生看来，苏联是反对法西斯的唯一一道堤防，为苏联工作可以更好地服务于反法西斯事业。因此，1934年6月菲尔比接受了马雷的劝说，从此开始了为苏联情报机构工作的情报生涯。

1934年5月，菲尔比被马雷派回英国，他的任务是渗入英国政府机构，最好是英国情报机构。另外，一名效力于马雷的维也纳人阿尔诺特·杰依奇也被派往伦敦，负责管理菲尔比的工作。回到英国后，菲尔比立即开始尝试申请到政府部门任职。但由于他以前公开信仰共产主义，他的申请并未得到批准。于是菲尔比一边到一家自由杂志社上班，一边继续等待机会。为了佯装在政治立场上发生了根本改变，他与剑桥同学中的马克思主义者和以前在政治上有联系的朋友断绝了一切来往，成了德国驻英国大使馆的常客，还加入了极力鼓吹英国与纳粹德国结盟的一个右翼组织“英德联谊会”。为了进一步更好地隐藏自己的真实动机和身份，他甚至与弗里德曼离了婚，割断了同共产党仅有的一点公开的关系。

一开始的两年菲尔比没有执行任何实际任务，还不得不装出一副亲德的立场，这对菲尔比来说是十分痛苦的，好在杰依奇对他抱有极大的信心，给了他许多支持和鼓励。

1936 年，西班牙内战爆发，于是菲尔比得到了第一个任务，即前往西班牙搜集法西斯军事行动的第一手情报。于是，他开始以《泰晤士报》记者的身份在西班牙工作。最后一次去西班牙是 1937 年 5 月，到 1939 年 8 月返回伦敦。西班牙内战期间，菲尔比假装支持佛朗哥将军，经常发表关于佛朗哥部队的报道。他还因被炸受伤而获得了佛朗哥将军亲手授予的象征着军人高尚品质的红色十字勋章。但与此同时，不少菲尔比以前的左翼同志都参加了“国际纵队”，战斗在反法西斯战争的前线，他们都因他转变立场而对他深恶痛绝。面对这些，菲尔比经受住了思想困惑和内心孤独的考验，坚守了秘密工作的原则。因此，虽然没有做出重大成绩，但这段经历使菲尔比积累了从事秘密情报工作的经验。

1937 年 7 月，马雷受到苏联国内大清洗浪潮的冲击，被召回了莫斯科，并于年底被处死。1937 年底，杰依奇也因为面临着暴露的危险而被召回莫斯科。总部与菲尔比和剑桥五人组的其他成员的联系一度中断，但是他向英国渗透的任务并未因此结束。

1939 年欧洲战争爆发后，英国政府各个部门都开始招兵买马，情报机构也不例外。菲尔比终于等到了打入英国情报部门的机会。1940 年 7 月，在他的剑桥校友，同样为苏联情报机构工作的伊·弗朗西斯·伯吉斯的推荐下，菲尔比加入了英国秘密情报局负责对敌破坏和宣传的第四处。菲尔比进入第四处不久，该处就并入了特别行动执行局，菲尔比也随即成为了该局下属的一所训练颠覆和破坏活动人员的特工学校的教官。1941 年 9 月，菲尔比调回秘密情报局，并且进入了负责反间谍活动的第五处。该处虽然名义上只是一个负责反间谍活动的通报科，但事实上它有权利用秘密手段在国外搜集反间谍方面的情报，是菲尔比梦寐以求的地方。至此，菲尔比终于实现了打入英国情报机构核心部门的目标。

菲尔比工作能力突出，且为人随和，喜好社交，颇受上司的赏识和同事的欢迎。他很快就成为该处伊比利亚组的负责人，主管英国在西班牙和葡萄牙的情报工作。菲尔比放开手脚施展自己的才华，取得了突出的工作成绩。菲尔比对德国军事情报局的活动采取了全面侦听的做法，截获了大量的德军电报，全面掌握了德国军事情报局在伊比利亚半岛的活动请况。菲尔比取得的成绩使他博得了各方的信任和赞赏，为他的升迁之路奠定了良好的基础。这期间他还结交了军情六局档案中心的负责人比尔·伍德尔德，并利用这层关系接触到大量有关英国对苏联情报来源的档案卷宗和关于军情六局海外间谍详细情况的档案。

1942 年下半年以来，随着同盟国开辟北非战场和对德战争的推进，菲尔比参加了进驻英军参谋部的特别反谍报小组，先后负责了军情六局在北非和意大利的情报工作。当他于 1943 年返回伦敦后，他在第五处的声望和地位已经无人可敌。该处负责人费利克斯·考吉尔少校十分器重菲尔比，他不在位时，五处的工作便由菲尔比全权负责。这样，菲尔比在军情六局打开了一条通往权力中心的道路。

考吉尔对待工作十分认真，但他性格孤僻、自命不凡，在军情六局内部不怎么受欢迎，甚至得罪了军情六局负责反间谍事务的副局长瓦伦丁·维维安。同时考吉尔的本位主义思想十分严重，总想着巩固自己和五处的地位，尤其在与军情五局合作的问题上显得极度保守。军情五局认为他有权掌握第五处所获得的一切情报，而考吉尔少校则认为军情五局只有权掌握与英国本土安全有直接关系的情报。考吉尔多次因为工作权限问题与军情五局的官员们发生正面冲突，树敌甚多。考吉尔在人际关系方面的缺陷给了菲尔比一个施展才干的机会。菲尔比表面上对考吉尔十分尊重和感激，暗地里却与他背道而驰，十分注重与军情五局和身边的同事搞好关系。菲尔比不仅经常与军情五局接触，同很多人交上了朋友，还被维维安当作了自己的亲信。

第二次世界大战后期，德国败局已定，英国军情六局开始把注意力转向共产主义阵营的对手苏联，并组建了一个新的负责对苏反间谍工作的第九处。当时军情六局内部普遍认为随着战后工作重点的转移，第五处必将并入第九处。若论资排辈，合并后的新的反间谍处负责人的人选非考吉尔莫属。但是，这对于菲尔比来说也是一个升迁的绝佳机会。在这个重要的时刻，在这场权力之争中，菲尔比多年的苦心经营为他带来了幸运之机。1944 年，菲尔比成功地利用考吉尔与维维安和军情五局的矛盾，挤掉考吉尔，登上了新的反间谍处负责人的宝座。作为一个苏联间谍，这是一个再理想不过的职位了。菲尔比的间谍生涯进入了最辉煌的阶段。

菲尔比对英国情报机构的渗透取得了极大的成功。在他的帮助下，苏联情报机构了解了英国情报机构的工作计划、结构和工作方法，以及英美两国情报机构之间的关系。此外，第二次世界战期间他向苏联提供的情报至少在两个重要方面都起到了极其关键的作用。第一方面，帮助苏联防止新生的德国政府与西方世界单独媾和。菲尔比有计划有系统地将德国地下反抗组织争取英国支持他们推翻希特勒政权的努力消解于无形。他故意搁置来自为军情六局工作的德国反纳粹组织的报告，大肆抹杀反纳粹组织的成绩，使得军情六局对德国地下反抗组织的工作产生“毫无成效”的印象，对他们根本不予理睬，在一定程度上遏制了地下反抗组织势力的发展。如果德国地下反抗组织的势力得到发展，新生的德国政府就很有可能与西方世界单独媾和，共同对付苏联，因此菲尔比的工作对于当时的苏联具有十分重要的意义。第二方面，使得苏联对英国针对东欧和苏联的情报网络了如指掌。他曾向莫斯科提供了英国军情六局驻东欧的所有情报人员的名单，致使后来当苏联控制了这一地区之后，名单上的所有人都被一网打尽。当菲尔比主管英国军情六局反间谍处之后，他将自己一手建立的针对苏联的情报网络的详细情况报告给莫斯科，莫斯科将计就计，故意向军情六局提供大量的错误情报，而英国情报机关被蒙在鼓里竟长达数年之久。

1947 年 2 月，菲尔比离开了第九处，前往土耳其担任军情六局驻伊斯坦布尔情报站站长，公开身份是英国驻土耳其大使馆的一等秘书。当时的伊斯坦布尔是英国对苏联和欧洲其他社会主义国家进行情报活动的主要基地之一。当然，在菲尔比的领导下，伊斯坦布尔情报站对苏联的渗透工作收效甚微。在菲尔比任土耳其情报站站长期间，伦敦总部曾多次派人同反苏分子前格鲁吉亚领导人乔丹尼联系，商谈有关利用格鲁吉亚人对苏联进行间谍渗透的事宜。在乔丹尼从格鲁吉亚流亡者中为英国推荐了进行渗透活动的人选后，总部命令菲尔比把他们送往苏联境内。但是，在菲尔比的运作下，这些人后来都无一例外地人间蒸发。军情六局的这项渗透计划也不得不终止。

1949 年，菲尔比得到了一个更为重要的职位——英国秘密情报局驻华盛顿联络官。这一任命不仅使菲尔比重返秘密情报局的核心部门，而且还为他提供了刺探美国情报机构秘密的便利条件。菲尔比在军情六局平步青云，官运亨通，甚至被认为是局长职位的有力竞争者。

在菲尔比任职期间，他曾以英国情报机构代表的身份参与领导了多个英美情报机构的联合行动，这些行动大多为针对苏联和社会主义阵营的。但由于菲尔比向莫斯科通风报信，这些行动均以失败告终。例如，1949 年，英美两国决定开展一项颠覆阿尔巴尼亚的共产党政权的行动，以期把阿尔巴尼亚从以苏联为首的社会主义阵营中分化出来。两国还在华盛顿成立了一个负责指挥这个秘密行动的专门委员会——特别政策委员会，该委员会由美国国务院、英国外交部、中央情报局和英国军事情报局各出一名代表组成。菲尔比就是这个委员会的四名成员之一。英美两国不仅积极支持阿尔巴尼亚流亡分子进行旨在推翻其国内共产党政权的反革命活动，向他们提供大量的金钱和军用物资，还命令特别政策委员会把阿尔巴尼亚流亡分子分批送到阿尔巴尼亚境内潜伏起来，伺机推翻共产党政权。然而，阿尔巴尼亚共产党似乎早已做好了万全准备，一批一批的流亡分子一旦进入阿尔巴尼亚国内，就被抓获并枪毙。最后，英美两国的这次联合行动以惨痛失败而告终。事后，美国中央情报局和英国军事情报第五局联合对此事进行了调查，认为肯定是有人事先将计划出卖给了苏联人。但是，英国军情局并没有怀疑到菲尔比的头上。

菲尔比任驻华盛顿联络官期间接触到的美国情报机构的绝密情报之一是关于“维农纳行动”的情报，即破译第二次世界大战期间截获的苏联密电的行动。美国人认为这些密电是苏联潜伏在美国的间谍与莫斯科总部之间的联系方式，并且希望以破译这些密码电文为突破口，挖出苏联潜伏在美国的间谍。如果该行动获得成功，对于苏联来说，将是致命的损失。菲尔比及时将这一重要情报汇报了莫斯科，苏联国家安全部立即组织开展档案查阅工作，他们迅速将第二次世界大战末期莫斯科与驻美各情报站之间的电文底稿进行汇总，查明了电文中以各种代号出现的间谍的身份，掌握了有可能暴露的人员名单，并向一些人发出了警告。“维农纳行动”是菲尔比为苏联情报机构工作以来所提供的最重要的情报之一，但菲尔比也正因为泄露这方面的情报而招致怀疑，并最终暴露，断送了自己如日中天的间谍生涯。

1951 年，美国的破译工作取得了很大进展，工作人员结合其他来源的情报对密电中出现的几个重要目标的身份进行了猜证。他们把其中一个目标锁定到英国外交部美洲司司长的唐纳德·麦克莱恩身上。密电中记载的一名代号“荷马”的间谍的情况和麦克莱恩在英国驻美国大使馆任二等秘书时的情况一致。事实上，唐纳德·麦克莱恩正是“剑桥五人组”的一员。菲尔比向莫斯科通报了麦克莱恩即将暴露的情报。当时主管苏联在英国间谍网的尤里·摩丁随即为麦克莱恩制定了叛逃计划，并决定让“剑桥五人组”的另一位成员伊·弗朗西斯·伯吉斯帮助麦克莱恩出逃。当时伊·弗朗西斯·伯吉斯还在英国驻美国大使馆担任二等秘书。菲尔比与伯吉斯一手导演了许多伯吉斯酗酒滋事的闹剧，促使英国外交部下令将伯吉斯召回国内。1951 年 5 月 25 日上午，英国外交部授权军情五局于下周一开始审讯麦克莱恩，菲尔比又一次及时地发出了警告。当天晚上，伯吉斯和麦克莱恩驱车直抵南安普敦港，坐上了前往法国的渡船，然后从法国到达了莫斯科。

伯吉斯和麦克莱恩的出逃成为了轰动一时的新闻，也拉开了美英两国怀疑、审查菲尔比的序幕。其实，菲尔比向莫斯科通报了密码破译行动后，莫斯科向一些间谍发出的警告也被美国截获，美国人当时就意识到和他们合作的英国情报机关内潜藏着苏联间谍。麦克莱恩事件更坚定了他们的想法。美国中央情报局的官员威廉·哈维在调查伯吉斯和麦克莱恩出逃事件的过程中，发现菲尔比与伯吉斯和麦克莱恩是剑桥同窗，他们早年都有过左倾思想。菲尔比与伯吉斯过从甚密，伯吉斯 1950 年刚刚前来美国担任英国驻美国大使馆担任二等秘书时还在菲尔比家中住过一段时间。威廉·哈维据此向中央情报局提交了一份备忘录，指出菲尔比不仅与伯吉斯过从甚密，事先知道麦克莱恩即将暴露，而且还是当年办理伏尔科夫叛逃未遂案件的官员。他认为从菲尔比在职业生涯中的异常表现可以推断出他是一名苏联间谍。中央情报局把哈维的备忘录转交给了军情五局，并致信秘密情报局，说不欢迎菲尔比担任驻美联络官。这样，菲尔比被秘密情报局召回，接受审讯。

军情五局根据哈维的备忘录写了一份关于菲尔比履历的备忘录，列举了他涉嫌充当苏联间谍的证据。比如，菲尔比青年时代的左倾思想、他同弗里德曼的婚姻、他对德国法西斯主义突然崇拜、1937年叛逃的苏联军事情报局驻西欧负责人瓦尔特·克里维茨基关于那个驻西班牙的英国记者的警告、伏尔科夫案件和伯吉斯、麦克莱恩出逃等。军情五局还肯定菲尔比是为伯吉斯、麦克莱恩出逃通风报信的主要嫌疑犯。

从1952年开始，军情五局对菲尔比进行了长达5年的时断时续的审讯，但菲尔比始终只承认由于交友不慎而断送了自己在军情六局的前程，拒不承认还有其他过失。对于麦克莱恩出逃这个涉嫌最深的问题，菲尔比以众所周知的事实为依据，编造了一套几乎无懈可击的说辞：麦克莱恩很有经验，当他发现自己不能再接触任何秘密文件，并且受到监视后，立即意识到自己即将暴露，正在他考虑退路之时，伯吉斯回到了英国，于是他通过伯吉斯作好了潜逃的一切准备，而伯吉斯考虑到自己在外交界的前程已经完结，很难再发挥作用，所以决定和麦克莱恩一同潜逃。至于他和伯吉斯的关系，他的解释则是：如果他跟伯吉斯之间有极端秘密的事情，还公开来往，表现得关系密切，那他就是一个十足的傻瓜。

菲尔比接受了军情五局的多位审讯员，甚至是英国国王的法律顾问的审讯和质询，但他对大多数问题都形成了深思熟虑的答案，所以审问官们没能发现菲尔比有任何破绽。由于对菲尔比的审问没能取得任何突破，案件只好被挂了起来。但菲尔比被迫提前退休，离开了军情六局。菲尔比幸运地逃脱了司法制裁，但他的间谍职业生涯却也不得不终止。

1955年，菲尔比案件出现了转机。当年，叛逃到澳大利亚的苏联间谍弗拉迪米尔·彼得洛夫提供了一些关于伯吉斯和麦克莱恩的情报，他揭露，麦克莱恩和伯吉斯都在莫斯科，他们的叛逃是由一位在华盛顿的“第三人”策划的。彼得洛夫的“第三人”说法使菲尔比再次受到关注，并再次接受军事情报局的审讯。

1955年9月23日，英国外交部根据彼得洛夫的情报发表了一个关于伯吉斯和麦克莱恩出逃事件的白皮书，但其中并未提到这个所谓的“第三人”的情况。英国下议院议员马库斯·利普顿就此向政府提出批评，英国首相安东尼·艾登被迫答应在下院对菲尔比一案进行辩论。

1955年11月7日，英国外交大臣哈罗德·麦克米伦在下院发表了长篇演说，他说：“没有发现任何证据，证明菲尔比对伯吉斯和麦克莱恩出逃事件负有责任，”并说，“菲尔比在政府任职期间，出色和自觉地履行了他的职责。我没有理由得出这样的结论，即菲尔比先生背叛了自己的国家，或者说他就是所谓的‘第三人’。”

麦克米伦的话等于公开为菲尔比洗罪，替他排除嫌疑。菲尔比抓住这个机会迫使利普顿向他道歉，并促使军情六局恢复了他的工作。1956年9月，菲尔比被军情六局以《观察家》和《经济学家》杂志社记者的身份派往黎巴嫩首都贝鲁特工作。这期间他继续向苏联提供关于中东冲突的情报。

然而，菲尔比的平静生活持续的时间并不长。1961年12月，另外一名苏联情报官员阿纳托利·戈利岑叛逃美国，他透露了30年代苏联在英国发展间谍的情况，并称其中一个代号为“斯坦利”的与目前“克格勃”在中东的行动有关。他提供的这个线索跟菲尔比的情况很相似，因此菲尔比的案子在搁置了多年后又被提出重新进行审理。后来，军情五局又陆续搜集了一些关于菲尔比的材料。1963年1月，军情六局也同意重新审讯菲尔比。在强有力的证据面前，菲尔比不得不承认自己是苏联间谍。在菲尔比的处境十分危险之际，尤里·摩丁专程赴贝鲁特警告他千万不要回伦敦，并劝告他对审讯采取合作的态度，坦白一些军情六局已经掌握的情况，以拖延时间，伺机潜逃。1963年1月23日，菲尔比乘坐一艘开往奥德萨的轮船成功逃离了贝鲁特。

1963 年 7 月 1 日，苏联《消息》报发布了一条消息：英国公民菲尔比向苏联政府提出了提供政治避难和加入苏联国籍的申请。莫斯科公开宣布接受菲尔比在苏联政治避难的请求。苏联政府为菲尔比提供了一套宽敞的住房和充足的金钱，但是菲尔比却未被允许接触苏联的情报工作，“克格勃”也没有给菲尔比安排职位。菲尔比为苏联情报机构工作了将近 30 年之久，来到莫斯科之后却发现，自己与“克格勃”近在咫尺却不得而入，心理落差极大的菲尔比为此终日郁郁寡欢，借酒消愁。这种状态直到 1980 年才有所改变，当时的“克格勃”主席尤里·安德罗波夫邀请他出任对英情报工作的顾问，有时也邀请他前去克格勃第一总局的安德罗波夫研究所讲课，这个重返情报界的机会让菲尔比重新焕发了活力，但是这时的菲尔比由于赋闲已久，已经是疾病缠身，雄风不在，无法再现当年的辉煌。

空闲时间里，菲尔比还常常接受英国记者的采访，与当年的英国朋友保持联系。他还根据自己的亲身经历撰写了一部名为《我的沉默战》（又译《谍海余生记》）的回忆录，该回忆录由菲尔比在英国军情六局的老部下、英国著名小说家格雷厄姆·格林作序，于 1968 年出版。

1988 年 5 月 11 日，菲尔比以克格勃上将的身份逝世。按照菲尔比死后要长眠在苏联土地上的遗愿，苏联政府为他安排了军队最高级别的葬礼，苏联政界和情报界的头面人物都出席了他的葬礼。

因为在保卫苏联国家安全方面做出的突出贡献，菲尔比被授予了列宁勋章、红旗勋章、一级卫国战争勋章、民族友谊勋章和其他奖章，还被授予“优秀国家安全工作者”称号。1990 年解体前夕，苏联政府还专门发行了一套金·菲尔比纪念邮票。

菲尔比是 20 世纪苏联情报机构对英国最高级别渗透的代表，他在英国军情六局工作了 20 多年，担任过多个重要领导岗位，其中包括针对苏联和共产主义阵营的反间谍处处长和军情六局驻华盛顿联络官，只差一步之遥他就坐上了英国军情六局主管的宝座。菲尔比之所以能够平步青云，除了突出的工作能力之外，一个重要的因素是他本人是一位精明的心理学家。他依靠自己惊人的判断力和灵活的头脑，不仅赢得了军情六局领导集团的赏识和信赖，而且还赢得了合作机关军情五局首脑的认可。像任何一个官僚机构一样，世界各国的情报机构内部也存在权利争夺、相互倾轧的现象，军情六局也不例外，而菲尔比的高明之处就在于他能够巧妙地利用这种尔虞我诈、勾心斗角的争夺来实现自己的目的。

由于长期在情报机构工作，并且担任领导职位，菲尔比对英国情报机构的运作了如指掌，他在军情六局的地位和他的阅历也为他的间谍生涯提供了有力的保障。事实上，菲尔比的间谍生涯中不乏面临暴露的险情，但均化险为夷。1945 年，苏联驻土耳其大使馆副领事康斯坦丁·沃尔科夫主动与英国驻土耳其大使馆联系，要求到英国政治避难，作为回报，他将提供苏联间谍渗透英国的情报。当菲尔比在军情六局局长的办公室得知这一情况之后，马上意识到事态的严重性。沃尔科夫本人其实是国家安全人民委员会的一名高级情报官员，如果他叛逃成功，菲尔比将在劫难逃，该如何应付眼前的危机呢？菲尔比决定主动请缨，要求亲自前去伊斯坦布尔处理此事。后来，菲尔比的请求果然被批准了。他一边准备出发，一边紧急通知了自己的联系人，当菲尔比抵达伊斯坦布尔时，沃尔科夫已经失踪，苏联大使馆还声称从未有过这个人。其实，国家安全人民委员会紧急对沃尔科夫采取了行动。沃尔科夫叛逃案就此终结。菲尔比间谍生涯的一次险情，被他机智地及时排除了。1951 年，麦克莱恩和伯吉斯出逃后，他立即意识到自己会受到牵连，于是马上藏匿了自己的照相机等间谍工具，但他没有选择立即出逃，而是决定不动声色地留下来。因为他了解他们的工作程序，了解他们掌握了哪些档案材料，会提出什么样的问题，他相信自己能够闯过这一关。菲尔比后来在回忆录中写道：“我认为我对敌人了解的程度足以能够预见他们一般将会采取的行动。我了解他们的基本武器——他们所掌握的档案材料。更重要的是，我了解法律和惯例对他们工作的种种限制。”事实证明，菲尔比的确机智而巧妙地清洗了自己，接受了多次审讯都未露出破绽，在被迫离职后又得以恢复工作。直到 1963 年身份彻底暴露后，才逃到苏联。

菲尔比在情报行业取得了卓越功绩，而且得以功成身退，安享天年，从这个角度讲，他的情报生涯堪称完美。但是，作为一名为信仰而工作的外籍情报员，他的身上又具有浓厚的悲剧性。出于对共产主义理想的虔诚信仰，菲尔比从 30 年代起就开始为苏联情报机构工作，他渗透进自己国家的情报机关，位至高官，向苏联透露了大量绝密情报。东窗事发之后，他逃到苏联，临终前也没有要求将遗体运回英国安葬。在去世前两个月，他接受伦敦《星期日泰晤士报》记者采访时曾说，希望能在某个合适的时间访问英国，但是，“我绝不会留在英国，我从 20 岁时就决心要为共产主义事业贡献终生，几十年来我的信念始终未变，莫斯科才是我的家。”但是，菲尔比去世后克格勃公布的档案揭示，菲尔比从来没有得到苏联人的真正信任，因为最初发展和管理菲尔比的官员在 30 年代的大清洗运动中大部分被清洗，而菲尔比与他们的关系极其亲密。内务部认为，菲尔比对于他们的被清洗一定会有自己的看法，从而导致他对共产主义丧失信心。因此，在相当长的一段时间内，他们认为菲尔比是一名英国间谍，但是鉴于菲尔比的利用价值和欺骗西方情报机构的需要，克格勃决定不揭露菲尔比的真面目。而且，当菲尔比于 1963 年逃往莫斯科后，莫斯科虽然宣布同意接受菲尔比的“政治避难”的请求，但在莫斯科的 25 年间，菲尔比绝大部分时间被人们遗忘，也没有得到重用。原因很简单，苏联人并不完全信任菲尔比，在他们看来，菲尔比既然能出卖自己的祖国向苏联提供情报，谁能肯定他不会转而投向英国的怀抱出卖苏联呢？因此，虽然菲尔比坚信，自己所从事的是一项崇高而伟大的事业，但事实上，在英国人眼中，他是一个叛徒，而在苏联人看来，他又好得过分了，结果他落得众叛亲离。菲尔比在即将到达生命终点的时候曾经向别人说：“我这一生就是在不断地背叛，一个人必须有所归属，而我从未有什么归属。”菲尔比的这句话可谓他晚年时内心世界的独白，也道出了一个为信仰而工作的外籍情报员的悲剧性之所在。

第四节　埋在中央情报局的“炸弹”奥尔德里奇·埃姆斯

冷战期间，在美国情报机构和美国政府内部发展自己的情报员，始终是苏联情报机构的一项重要任务。苏联国家安全委员会在这方面投入了大量精力和财力，对美国中央情报局和联邦调查局成功地进行了渗透，这两大情报机构内部均有相当重要的官员向苏联（俄罗斯）出卖情报，原美国中央情报局苏联东欧处[①]处长奥尔德里奇·埃姆斯就是其中之一。

埃姆斯 1941 年出生在美国，父亲是中情局特工。1957 年，16 岁的埃姆斯参加了中情局为雇员子弟举办的夏季就业活动，从此迈入了情报行业。

1962 年 2 月，埃姆斯加入了中情局行动指挥处，开始接受专业培训。1968 年，长达 6 年的培训结束后，埃姆斯被派到土耳其首都安卡拉负责招募外国间谍，但他表现平平，仕途也不被看好。

1974 年，埃姆斯遇到了一个很好的机会。由于此前他被派去学习了一年俄语，因此他得到了一个监视苏联驻波哥大外交官亚历山大·奥戈罗德尼克的任务。当时恰巧奥戈罗德尼克因闹出了风流韵

① 在部分著作中称为中央情报局苏联集团分部。

事，而受到哥伦比亚特工的威胁，于是埃姆斯乘虚而入，使奥戈罗德尼克最终决定与中情局合作。奥氏后来回到苏联外交部任职，并成为了中情局最重要的间谍之一。

成功招募并控制奥戈罗德尼克后，埃姆斯在事业上连连得手、屡建奇功。后来他还负责了招募苏联驻联合国代表团成员谢尔盖·费多伦科和苏联驻联合国大使、苏联常驻联合国使团二号人物阿尔卡季·舍甫琴科的工作，为中情局掌握苏联军事情况和克里姆林宫政治局势，以及苏联外交政策方面的情况做出了贡献。

表面上看，埃姆斯的事业出现了很大的转机，但实际上他本人对自己的工作并不满意。许多与他同期加入中情局的人大都得到了提升，因此他常常觉得自己前途无望。与此同时，他的婚姻生活也亮起了红灯。由于长期在国外生活，漂泊动荡，收入微薄，加之秘密工作的特殊性，他与妻子的感情渐渐出现了裂痕。

1981 年 1 月，埃姆斯又被派到墨西哥首都工作。正当他因为工作和生活上的双重不顺而感到烦燥不安时，一个名叫玛利亚·罗萨里奥·卡萨斯的女人出现了，埃姆斯很快就爱上了这位风姿绰约的哥伦比亚驻墨西哥使馆文化专员。埃姆斯和罗萨里奥坠入情网后并没有向他的上级报告。虽然他的做法违反了中情局的有关规定，但中情局的安全官员也没有重视此事。事实上，在中情局内部，这种事并不鲜见。因为从事秘密情报工作的人内心大多都是孤独的，而以外交官为掩护身份的驻外特工的生活尤其苦闷，远离家人的他们不仅要过着一种双重生活，还要遭到那些真正的外交官的歧视。因此，借酒消愁、寻花问柳的事情时有发生。但是，对于埃姆斯来说，与罗萨里奥的恋情却是一件对他的一生产生重要影响的事情。尽管罗萨里奥不是拉埃姆斯下水的克格勃间谍，但是埃姆斯最终走上靠出卖情报攫取金钱的道路，却与他的这种双重婚姻生活有着直接的关系。

1983 年 9 月，埃姆斯终于获得提升，成为了中情局苏联东欧反间谍部门的负责人。同年，他向妻子提出离婚，并把罗萨里奥带来同居。虽然苏联东欧反间谍处处长这个职位不高，但是当时苏联和东欧是美国的主要对手，对苏联和东欧情报机构的渗透是中情局的一项重要的工作。因此，这个职位也可以说是举足轻重。埃姆斯总算是中年得志，混出了头。但是，最初的兴奋过去之后，埃姆斯很快又陷入了沮丧之中。因为，在中情局，42 岁才爬到一个中层职位，实际上意味着事业的终结。最关键的是，中情局的有限收入使他陷入了入不敷出的境地。一方面，冗长的离婚诉讼和高额的赡养费几乎花光了埃姆斯的积蓄，另一方面，与罗萨里奥重新开始新的生活又亟需金钱。他为自己和罗萨里奥只能住普通公寓，购买廉价家具，开普通轿车而感到沮丧。

1984 年，埃姆斯拮据的经济状况已经到了崩溃的边缘，经常用信用卡消费的他欠下了不少债务。末路穷途的埃姆斯甚至差点丧失理智，打起了抢劫银行的主意，在万般无奈之际，他想起了他的苏联朋友试图劝降他时承诺过的丰厚回报。反复思量之后，他觉得为苏联人工作是最容易实现，也是最好的解决他的困境的方法。埃姆斯下定了决心。事后，埃姆斯回忆说："我当时觉得必须孤注一掷，因为我需要钱。我脑中思考的就是如何做克格勃的间谍。"

原来，1984 年 3 月，当身为苏东处处长的埃姆斯第一次走进苏联驻美国使馆时，就引起了克格勃人员的注意。虽然埃姆斯本人负有在苏联使馆中招募间谍的秘密使命，他本人却也被此间高手克格勃官员视为一个很有潜在利用价值的策反对象。苏联人通过调查发现了他的真实身份，了解到埃姆斯所处的职位有权调阅中情局涉及苏联的几乎所有秘密档案，其中也包括中情局发展的苏联秘密间谍的详细材料。这样的人对克格勃来说是求之不得的。而且埃姆斯本人具备一个标准的潜在变节者的条件：刚刚离婚、嗜酒、有财务问题，他公开地向新结识的苏联酒友抱怨他所承担的大额离婚赡养费和自己的低收入给他造成的负担。面对这样的对象，克格勃毫不犹豫地开始了劝降工作。他们使埃姆斯确信与他们合作是会得到丰厚回报的，但当时埃姆斯并没有表态。

可是现在，埃姆斯顾不了那么多了。1984 年底，他向苏联大使馆表达了自己愿意提供情报的意愿。但当埃姆斯主动提出要背叛自己的国家时，克格勃一开始并没有做出太积极的反应，因为他们必须保持谨慎，确定埃姆斯投诚的真实动机。1985 年，埃姆斯又找上门去提供了关于苏联派到美国的 3 名双重间谍的情报，并要求得到 5 万美元的报酬。克格勃开始相信，埃姆斯的确是走投无路，一心想用情报换钱，于是 1985 年 5 月他们邀请埃姆斯到苏联大使馆确定了合作意向，并且很痛快地支付了 5 万美元给埃姆斯。这笔钱无疑解了埃姆斯的燃眉之急，他还清债务后，还用剩余的钱和罗萨里奥举行了盛大婚礼，婚礼上的风光无限令罗萨里奥久久无法忘怀，也使埃姆斯的虚荣心得到了极大的满足。

克格勃出手大方使埃姆斯再也无法摆脱巨大的金钱利益的诱惑，尽管当时为苏联充当间谍的海军军官约翰·沃克的被捕令他胆战心惊，但埃姆斯不仅没有回头，而是渐行渐远。此后几年中，克格勃通过他得到了大量的中情局秘密文件，还掌握了一些中情局发展的苏联秘密间谍。1991 年埃姆斯调任中情局缉毒中心主任后，克格勃与他的合作仍然继续保持。

据美国联邦调查局事后查证，埃姆斯在长达 9 年的时间中先后出卖了 10 余名中情局招募的苏联（俄罗斯）间谍，其中包括中情局最为看重的，被局长 R·詹姆斯·伍尔西称为“钻石”的苏联总参情报局将军德米特里·波利亚科夫。联邦调查局还指出，埃姆斯出卖的情报不仅使美国在苏联的间谍网受到严重破坏，还导致中情局 30 多项对苏行动计划失败。其中包括最使他们痛心的两项绝密行动，即在苏联通讯中心的窃听器行动和探测苏联多弹头导弹轨道的行动。

当然，克格勃也以自己的方式回报埃姆斯，那就是巨额报酬。

埃姆斯用这些钱购置了豪宅、高级轿车，恣意享受奢华的生活。然而，美国情报机构也开始警觉起来，他们发现，美国在苏联的间谍不断被捕，一些为美国工作的苏联特工突然被召回莫斯科，然后便失去踪影，美国在俄罗斯开展的绝密行动被迫终止，他们开始怀疑自己内部出了问题。尤其是1985年的霍华德和尤尔琴科事件，更坚定了他们的这种想法。1985年8月，在美国的策划下，克格勃负责对美国和加拿大活动的高级情报官员尤尔琴科从罗马叛逃美国，埃姆斯就通过某种手段对他施加压力，使尤尔琴科供出变节的中情局特工爱德华·霍华德后不再吐露情报，并最终又溜回苏联。而埃姆斯又将霍华德暴露的情况告诉苏联人，使霍华德也得以逃亡苏联。尤尔琴科在美国受到了极其严密的保护，在这种情况下，有人能够成功地接近他，向他施压，无疑是内部人员所为，还有尤尔琴科和霍华德从美国本土逃到苏联，如果没有掌握内情的人暗中帮助，叛逃几乎是不可想象的。

为了彻底查明真相，1991年，美国中情局与联邦调查局联手开展了代号为“天光”的调查行动。联邦调查局另外又组织了一个代号为“演员”的行动。“天光”和“演员”小组同时开始调查。两个小组的人员详细了解了一些失败的谍报行动的内情，首先各自拉出了一份嫌疑者名单，上面包括当时曾直接参与过这些行动的人和能够通过间接方式了解和参与这些行动的人。然后根据涉案程度和各人的“自然情况”对嫌疑者进行排名。供参考的“自然情况”主要指是否酗酒、是否有吸毒行为、婚姻是否美满、有没有擅离职守的记录、是否有不明来源收入等等。“演员”和“天光”小组列出的名单一开始有大约200人，到了1992年秋，名单上的名字已排除到只剩下40余人。但调查人员仍然没什么把握。由于谍报行动多次败露，一些分析家甚至认为内部潜藏的苏联间谍不止一个。后来，两个小组的人员发现，两份名单上都有中情局苏联东欧反间谍处前处长奥尔德里奇·埃姆斯的名字。而进一步调查发现的埃姆斯的许多不检点行为使他的名字迅速成为名单之首。埃姆斯酗酒是不争的事实，他曾经离过婚，有婚姻不美满的记录，当“天光”小组调查了他的生活消费情况后，发现他拥有大笔来路不明的钱财，而且他的存款数额也高得惊人。“演员”小组更是了解到一些关于埃姆斯与苏联人会面的情况，发现许多次会面时间与他的存款时间巧合。如1986年2月14日，埃姆斯同苏联使馆的一名官员秘密接头。几天之后，他便向不同的几家银行分别存入5000万、8500万和6500万美元。埃姆斯已经成了真正的嫌疑人。

1993年5月，联邦调查局开始对埃姆斯进行刑事调查。此次调查行动的代号是“夜行人”，负责人是资深反情报官员莱斯利·怀泽。当怀泽了解了案情后，他立刻意识到这个案件将使他以前破获的所有案件黯然失色。以反间谍处处长的身份给外国情报机构充当“鼹鼠”，在美国历史上尚属首例，在英国也仅有一个金·菲尔比。鉴于案件的重要性，怀泽迅速召集精干人员组成了一个行动小组，其中有负责访谈的、处理证据的、监视埃姆斯的，有俄国问题专家，甚至还有一名会计。

此后，从1993年6月开始，怀泽小组对埃姆斯采取了多项措施，包括监听电话、监测电脑和监视行踪等，逐渐掌握了一些价值的证据。他们在埃姆斯的个人电脑里发现了关于联络点和情报放置点的详细指示、关于会面的记录，还有大量中情局的绝密情报，其中大多数与苏联和东欧国家的情报与反情报活动有关，有些还涉及美国的高度军事机密，这些机密同他当时从事的缉毒工作毫不相干，许多情报埃姆斯根本无权过问，更不允许储存在他的个人电脑中。

1994年2月21日，联邦调查局决定采取行动，埃姆斯被捕了。4月28日，美国联邦法院以间谍罪和偷税漏税罪判处埃姆斯无期徒刑，并罚款25万美元。埃姆斯的第二任妻子罗萨里奥承认犯有与之有牵连的但要轻一些的间谍罪，后来被判处五年半徒刑。

埃姆斯案件曝光后，美国朝野舆论大哗，美国总统克林顿当即宣布，“这是一起非常严重的事件”，要求彻底调查和评估此事给美国造成的损失。美国国务卿克里斯托夫和美国驻俄罗斯大使皮克林于1994年2月22日分别在华盛顿和莫斯科向俄罗斯政府提出强烈抗议。中情局立即派出一个高级代表团前往莫斯科，要求俄罗斯主动召回与埃姆斯一案有关的驻美外交官，并把其在美情报人员削减到美国在俄的同等水平。2月25日，美国政府宣布俄罗斯驻美国大使馆参赞亚历山大·李森科为不受欢迎的人，限其在7天内离境。这是8年来美国第一次驱逐常驻美国的外交官。美国参众两院议员则利用埃姆斯一案大做文章，攻击政府过于信任叶利钦。参议院共和党领袖罗伯特·多尔和参议院情报委员会主席邓尼斯·狄孔西尼表示，美国应为此暂停对俄援助。美国舆论也纷纷抨击俄罗斯间谍在美国的活动，要求政府采取对策。

对此，俄罗斯也针锋相对，2月28日，俄罗斯外交部发表声明，抗议美国对经两国同意而派到华盛顿工作的俄罗斯对外情报局代表采取无根据的措施，并称俄方被迫宣布美国驻俄大使馆参赞、中情局驻莫斯科情报站代表詹姆斯·莫里斯为不受欢迎的人，限其在7天内离境，同时指控美驻俄大使馆二秘凯利·汉密尔顿与间谍案有关。而且俄罗斯政府上下和国内媒体均表达意见，对美国大肆渲染埃姆斯案表示不满。叶利钦总统的发言人科斯季科夫指责美国对间谍案反应过分，试图将这起间谍案政治化。俄罗斯外长科济列夫在接受美国全国广播公司记者采访时称，埃姆斯间谍案并没有什么不正常的地方，美国大可不必为此而震惊，因为俄国和美国尚未建立“全面伙伴关系”，更没有达成彼此停止秘密情报活动的协议。俄通社-塔斯社发表社论说，仅1993年一年，在俄罗斯从事间谍活动而被捕的有20人，但俄罗斯并未在国家层级上提出抗议，也没有采取外交行动。

埃姆斯案还在美俄情报机构内引发了连锁反应。1994年3月15日，美国中央情报局局长伍尔西向外界表示，中情局将对在埃姆斯案上有疏失的职员采取惩戒措施，今后还将强制全部员工每年通报一次个人经济收入情况。另外，将对中情局内部的反间谍工作程序做一次彻底检查，研究如何改革安全工作的问题。后来，伍尔西因对涉及埃姆斯案的有关人员处分不严厉，在攻击声中被迫辞职下台。而在俄罗斯，叶利钦总统怪罪联邦反间谍局局长戈鲁什科保护情报来源不力，也让他下了台。

埃姆斯是20世纪80年代克格勃在美国招募的最重要的间谍之一，美国情报机构则称他是美国历史上出卖情报密级最高、造成的损失最大的变节者，因此埃姆斯也被舆论称为冷战后最大的双重间谍。

埃姆斯在美国中情局的地位与菲尔比有些类似，他代表着苏俄情报机构对美国中情局的相当高级别的渗透。因此他们很想长久地经营埃姆斯，他们尽量不与他会面，而是采用古老的秘密信箱的方式与他联系，确需会面时，也会选择美国之外的地方与他接头，如墨西哥城、波哥大，甚至是委内瑞拉的加拉加斯。苏俄情报机构采取的类似保护措施使埃姆斯为他们工作了9年之久。

但埃姆斯是一个典型的为了金钱而背叛祖国的变节者。尽管他在中情局接受过正规的反间谍训练，还曾官拜中情局苏联东欧处处长，可谓高级间谍，但是他的下场就像任何一个为了金钱而出卖情报的低级间谍一样，当他不知遮掩，用出卖情报换取的巨额金钱享受奢华生活时，他已经给自己贴上了变节者的标签，暴露只是迟早的事。

第五节　藏在联邦调查局的“隐身人”罗伯特·汉森

苏联解体后，俄罗斯国内政局动荡，经济滑坡，情报机构工作人员的待遇随之降低，一些人则被美国人拉下了水，这些变节者提供的情报和线索导致多名为俄罗斯工作的美国人暴露，例如在1996年暴露的中央情报局官员哈罗德·尼科尔森和联邦调查局官员厄尔·皮茨。但是，在美国人看来，虽然相继破获了一些间谍案，但一些情报行动莫名其妙地遭到失败的情况仍在继续。1998年，正当联邦调查局对有充当俄罗斯间谍嫌疑的国务院官员布洛克展开调查，并且已经掌握了一些证据的时候，调查人员发现，布洛克的举止行为突然变得非常正常，根本找不到任何从事间谍活动的嫌疑。很显然，一定是有人向布洛克通风报信，他突然得知自己正在被调查，于是停止了一切活动。这些情况使美国人相信，除了埃姆斯、尼科尔森和皮茨，一定还有其他更大的“鼹鼠”隐藏在中央情报局或联邦调查局内部。于是，两大机构再次联手行动，联邦调查局秘密抽调最出色的外国情报官和反间谍情报分析专家展开秘密调查，中央情报局则想方设法让其在俄罗斯境内的潜伏间谍搞到相应的证据。

当中情局的间谍把从俄罗斯内部搞到的更多秘密文件弄回美国，尤其是2000年俄罗斯对外情报局派驻纽约联合国代表团的秘书谢尔盖·特列季亚克夫和夫人伊利娜投靠美国后，调查终于取得了突破性的进展，联邦调查局的罗伯特·汉森作为最大的嫌疑者浮出了水面。

由于汉森具有专业的反侦察能力，调查人员直到美国国务院窃听器案件曝光后才掌握了汉森与俄罗斯人的联系方式。2000年12月12日，汉森4次驾车通过弗吉尼亚州维也纳小镇弗克斯通公园里的一处交通指示牌，联邦调查局的特工怀疑该公园可能就是他的接头地点。2月18日，联邦调查局在弗克斯通公园严密布控，等待汉森落网。17时，汉森跟往常一样挟着个小包出现了，显得有些兴奋。四处查看后，他把一个袋子丢到一座小木桥下便离开了。当汉森继续向公园另一处踱去时，早就埋伏在四周的特工一举将他抓获。后来联邦调查局特工获取了那个袋子，原来那是汉森精心准备的一袋生活垃圾，其中的一本废旧汽车说明书里藏有经过精心伪装和防水处理的软盘和文件。特工们还在公园的另一个隐秘地点发现了50000美元的现金，显然是俄罗斯人给汉森的。

2001年2月20日，美国联邦调查局局长路易斯·弗里赫在华盛顿联邦调查局总部召开紧急记者发布会，宣布汉森被指控从1985年起一直在前苏联和俄罗斯从事间谍活动，使美国的国家安全利益蒙受了“极为惨重”的损失。美国司法部部长阿什克罗夫特认为，汉森被捕“结束了一起严重危害美国国家安全的间谍案”。

汉森1944年4月18日出生于芝加哥。1966年获得化学学士，1968年又获得牙科学位，1971年获得了会计硕士学位，1973年成为注册会计师。在芝加哥一家公司任初级会计师的时候，汉森加入了芝加哥市警察局的一个反贪特别行动小组，担任调查员。因为工作出色，他于1976年1月被推荐加入了美国联邦调查局。1985年汉森进入联邦调查局纽约分局工作，两年后升任苏联部副主任，这使他可以接触到美国对苏联情报工作的全部资料，同时还有权接触中央情报局、国家安全局和其他情报机构的反情报资料。1995年到2001年1月期间，汉森担任联邦调查局驻美国国务院外交使团办公室的高级代表。他在国务院二楼设有办公室，负责代表联邦调查局监视外国外交人员在美国的活动，并与国务院进行协调。他有权接触有关外国使团官员活动及身份的机密资料，还可以自由出入国务院总部保安禁区。

1985年10月，汉森做出了一个惊人的举动：他在苏联驻美国大使馆的克格勃官员维克多·丘卡辛的信箱里放了一封信。在这封用打字机打出的信中，一个署名“B”的人表示自己愿意提供美国情报机构的最高机密档案，以换取报酬，他还声称为安全起见，只会用代号“B”或“贝克”等化名与苏联情报官员联络，不会用真名。克格勃对此喜出望外，表示愿意全力配合，于是汉森开始源源不断地提供情报。苏联解体之后，克格勃也随之消亡，俄罗斯对外情报工作陷入了一片混乱，加之埃姆斯的暴露使他面临危险的处境，汉森蛰伏了好几年没有活动。但后来，俄罗斯对外情报工作逐渐走上正轨，他又开始为俄罗斯对外情报总局工作。

由于汉森先后出任多个直接关系到美国国家安全的职位，他可以利用职务之便接触到大量与苏联和俄罗斯有关的绝密情报，甚至是美国政府内部最敏感最机密的情报，所以在汉森充当间谍的15年时间里，苏联和俄罗斯通过他得到了共约27封信件和22个邮包的约6000页绝密情报。最为重要的是堪称美国头号国家机密的“保护总统计划”或称“政府连续性计划”，该计划旨在美国遭受核打击时保护总统等内阁成员，并保证美国政府能够继续运转，指挥作战。这一情报的泄露使美国的损失无法用数字衡量。

另外一个令美国人痛心疾首的泄密事件是关于苏联驻美国大使馆地下监听隧道的情报。20世纪80年代初，俄罗斯开始在华盛顿威斯康辛大道一座名为“奥图”的小山丘上修建新的大使馆，美国人则决定在新大使馆的地下挖掘一条用于监听的地道，以便监听苏联大使馆人员的谈话，截获大使馆和莫斯科之间的往来电讯。该地道历时十余年才建成，耗资数亿美元，里面安装了各种最尖端的侦探设备，被认为将成为美国对苏联进行间谍活动的最尖端、最昂贵和最有效的系统。但是，一段时间后美国人只能监听到一些无关紧要的小事，甚至是一些假情报。而汉森当年参与了这条秘密地道设计和施工的全过程。

1985年，汉森透露，苏联驻华盛顿大使馆的克格勃官员谢尔盖·莫多林和瓦列里·马尔丁诺夫已被美国中央情报局策反。结果二人突然被紧急召回莫斯科，并且一去不复返。美国中央情报局后来才知道，他们刚到莫斯科机场就直接被送进了克格勃的审讯室，经查间谍罪名属实后立即被枪决了。

克格勃和俄罗斯对外情报总局通过汉森得到的其他重要情报还包括：中央情报局有关核计划的绝密文件、联邦调查局总结策反苏联情报人员经验的绝密文件、中央情报局的绝密情报需求提纲和中央情报局策反克格勃人员的绝密研究报告，美国对苏联和俄罗斯的间谍行动技术，美国的反间谍技术、资源和手段，美国对俄罗斯间谍案的绝密调查报告等，还有数十份泄露美国电子侦察技术的文件。

汉森担任联邦调查局驻国务院的首席官员期间，美国国务院发生了一系列安全丑闻，其中包括国务院7楼会议室被装上窃听器，一台存有大量机密文件的手提电脑被盗。汉森在给俄方联络人的信中惋惜地说，由于联系手段不畅，他无法将联邦调查局调查窃听器一事的情况及时向俄国人发出警告。

在为苏联和俄罗斯工作的情报员中，汉森是很有特点的一个。作为美国联邦调查局的反间谍工作人员，他深知自己出卖情报活动的危险性。一次，他在给联络人的信中写道："美国最近对有关法律作了修改，对像我这样为你们干事的人增加了死刑条款。因此我是冒着风险的。"因此，深谙反间谍技术的他对自己进行了严密的保护。在他先后为苏联国家安全委员会和俄罗斯对外情报局工作的15年时间里，他始终没有向他们提供自己的真实姓名和职业情况，而是依靠源源不断的优质情报赢得他们的信任。同时，汉森始终拒绝与联系人见面，甚至是在美国之外的地方见面，始终坚持只通过信件，以代号进行联系，通过"秘密信箱"交换情报，领取酬金。

汉森设计的联络办法别出心裁，他要求苏联情报官员在需要情报时，在《华盛顿时报》刊登一则卖车广告，内容为"道奇汽车1971年出厂，外交家系列，需作引擎维修。有兴趣者，请于下周一、三或五下午电话联络"。在联络时双方还须说出暗语，汉森会在电话中自称是"拉蒙"，而对方则要说："对不起，那卖车的人不在，请你留下电话号码。"汉森还自编了一套密码系统：在通信中，把所有年、月、日和表示时间的数字加上6。比方说，2月10日会写成8月16日，而傍晚6时便会变成凌晨零时。

至于交换情报资料和金钱的秘密地点，通常都是在华盛顿郊区的公园或森林里。对此，汉森规定了看似普通的办法：“我给你的暗号是在路标的侧面直贴白色胶带，表示我已经准备好可以取的包裹。”“你给我的暗号是横向贴白色胶带，表示东西已经放好。”“我再给你的暗号是垂直贴白色胶带，表示东西已经收到了”。

在联邦调查局内部，汉森颇受重视，被称为苏联问题专家，而且他精于伪装，取得了深厚的信任。即便如此，他也经常浏览联邦调查局电脑系统里的案件卷宗，查看是否有与自己相关的资料，以判定自己是否处于危险之中。汉森还具有很强的心里素质，据联邦调查局局长弗里赫事后透露，汉森曾经接受过好几次测谎器测试，均未暴露任何疑点。汉森暴露之后，他的美国同行对他的隐身本领表示叹服，一位与他共事了几十年的同事惊叹到，“我这一辈子都在寻找是否有内奸，但从未想到过会是汉森。”

除此之外，汉森在日常生活中也非常注意隐蔽。尽管这些年汉森从克格勃和对外情报局领取了大约 140 万美元还有一些钻石，但他从不大手大脚花钱。他们夫妇与 6 个孩子住在华盛顿近郊一个僻静但并不算豪华的寓所。无论是家里的陈设，还是夫妇俩开的汽车都属一般。除了有邻居反映他有意无意地与外人保持距离之外，他的生活方式也没有什么引人注意的地方。

正是由于汉森非常精通反间谍技术，采取了严格的安全措施，并且在生活中刻意保持低调，他在美国情报机构心脏从事的间谍活动得以隐藏了 15 年之久，如果没有俄罗斯变节特工出卖的话，这个数字还将继续扩大。

汉森是一个头脑精明，思维敏锐的人。他被联邦大陪审团以间谍罪提出起诉，被指控犯有 19 项间谍罪，1 项从事间谍未遂罪，1 项图谋间谍活动罪。如果罪名成立，他将被判处死刑，而且每项罪行还将被处以 25 万美元或数额更高的罚款。但汉森毫不畏惧，拒绝在法庭上做出答辩，他的律师否认他犯有上述任何一项罪名。谙熟美国审判制度的汉森知道，在这种情况下，控方为了证明他有罪，将不得不出示大量证据，而这将严重威胁到美国的国家安全。因此，尽管美国司法界和议会都坚持将汉森判处死刑，美国情报机构却从中斡旋，促使汉森和司法当局达成协议：汉森承认向俄罗斯出卖情报的罪行，并愿意与联邦调查局官员充分合作，检察官将免除对他的死刑控诉。但如果联邦调查局不满意汉森的合作或者认为他在说谎，汉森有可能再度面临死刑。最终，美国联邦法院判处汉森终身监禁并不得保释。在身陷囹圄之后，汉森还依靠自己的头脑成功地躲过了灭顶之灾，使妻子和子女可以领取自己约一半的退休金，并保留他们的房屋和汽车。当然，对联邦调查局来说，汉森同意合作也是十分有利的，只有这样他们才可以了解其间谍活动的详细情况，充分衡量其间谍活动的深度与广度，以及所造成损害的程度等。

像汉森这样的人，人们会很好奇他背叛国家、出卖情报的动机。如果说金·菲尔比和阿尔德里奇·埃姆斯分别是受到政治信仰和金钱利益的驱动而为苏联情报机构服务，那么汉森则是另一种类型的间谍，他的动机要复杂的多。一方面，他从苏联和俄罗斯情报机构拿到了巨额报酬，说明对金钱的渴望是他向苏俄出卖情报的动机之一；另一方面，据说汉森从小就喜欢阅读间谍题材的小说。当他读了金·菲尔比的故事之后，立即对他崇拜得五体投地，做一名像菲尔比那样出色的间谍是他的少年梦想。当他真正步入情报行业，特别是成为联邦调查局反间谍人员之后，他有机会接触到大量关于苏联和俄罗斯情报机构的资料，对苏俄情报机构的间谍活动技巧和它们在培养、策反间谍方面所取得的成绩十分钦佩。他还对克格勃派驻美国的官员进行了观察，确信其中一位叫维克多·丘卡辛的人是情报老手，反间谍经验丰富，是一个理想的出卖情报的对象。1985年他给维克多·丘卡辛的信中写道，“我已对你们的组织研究了多年，正是看到你在你的组织中受到广泛尊重的报道，敬佩你是个英雄，我才决定与你联络。”因此，对精妙的间谍技巧的狂热、对间谍活动所带来的惊险和刺激的追求，以及对苏联情报机构的敬仰，是汉森甘于承担风险，出卖情报的更深层次的原因。

汉森间谍案事发时，恰逢美俄两国关系因一系列事件而积怨颇深。2000 年 12 月 6 日，莫斯科市法院以非法收集关于“风雪”潜水快速导弹的机密情报为由，判处美国商人爱德蒙·波普 20 年监禁。此举遭到美国方面的强烈不满。时任美国总统克林顿 4 次亲自同俄总统普京电话联系，要求释放波普。12 月中旬，普京在访问古巴的途中下达命令，豁免波普。普京此举被美国媒体解读为“以冷淡的方式巧妙地给美国政府一点颜色”。

2001 年 1 月 17 日夜里，在纽约肯尼迪机场，俄白联盟国务秘书帕维尔·博罗金被美国警方以涉嫌接受国外公司贿赂的名义拘留，并当即被送进布鲁克林监狱。博罗金是受美国新总统就职仪式委员会的邀请前来美国的。这样一个官方贵宾却被美国人正式逮捕，分析普遍认为，这是美国人针对波普案件对俄罗斯的有意报复。

紧接着，2001 年 2 月 20 日，美国联邦调查局宣布汉森因涉嫌为苏联和俄罗斯出卖情报而被捕。汉森间谍案暴露出的美国情报机构的问题令美全国震惊，也使美国情报机构和行政当局十分尴尬，当时世界舆论盛传美国政府将驱逐俄罗斯外交官，对此事进行报复。果然，3 月 22 日，美国白宫发言人阿里·弗莱舍正式宣布：“国务院昨天宣布一些俄罗斯外交官为不受欢迎的人，要求他们离开美国。”据悉，遭到驱逐的俄罗斯外交官共 50 名，其中 4 人必须在 10 日内离境，另外 46 名必须于 7 月 1 日前离境。对此，俄罗斯外交部副外长乔治·马梅多夫 22 日紧急召见美国驻俄罗斯大使詹姆斯·柯林斯，提出正式抗议，并称将采取回应措施。3 月 23 日，俄罗斯外交部宣布，俄罗斯于当天通知 4 名美国外交官“立即”离开俄罗斯。声明中指出，4 名遭到驱逐的美国外交官在俄罗斯“从事了与他们身份不相符的活动”。来自美国方面的消息则证实，俄罗斯要求 4 名美国外交官于近日内离开俄罗斯，另外 46 名将在夏天时遭到驱逐。

这正好同美国宣布的驱逐50名俄罗斯外交官的数目相当。这是冷战后俄美间最大一宗互逐外交官事件。在这次“硬碰硬的对话”中，俄美关系遭到冷战后最严重的打击。

第九章

俄罗斯情报机构的变节者

俄罗斯情报机构曾培养了很多优秀的情报官员，招募了大量高级别的外国情报员，但与此同时，其历史上也涌现了众多变节者。情报官员变节的原因通常比较复杂，最主要的有政治信仰、物质生活和个人抱负等因素。

20 世纪二三十年代，西方青年知识分子对共产主义向往和对苏联社会主义制度的崇拜，曾为苏联情报机构的招收工作提供了便利，而冷战时期，对苏联政治体制和社会制度的失望，以及对西方社会物质文明的贪恋却成为一些苏联情报官员变节的重要原因。这也使得冷战时期成为俄罗斯情报史上情报官员变节的一个高峰期。在这一时期众多的变节者中，有著名的奥列格·佩尼科夫斯基、阿纳托利·戈利岑和奥列格·戈尔季耶夫斯基。

积弊成疾的苏联体制土崩瓦解后，俄罗斯重新选择了发展的道路，但国家政治体制的巨大变革引起了社会的激烈动荡，几经重组的情报机构也出现了混乱迹象，一个重要的表现便是情报官员的大量流失，究其原因，除了情报机构裁员之外，一部分人为追求金钱利益而走上泄密的道路，一部分人在国内自由民主意识的影响下，决心与昔日高度集权、缺乏法律约束的情报帝国划清界限，并且成为了克格勃各种违法乱纪行为的揭露者。因此，苏联解体后的几年也是俄罗斯情报史上情报官员变节的另一个高峰期。普京上台后，采取措施加强中央集权，加大对情报机构离职人员的打击，这些做法引起了一些人的不满，他们成为了普京政府的反对派，有一些甚至移居或叛逃国外，例如奥列格·卡卢金和亚历山大·利特维年科等人，他们通过著书、发表文章、接受媒体采访等方式披露克格勃的内幕和一些间谍案件的详情，严重威胁到当时俄罗斯情报工作的安全和国家利益。

第一节 格鲁乌上校奥列格·佩尼科夫斯基

他是格鲁乌高级军官，20 世纪 60 年代投靠英国和美国情报机构。西方国家对他提供的情报给予高度评价，尤其是关于苏联导弹武器水平的情报，被认为在震惊世界的古巴导弹危机中发挥了重要作用，更有西方媒体称他为“冷战神话”、“拯救了整个世界的人”。在古巴导弹危机正值高潮之时，他在苏联被公开审判，并被处死。而关于他是否被克格勃利用，向西方传递假情报，引起了很大争议。他就是格鲁乌上校奥列格·弗拉基米罗维奇·佩尼科夫斯基（Олег Владимирович Пеньковский）。

佩尼科夫斯基于 1919 年 4 月 23 日生于弗拉季高加索。1937 年中学毕业后在基辅第二炮兵学校学习。1939 年参加红军，十余年间先后担任连队政治干事、炮兵连连长、近卫炮兵团团长、莫斯科军区动员部校官、国防部陆军司令参谋等职，参加过 1940 年的俄芬战争和卫国战争。其中 1944 年至 1945 年曾给后来成为炮兵主帅、苏共中央候补委员的谢尔盖·瓦连佐夫担任副官，后来一直得到瓦连佐夫的提携。1945 年至 1948 年，他在伏龙芝军事科学院学习。佩尼科夫斯基是红军优秀军官，曾经获得 2 枚红旗勋章、1 枚亚历山大·涅夫斯基勋章、红星勋章、卫国战争一等勋章。

1949年，佩尼科夫斯基进入军事外交学院学习。1950年，31岁的佩尼科夫斯基已经晋升为上校军衔。1953年从军事外交学院毕业后，他被格鲁乌招收，进入负责近东和中东地区的第四局。1955年，佩尼科夫斯基被派往格鲁乌驻安卡拉情报站工作，职务为站长高级助理，掩护身份是苏联驻土耳其大使馆武官高级助理。

在土耳其安卡拉工作期间，佩尼科夫斯基业绩平平，因为有很大的语言障碍，他不善于发展情报员。他很注重名利，花了很多心思给莫斯科的军队高层朋友购买首饰和相机等礼物。

1956年，因为有向土耳其情报机构出卖自己的同事的嫌疑，佩尼科夫斯基被召回莫斯科。他被迫离开格鲁乌，到了国防部干部局。1957年，佩尼科夫斯基进入捷尔任斯基军事科学院，在瓦连佐夫的安排下，1958年至1959年，他在该学院学习有关导弹武器方面的高级工程师课程。

1959年，佩尼科夫斯基再次回到格鲁乌。据信，这是因为1958年12月就任格鲁乌局长的伊万·谢罗夫是他的朋友。1960年，佩尼科夫斯基被派到苏联国家科学技术委员会工作，担任对外关系局外交处副处长，但仍是格鲁乌后备军官。苏联国家科学技术委员会的大部分工作人员都是利用这种掩护身份的克格勃军官，还有一些人员是克格勃的"志愿者"，格鲁乌军官则很少。委员会的主要任务之一是组织科学技术和经济领域的国际交流活动，组织苏联代表团出访西方，西方学者、工程师和商人访问苏联，并利用这些活动搜集科技情报。在1960年代，克格勃最关心的科技情报之一就是美国在导弹研制方面的最新成就。

佩尼科夫斯基在安卡拉时便试图与美国人接触，他向美国驻安卡拉大使馆提供了一些关于苏联在中东地区计划的情报，并表示愿意与中央情报局合作。美国中央情报局驻安卡拉情报站把佩尼科夫斯基的情况向总部做了汇报。美国中央情报局调查发现，作为在苏联红色政权的培养下成长起来的一名军人，佩尼科夫斯基的履历毫无瑕疵，已经被擢升为上校军衔的他不是事业失意之人，与莫斯科军区政治局局长女儿的婚姻也很稳定，似乎找不出任何背叛祖国的合理动机。因此，经过认真研究，美国中央情报局认定，佩尼科夫斯基不是一个合适的招募对象，很可能是苏联人设计的一个圈套，便拒绝了他的合作请求。中央情报局还向所有驻土耳其的北约国家大使馆发出警告，对佩尼科夫斯基保持高度警惕。

1960 年，佩尼科夫斯基以协调科技交流活动的名义拜访了美国驻莫斯科大使馆，他表明了自己的真实身份，表示愿意提供情报，又遭到了拒绝。后来他又试图通过一个叫范佛里特的加拿大商人与加拿大皇家骑警队取得联系，但也没有成功。1961 年，佩尼科夫斯基找到了与英国军情六局有联系的英国商人格雷维尔·怀恩。英国军情六局被佩尼科夫斯基提供的一份情报打动，认为他是一个有诚意的变节者，于是命令莫斯科情报站谨慎地经营佩尼科夫斯基。

终于“梦想成真”的佩尼科夫斯基开始疯狂地搜集苏联军事情报局的秘密情报。当他提供的情报像潮水一样涌来时，英国军情六处不得不请美国中央情报局来联手处理。而美国人看到佩尼科夫斯基提供的绝密情报后，也不得不放弃了对他的怀疑，他们认为，没有一个伪装投靠的间谍会透露出如此多的要害情报。

佩尼科夫斯基提供的情报可以分为两种：一种是对苏联驻世界各地情报官员的识别，据西方有关文件披露，共有 600 名苏联情报官员因他而暴露，其中包括 50 名格鲁乌官员：另一种情报是关于苏联军事力量和军事战略的绝密情报。1961 年 5 月，佩尼科夫斯基第一次从英国回来时，带来了一个米诺克斯微型相机。后来，他用 111 个胶卷拍摄了 5500 份文件，共计 7650 页。在他三次前往伦敦和巴黎出差期间，接受问询长达 140 小时，问询记录共计 1200 页打印稿。

当时正值美苏两国开展军备竞赛的高潮时期，双方竞相研制核弹头运载工具。1957 年 10 月 4 日，苏联成功发射世界上第一颗人造地球卫星。美国紧随其后，在 1958 年 1 月 31 日成功发射了人造地球卫星。但是，1961 年 4 月 12 日，尤里·加加林驾驶的苏联“东方 1 号”宇宙飞船首次绕地球飞行并返回地面。这标志着苏联实现了世界上首次载人宇宙飞行，在太空技术方面取得了巨大突破，已经具备研制先进导弹武器的实力。加之苏联党和国家领导人赫鲁晓夫经常公开炫耀苏军的实力和武器装备的性能，西方于是做出判断，苏联已经拥有一支比美国的洲际弹道导弹部队规模还大，力量也更强的导弹部队。他们对这种情况十分担忧，急于了解关于苏联军事力量的规模、发展领域以及实力的真实情况。但美国对苏联军事实力的侦察途径只有派遣 U－2 高空侦察飞机和截听苏联在亚洲火箭试验区的遥测信号和无线电通讯，具有很大的局限性。1960 年 5 月，弗朗西斯·加里·鲍尔斯驾驶的 U－2 高空侦察飞机被击落后，高空侦察机的飞行计划更是被取消，直到 1962 年底美国发射了第一颗卫星，才重新对苏联进行摄影侦察。在这种情况下，佩尼科夫斯基提供的情报无异于雪中送炭，令美国中央情报局大喜过望。

1962 年 10 月 14 日，美国 U－2 高空侦察飞机在古巴上空进行例行侦察。当中央情报局的专家们分析 U－2 拍摄的照片时，他们怀疑那是一些正在建设中的导弹发射场。这一情报让美国人的神经高度紧张。随后，爆发了震惊世界的古巴导弹危机。中央情报局通过佩尼科夫斯基证实了苏联将在古巴部署中程导弹的消息，肯尼迪总统意识到事态的严重性，立即组建了国家安全委员会执行委员会，专门负责解决危机。

在这场较量中，美国态度强硬，要求苏联立即撤出部署在古巴的导弹。10 月 22 日晚上 7 点，肯尼迪总统对全国发表电视讲话表示：“我们绝不会选择投降或屈服的道路。”同时，美国摆出了声势浩大的作战姿态，派出由 90 艘舰艇（其中包括 8 艘航空母舰）、68 个空军中队组成的舰队，在古巴领海周围设置了警戒线，拦截和搜寻进入隔离区的船只，在佛罗里达和邻近各州集结了庞大的登陆部队，散布在世界各地的美军也进入战备状态。

赫鲁晓夫也做出了强硬的反应，命令苏联军队进入战备状态，并扬言要击沉阻挡苏联船只通向古巴的美国军舰。苏联核武器也做好了打击美国的准备。

美苏双方剑拔弩张，第三次世界大战似乎一触即发。一旦美苏双方动用核武器，这将是一场令人毛骨悚然的战争。白宫甚至确定了可以进入核掩蔽部的官员名单，整个世界都笼罩在核灾难的阴云之下。

10 月 24 日，加勒比海的几艘苏联军舰汽笛长鸣，耀武扬威地向古巴方向驶去。一旦苏联军舰越过封锁线，美国海军就将对其开火，这就意味着第三次世界大战的爆发。可是，最富戏剧性的是，苏联军舰驶到美国海军封锁线附近时，突然止步，调头返回。苏联先让步了，美国赢了这一仗。

10 月 28 日，美苏双方的外交接触也取得了成功。赫鲁晓夫表示，将拆除古巴的导弹发射场。同时，美国也保证不出兵古巴，并从土耳其撤出服役期已满的“朱庇特”导弹。一场核大战避免了，世界恢复了平静。

西方分析家认为，佩尼科夫斯基的情报为美国做出决策并且赢得胜利立下了汗马功劳。肯尼迪总统之所以没有下令轰炸古巴，是因为他通过佩尼科夫斯基的情报得知，苏联没有能力也不想发动战争，有可能通过和平谈判来解决这场危机。佩尼科夫斯基的情报说明，之前西方对苏联军事实力，尤其是导弹部队实力的判断是不准确的。苏联所谓在导弹技术上的优势不过只是他们自己编造出来的一个神话。实际的情况是，苏联的确在大力发展核武器，在某些技术领域已经逼近或已经领先于美国。但是，在导弹技术及导弹的拥有量方面，不是苏联领先于美国，而是美国领先于苏联。苏联没有洲际弹道导弹，只有中程弹道导弹，而且苏联导弹的实际射程与技术人员的设计也相去甚远。西方媒体盛赞佩尼科夫斯基在防止一场核战争的爆发中发挥了重要作用，认为他所提供情报的数量和重要性，在整个西方对苏情报工作历史上首屈一指，他是现实中“几乎不存在的理想间谍”。

在古巴导弹危机高潮之时，佩尼科夫斯基在莫斯科被逮捕。克格勃反间谍人员是在跟踪英国驻莫斯科情报站的罗杰里克·奇兹霍尔姆的妻子安娜·奇兹霍尔姆时，发现佩尼科夫斯基的。克格勃对佩尼科夫斯基进行24小时监控，对他的个人物品进行“特殊处理”，使其臀部长了一个疥疮，不得不住院治疗，然后乘机在他家楼上一家住户的阳台上安装了一套高级摄像器材，一旦佩尼科夫斯基在自家阳台上摊开窃取的秘密文件进行翻拍的时候，楼上阳台花篮中的镜头就会把他的一举一动全都记录下来。

克格勃很快又发现了佩尼科夫斯基和格雷维尔·怀恩的联系，并对他们在莫斯科乌克兰饭店等地接头时的谈话录了音。格雷维尔·怀恩第二次世界大战时曾在军情五局供职，具有一定的从事谍报工作的经验，当时是一名在布达佩斯经商的货真价实的商人。通常，在浴室水龙头放水声的掩护之下，佩尼科夫斯基将记录有重要情报的微型胶卷交给怀恩，并从他的“外国朋友”那里换取金钱、照相机和收音机等“必要的活动器材”。

在证据收集得差不多以后，克格勃于1962年10月22日在莫斯科逮捕佩尼科夫斯基，于1962年11月2日在布达佩斯逮捕怀恩，并被遣返莫斯科。

1963年5月，佩尼科夫斯基案进行了审判。5月11日，苏联最高法院军事委员会宣布了审判结果，佩尼科夫斯基叛国罪名成立，被判处死刑，怀恩间谍罪名成立，被判处8年监禁。

同时，塔斯社发布了一则短消息：5名美国外交官、8名英国外交官（其中包括罗杰里克·奇兹霍尔姆夫妇）被苏联政府宣布为“不受欢迎的人”，被驱逐出境。

佩尼科夫斯基被审判后，与他有着多年交情的瓦连佐夫元帅被降级为少将军衔，并被剥夺了荣誉，格鲁乌局长谢罗夫也受到牵连，被撤职，下派到了古比雪夫军区。与佩尼科夫斯基有关或熟悉的300名苏联驻外情报官则被紧急召回。

1963年5月16日，佩尼科夫斯基被执行死刑。但有消息指出，佩尼科夫斯基是被活生生地送进了火葬场的焚尸炉，而且整个过程被拍成录像，以便日后警示那些未来的情报官员。怀恩在一年之后的1964年4月22日被英国用科农·莫罗迪（化名戈登·朗斯代尔）交换回国。

佩尼科夫斯基寻求与西方合作，走上叛国之路的主要原因是，他是一个非常重视名利的人，一直梦想着能够步步高升，飞黄腾达，但被迫离开格鲁乌之后，他感到自己已经没有前途可寻，因而对现状感到极为不满。

由于他与英美情报机构合作的时间正值冷战高潮时期，他提供的情报非常关键，佩尼科夫斯基也引发了很多争议。关于他从土耳其回到莫斯科后为何没有受到更严厉的处罚，一种说法认为，在他的官居高位的“保护者”的干预下，针对他的调查被中止了。还有一种分析认为，当时克里姆林宫决定利用这位潜在的变节者作为向西方传递假情报，佩尼科夫斯基是克格勃实施战略欺骗的一大阴谋，目的是向西方提供假情报，使西方人相信并满足于美苏之间已经存在的“导弹差距”，自以为高枕无忧，而苏联人则充分利用这段“缓和”时间，大规模发展洲际导弹。因为，佩尼科夫斯基试图与西方情报机构取得联系的数次尝试均极有可能被克格勃掌握，他与联系人军情六处驻莫斯科情报站成员罗德里克·齐斯霍姆的夫人在莫斯科见面的情况也应该受到克格勃的监视，在这种情况下，佩尼科夫斯基还能够平安无事地度过两年时间，泄露大量机密情报，这是极其反常的。还有一个细节似乎也能印证这种观点。1959年，佩尼科夫斯基再次回到格鲁乌之后，曾参加派驻印度的培训，但培训被突然中止，他被安排到苏联国家科学技术委员会工作。如果克格勃想利用他向西方传递假情报，安排他到这个经常与外国人打交道的地方工作是非常合适的。

还有分析认为，佩尼科夫斯基是被苏联政府中的所谓“鸽派”所利用。当时，苏联领导人赫鲁晓夫虽然在外交上主张东西方缓和，以避免核战争，但他积极鼓励和支持知识分子的研究工作，提出在科技研究方面赶超美国的计划，他的许多言论令西方极为不安，因此美苏之间的核对抗和军备竞赛日趋白热化。但苏联政府和军队中有些人并不赞成赫鲁晓夫的做法。1962 年 7 月，赫鲁晓夫决定在古巴部署导弹。他的决策遭到一些苏联领导人，特别是军方的强烈反对，以至赫鲁晓夫不得不解除两名将军的职务，才将他的计划付诸实施。这些反对赫鲁晓夫的所谓的莫斯科“鸽派”，利用佩尼科夫斯基让西方了解苏联的真正实力，向西方揭露赫鲁晓夫的战争讹诈阴谋，以避免引发世界大战，维护世界和平。

关于佩尼科夫斯基的真实情况，以及各种争论目前无从考究，但他是冷战时期最重要的间谍之一的确是不争的事实。

第二节　克格勃驻伦敦情报站代理站长奥列格·戈尔季耶夫斯基

他被英国秘密情报局认为是“最重要的资产”，被英国女王授予圣迈克尔和圣乔治勋章。克格勃曾怀疑他变节，并把他召回国内，但他最终在英国人的帮助下成功越境，创造了从克格勃手中逃跑的奇迹，他就是克格勃驻伦敦情报站代理站长奥列格·戈尔季耶夫斯基。

奥列格·安东诺维奇·戈尔季耶夫斯基（Олег Антонович Гордиевский）于 1938 年 10 月 10 日出生于莫斯科的一个内务人民

委员会情报官员家庭，他的哥哥后来成为克格勃情报官员。1958 年至 1962 年，戈尔季耶夫斯基在莫斯科国际关系学院学习。毕业后，在兄长的推荐下，戈尔季耶夫斯基进入克格勃第一总局工作。

戈尔季耶夫斯基在克格勃第 101 学校接受了专业培训，从 1963 年起开始在克格勃第一总局从事情报分析工作。

1966 年，戈尔季耶夫斯基被派驻丹麦哥本哈根工作，以苏联驻丹麦大使馆领事部随员的掩护身份活动。他很快掌握了丹麦语，他的任务之一是为苏联非法派遣情报官员获取丹麦证件，为此他认真地研究了丹麦的相关法律文件。1970 年，戈尔季耶夫斯基被调回克格勃第一总局工作。

1972 年 10 月，戈尔季耶夫斯基重返哥本哈根，以使馆新闻官的身份搜集政治情报。1973 年，他成为克格勃驻丹麦情报站的副站长。1976 年，升任站长。据同事回忆，戈尔季耶夫斯基为人冷淡，在招募情报员方面表现一般，但精于情报分析，擅长搜集政治情报，撰写的报告经常得到总部的表扬。

在哥本哈根工作期间，戈尔季耶夫斯基深刻体会到了东西方两种社会制度的强烈反差，对苏联的社会制度产生了信仰危机。他曾说，当 1968 年的“布拉格之春”被苏联主导的华沙条约国武装力量镇压后，他对苏联在国际社会所扮演的角色彻底失望了，开始想要背叛苏联的社会制度。戈尔季耶夫斯基的这种倾向很快就引起了英国驻丹麦情报机构的注意。

事实上，戈尔季耶夫斯基第二次去哥本哈根不久，便与丹麦情报机关挂上了钩，向其揭露了苏联在丹麦的情报网络。经过长期的相互试探，1974 年底戈尔季耶夫斯基正式开始为英国秘密情报局工作。

1978 年，戈尔季耶夫斯基再次回到莫斯科总部工作，担任第一总局第三处副处长。回国后，他中断了与英国人的联系。1982 年，戈尔季耶夫斯基被派遣到伦敦的苏联驻英国大使馆，公开身份是使馆参赞。据悉，当苏联提出向驻英国大使馆派遣人员时，英国拒绝给所有候选人发放签证，当戈尔季耶夫斯基成为新的候选人时，英国大使馆终于答应办理签证。戈尔季耶夫斯基向英国提供了大量机密文件，介绍了苏联情报工作的目的和方法，还揭露了自己掌握的一些克格勃的西方间谍，被英国秘密情报局认为是“最重要的资产”。

1984 年，英国政府借故将克格勃驻伦敦情报站站长阿卡迪·戈乌克驱逐出境，为奥列格·戈尔季耶夫斯基升任站长铺平了道路。从 1985 年 1 月起，戈尔季耶夫斯基开始代理站长一职，全面负责情报站的工作。2 月，他晋升为上校军衔，成为驻伦敦情报站站长的主要候选人。

1985 年 5 月，戈尔季耶夫斯基被召回莫斯科，理由是接受站长职务的任命。但实际上，是总部怀疑他向英国情报机构泄密。戈尔季耶夫斯基回到莫斯科后受到了指控，被带到克格勃位于郊区的别墅中接受审问。据戈尔季耶夫斯基回忆，审问是从吃饭聊天开始的，他喝的酒中被放了据说可以让人说真话的神经性药物，但他始终没有承认自己泄密。由于缺乏直接证据，克格勃只能对戈尔季耶夫斯基展开内部调查。

至于戈尔季耶夫斯基暴露的原因，有说法认为，是美国中情局反间谍处处长奥尔德里奇·埃姆斯向克格勃揭露了他。但据曾在苏联驻华盛顿大使馆工作过的克格勃情报官员维克多·切尔卡申在自己出版于 2004 年的回忆录中披露，出卖戈尔季耶夫斯基的一位曾在华盛顿工作的英国记者，埃姆斯只是证实了相关情报。虽然切尔卡申没有指明这名记者的名字，但大多数西方媒体都认为，切尔卡申提到的这位记者就是 20 世纪 80 年代中期为英国《新政治家》杂志工作的克劳迪娅·赖特。

克格勃名义上安排戈尔季耶夫斯基休假，实际上他被暂停工作。他的妻女也被召回莫斯科，但他很快说服她们前往高加索的亲戚家里。戈尔季耶夫斯基判断，他有可能在1985年8月6日休假结束时被捕，因此他开始考虑出逃。戈尔季耶夫斯基在休假地受到了严密监视。但他表现得很平静，只是每天坚持跑步锻炼身体。一段时间过去之后，戈尔季耶夫斯基发现，监视人员对他的日常活动已经习以为常，渐渐松懈了，他便决定采取行动。戈尔季耶夫斯基以不同借口去了两趟莫斯科，乘机与英国驻苏联大使馆中的英国军情六处人员取得了联系，他们还帮他制定了出逃计划。

有报道称，7月10日，戈尔季耶夫斯基从疗养院回到莫斯科的寓所居住。为了蒙蔽监视人员，他每天继续在列宁大街上跑步，还打电话给朋友、亲戚，约好在一个星期日聚会。7月19日下午，戈尔季耶夫斯基穿着旧短裤和背心，手里拿着一个塑料包照例出去跑步。经过一片树林后，他开始向商业中心跑去，很快汇入了人流。到火车站了，里面有许多警察，但他还是硬着头皮走进了车站，坐上了开往列宁格勒的火车。7月20日，戈尔季耶夫斯基顺利到达芬兰湾的小镇泽列诺戈尔斯克，与等待他的英国使馆人员接上了头。戈尔季耶夫斯基被藏在英国使馆汽车的后备箱里，为预防苏联边防军用红外热源探测仪进行检查，他们用一条航天被紧紧地裹住他，然后向苏芬边境驶去。他们需要在不到半个小时时间内连续通过五道边防关卡。在漫长的等待和焦虑之后，戈尔季耶夫斯基终于听到英国人播放的《芬兰颂》，这是他们约定的信号，表示汽车已经安全进入芬兰境内。戈尔季耶夫斯基奇迹般地逃脱了克格勃的监视，创下了克格勃历史上一个暴露的变节者成功越境逃匿的记录。

事发之后，克格勃几乎无法相信戈尔季耶夫斯基在自己眼皮底下消失得无影无踪，几天后才在全联盟宣布通缉戈尔季耶夫斯基。

1985年9月，戈尔季耶夫斯基抵达伦敦。不久，苏联驻英国使馆的25名外交官和记者被指控从事情报活动，因而遭到驱逐。

1985年11月14日，戈尔季耶夫斯基被缺席判处死刑，并没收全部财产，罪名是叛国罪。考虑到他妻子的处境（戈尔季耶夫斯基叛逃后，她与两个女儿一直被作为人质扣押在苏联境内），没收财产的判罚在1989年被取消，但死刑判决在苏联解体后也没有取消。

戈尔季耶夫斯基叛逃后，一直为与滞留在苏联的家人团聚而到处公关。甚至丘吉尔首相在与戈尔巴乔夫会面时，都提到了这个问题。但苏联政府一直没有允许他的家人出国。直到1991年9月，戈尔季耶夫斯基的妻子才带着女儿来到伦敦。

戈尔季耶夫斯基住在伦敦郊区，靠英国政府的退休金生活。据英国媒体报道，由于担心遭到俄罗斯情报部门暗杀，戈尔季耶夫斯基十几年来一直戴假发，还留着胡子。但他是英国著名的克里姆林宫批评人，持不同政见者组织的领导人。尤其是普京上台后，他经常接受有偿采访，发表对俄罗斯内外政策和俄罗斯情报机构活动的评论，还与车臣媒体合作，揭露普京政府。亚历山大·利特维年科2006年11月中毒身亡之后，戈尔季耶夫斯基还发表意见说，利特维年科可能是被其俄罗斯好友下毒暗害的。

戈尔季耶夫斯基与克里斯托弗·安德鲁合作出版了一系列关于克格勃历史的书籍：1990出版了《克格勃：从列宁到戈尔巴乔夫的境外行动秘史》，1991年出版了《来自中心的指令：1975至1985年期间克格勃境外行动机密文件》，1994年出版了《来自克留奇科夫同志的指令：1975至1985年期间克格勃境外行动机密文件》，1995年出版了自传《下一站——射击》，该书还被翻译为俄语，并在俄罗斯出版。戈尔季耶夫斯基在这些书中介绍了克格勃的情报活动、内部机构和工作方法，披露了关于苏联领导人在世界上策划恐怖主义和破坏行动的大量内幕。

2007年10月18日，英国女王授予他圣迈克尔和圣乔治勋章，以表彰他为维护英国国家安全所做出的杰出贡献。

戈尔季耶夫斯基是典型的因为信仰而背叛国家的情报官员。由于长期在国外生活，他的言谈举止都西化了。与他接触的西方人士都觉得他不像是个苏联人。此人颇有才干，得到上司的赏识，不断升迁，这使他能在组织严密的克格勃中隐藏达十几年之久。

作为一个变节者，戈尔季耶夫斯基之所以在暴露之后没有被采取强制措施，还能成功叛逃，除了克格勃总部的确没有掌握确凿证据的原因之外，还与当时苏联的社会环境和克格勃的内部改革有很大关系。当时，苏联领导人戈尔巴乔夫在国内推行新思维改革，提出了“人道的、民主的社会主义”发展道路，深刻地影响了苏联社会方方面面，国家情报机构克格勃也不例外。苏联民众对克格勃长期以来滥用职权的行为十分反感，社会上要求克格勃改革的呼声很高，于是克格勃内部也开始了“民主化”、“法制化”改革。若不是这种改革，像戈尔季耶夫斯基这样被关进卢比扬卡监狱之后还能被释放，被怀疑出卖国家还能获得人身自由的事是不可想象的。

第三节　克格勃驻赫尔辛基情报站副站长阿纳托利·戈利岑

他是20世纪世界情报史上的传奇人物之一。作为一名叛逃西方的苏联高级情报官员，他所出卖的苏联间谍的数量令其他变节者望尘莫及。但这还不足为奇，更传奇的是，他于20世纪60年代在美国中央情报局掀起了一场史无前例的清查苏联间谍的运动，使中央情报局苏联集团分部遭受重创，对苏情报工作大伤元气。当这场轰轰烈烈的清查运动最终以失败而告终时，美国人甚至开始怀疑他是苏联故意派遣的，目的就是赢取美国人的信任，最终搞垮中央情报局。事实上，他是一名真正的变节者。他就是克格勃驻赫尔辛基情报站副站长阿纳托利·米哈伊洛维奇·戈利岑（Анатолий Михайлович Голицын）。

戈利岑出生在乌克兰的一个农民家庭里，父亲是俄罗斯人，母亲是乌克兰人。卫国战争期间他曾在苏联红军中服役。从侦查学校毕业后，戈利岑开始在内务人民委员会总部工作。1953 年，戈利岑被派到奥地利维也纳工作。1955 年，戈利岑回到莫斯科总部负责管理机密文件，这项工作使他得以接触到苏联对西方进行渗透的绝密文件。1960 年，戈利岑被派到芬兰赫尔辛基情报站担任副站长。

1961 年 12 月的一天，戈利岑走进了美国驻芬兰大使馆，他化名为阿纳托利·克利莫夫，向美国中情局情报站提供了一些从苏联驻芬兰大使馆拿出来的机密文件，并声称，如果自己和家人能立即被转移到美国，还能提供更多情报。1961 年的圣诞节这天，戈利岑携妻女搭乘美军飞机离开了芬兰。

到达美国后，戈利岑向美国中央情报局声称自己掌握大量克格勃向西方政府、军队，甚至是情报机构渗透的情况，以及更为重要的关于苏联政治方面的情报。戈利岑宣称，共产主义集团于 20 世纪 50 年代末在莫斯科制定了一个“赤化全球”的长期战略。为了配合这个长期战略目标的实现，苏联联合东欧国家对西方实施了一系列重大的战略欺骗，譬如苏联同南斯拉夫的冲突、同阿尔巴尼亚的争论、1956 年出兵匈牙利、1968 年入侵捷克斯洛伐克等战后国际共产主义运动中出现的一系列重大事件全是苏联精心策划的，都是对西方的战略欺骗。苏联的这种做法导致西方对共产主义集团的看法是完全错误的。戈利岑的这个所谓政治情报对整个西方世界来说都极具颠覆性和挑战性。但是，因为无从印证，并没有得到重视。

美国中央情报局更关心的是苏联克格勃对西方的大肆渗透这个现实的问题。当然，在这个问题上戈利岑同样语出惊人。他说，苏联在过去的几十年中向西方发动了庞大的情报攻势，美国、英国、法国、加拿大、澳大利亚、奥地利等国家无一例外地被渗透。克格勃发展的间谍中，不仅有在西方社会身居要职的，还有许多打入西方情报机构的。他们的目标是控制西方国家的情报机构，使西方国家不仅无法获取苏联的情报，而且会受苏联的蒙骗。

令中央情报局更为惊喜的是，戈利岑提供了大量有关苏联间谍的线索性情报。例如，他说克格勃在法国情报机构内建立了一个代号为“蓝宝石”的间谍网，在法国内阁中也发展了间谍。美国总统肯尼迪得知这个情报后，立即写信给法国总统戴高乐，结果法国情报机构的两位领导因此而辞职。他还帮助英国秘密情报局搜集针对金·菲尔比的证据。虽然戈利岑叛逃时，菲尔比早已遭到英国情报机构的怀疑，接受了长期的审讯，但因证据不足，菲尔比得以逃脱惩罚，保住了在军情六局的工作，并继续为克格勃提供情报，正是戈利岑让英国秘密情报局掌握了新的证据，再次启动了对菲尔比的审讯。

戈利岑提供的情报在西方国家引起了很大的震动，许多西方国家的情报官员蜂拥而至，希望戈利岑能够提供关于隐藏在自己国家的苏联间谍的线索。而戈利岑凭借自己在克格勃总部管理机密文件的工作经历，没有让西方情报机构失望，帮助他们连续挖出了很多克格勃间谍，其中还包括英国海军情报部的约翰·瓦萨尔、加拿大驻莫斯科大使约翰·沃特肯斯和法国驻北约情报联络官乔治·帕克斯等人。

在向西方情报机构提供自己所掌握的线索之余，戈利岑不断地向他们宣称，在其内部还隐藏着他所不知道的苏联间谍。戈利岑的说法与西方国家情报官员一直以来怀疑本国情报机构遭到苏联间谍渗透的想法不谋而合，因此英美等国情报官员对戈利岑寄予厚望，希望利用他挖出更多的“鼹鼠”。英国军情五局首先邀请戈利岑参与一个代号为“流利”的大规模清查行动，目的是通过对英国情报机构以往行动的分析，查出那些一直以来对英国针对苏联的情报行动进行破坏的人。由于被媒体走漏消息，这次行动不得不提前结束，戈利岑无功而返。

回到美国之后，戈利岑被安排到反间谍部门，在美国中央情报局传奇人物詹姆斯·安格顿的领导下工作。戈利岑建议安格顿采取行动清查中央情报局内部隐藏的“鼹鼠”。于是，安格顿掀起了中央情报局历史上一场旷日持久的清查行动，戈利岑不仅获得了查阅中央情报局机密档案的权利，还成为了清查行动的实际指挥者。在这次清查行动中，中央情报局苏联集团分部成为了重灾区，多名情报官员遭到怀疑和调查，包括分部领导戴维·墨菲在内的一些官员被调离苏联集团分部。罗尔夫·金斯利接替戴维·墨菲之后，为了保证苏联集团分部没有“鼹鼠”，对戈利岑提出的有嫌疑的人一律调离，他们的岗位则由那些绝对不可能为苏联服务的驻外官员填补。这种做法导致中央情报局很多具有丰富经验的情报官员流失，对苏工作几乎陷入停顿状态。戈利岑和安格顿掀起的这场清查行动也使整个中央情报局陷入巨大的混乱之中。

正当戈利岑在中央情报局大施拳脚之时，克格勃驻日内瓦情报站的尤里·伊万诺维奇·诺先科（Юрий Иванович Носенко）于1964年2月叛逃至美国。诺先科提供的情报与戈利岑的有些出入，尤其是在中央情报局内部是否有克格勃间谍这个问题上，诺先科坚持认为，克格勃没有能够成功地渗透中央情报局，是通过正常监视渠道发现潜藏的中央情报局间谍的。戈利岑和诺先科的相互对立的说法使中央情报局陷入矛盾之中，也致使中央情报局对他们所提供情报的真实性产生了怀疑。

在与诺先科的对阵中，戈利岑占据了有利的地位。他叛逃后便获得了中央情报局的信任，他供述的很多情报都得到全部或部分证实，而诺先科的供述中有一些自相矛盾的地方，容易让人生疑，戈利岑之前还很有先见之明地提出过一个假叛逃者的问题，即克格勃将会派出假叛逃者来诋毁他，干扰中央情报局对苏联“鼹鼠”的调查。因此，诺先科没有取得中央情报局的信任，被怀疑是克格勃派遣的假叛逃者。1966年，美国中央情报局局长罗伯特下令对诺先科进行调查。他被捕长达3年，经受了漫长的审问，处境十分艰难，有资料显示，他还受到了折磨。但诺先科拒不承认自己是假叛逃者，至于他所提供情报中自相矛盾之处，他解释说，有可能其中一部分因他的记忆问题而有失真实，但大部分都是真实的。中央情报局内部在诺先科是否是真正的叛逃者的问题上也曾一度分裂为对立的两派。不过，诺先科成功地通过了测谎检查。1969 年，在中央情报局局长赫尔姆斯的主持下，诺先科被释放，成为了中央情报局的苏联问题顾问，并获得全职雇员身份。

与此同时，由戈利岑倡导的中央情报局清查苏联间谍的行动终告失败。行动期间，戈利岑提出过多个嫌疑者，但都没有找到真凭实据，也没有抓到潜藏在中央情报局内部的苏联间谍。随着时间的推移，中央情报局开始反思这次清查行动，有人提出戈利岑是克格勃派遣的假投降者，也有人认为，戈利岑和诺先科都是克格勃派遣的假投降者，其目的是在中央情报局内部引起混乱，掩护真正的大“鼹鼠”安格尔顿。

戈利岑引发的混乱使安格尔顿的职业生涯受到很大影响，1974 年底，他离开了中情局，从奋斗多年的反间谍战场上黯然退出。后来，戈利岑也逐渐从世界情报舞台上销声匿迹，过起了隐居生活。1984 年，戈利岑出版《旧世界的新谎言》一书，宣称克格勃的伪装欺骗了全世界，他还试图在这部书中颠覆西方所有关于现代世界的观点。1990 年，东欧剧变，苏联解体之际，戈利岑又演出了一场宣称共产主义在东欧的倒台其实是苏联精心设计的一个骗局的闹剧，以说明他的观点多年来一直没有改变。

戈利岑之所以变节，并非因出身和历史问题，或者对苏联社会制度不满，主要原因在于他本人的性格和事业上的不得志。他为人恃才傲物，目空一切，在事业上颇有野心，经常做出一些出格的举动。据称，他在克格勃总部工作时，曾向上级提交了一个关于重新规划苏联情报系统的庞大计划，当然他的计划递上去之后便如石沉大海，杳无音信。当他感到自己的抱负得不到实现时，便萌生了叛变之意。戈利岑叛逃后向西方情报机构大肆渲染克格勃对西方的渗透，因而受到西方情报机构的高度重视，还主导了中央情报局内部的清查行动，这种待遇让戈利岑找到了“施展才华的地方”，也是促使他叛逃的原因。

第四节　克格勃第一总局反间谍局局长奥列格·卡卢金

他出身于情报官员家庭，曾任苏联驻美国情报站副站长，后成为克格勃总部最年轻的少将，却在20世纪90年代成为克格勃的公开批评者。移居美国后，他导致多名苏联和俄罗斯的情报官员暴露，指认了多名为苏俄工作的美国人，因此在西方赢得了“克格勃揭露者”之称。2002年，他被缺席判处15年监禁，罪名是叛国罪。他就是克格勃第一总局反间谍局局长奥列格·丹尼洛维奇·卡卢金（Олег Данилович Калугин）。

卡卢金1934年9月生于列宁格勒（今圣彼得堡）。他的父亲在1930年至1955年期间在苏联内务人民委员会，以及后来的国家安全部工作，负责列宁格勒市领导人的安全警卫工作。1952年，卡卢金进入国立列宁格勒大学语言系学习。1958年大学毕业后，卡卢金子承父业，加入了克格勃。

成就卡卢金事业的地方是美国，从1958年到1972年，他以学习和工作的名义多次常驻美国，并在各种不同身份的掩护下从事情报工作。1958年，卡卢金利用当时苏美互派留学生的计划，以“交流学生”的身份前往美国哥伦比亚大学新闻学院进修。他此行的任务并不是搜集情报，而是熟悉美国的生活方式，尽量广交朋友，为今后的工作创造条件。

1960年，卡卢金再次来到美国，这次的身份是苏联广播电台驻纽约站记者。在4年任期中，他除了完成日常报道工作外，还投入大量时间和精力，在有抱负的美国青年中物色情报员发展对象，并搜集各种情报。

1965年，卡卢金第三次来到美国，公开职务是苏联驻美国大使馆的新闻官员和公共关系官员，真实身份是苏联驻美国情报站副站长，并一度代理站长职务。此后5年是卡卢金最辉煌的时期。他利用使馆发言人和公共关系官员的身份，在新闻界中结识了几十个美国和欧洲国家的记者，以十分巧妙的手法不时向他们提供情况，有时是假情报，以便通过他们影响西方国家的舆论。与此同时，卡卢金还经营着几个重要的间谍，现已曝光的知名间谍包括前美国海军军官约翰·沃克和陆军后备役上校乔治·特罗菲莫夫。他把收集情报的触角伸到了新闻界、学术界、军界以及部分西方国家的大使馆，为苏联获取了很多颇有价值的情报。后来，因为美国著名记者杰克·安德森的揭露，卡卢金暴露了身份，于1972年被召回莫斯科。如果没有这一事件，卡卢金在美国工作的时间还会更长。

在美国工作时的出色表现使卡卢金在克格勃总部很快崭露头角，并走上了飞黄腾达之路。1974年，卡卢金被任命为克格勃第一总局反间谍局局长，并被授予少将军衔，成为克格勃当时最年轻的将军。

就在卡卢金的事业如日中天之际，他却因为对克格勃许多内部做法的批评而与克格勃领导层产生了矛盾。1980年，卡卢金被调离第一总局，任命为列宁格勒安全局副局长。1987年，卡卢金在克格勃内的职务被正式解除。于是他向戈尔巴乔夫总统写信，力主对克格勃机构进行改革，并提出了对克格勃机构进行非政治化和非政党化、撤销政治审查机构、由议会对其实行严格的监督、增强其各方面活动的透明度等改革措施。

1989年，卡卢金因到退休年龄而被克格勃要求退休。此后，他开始公开批评政府和克格勃，毫无顾忌地透露苏联情报机构的内幕。1990年夏，在苏共内民主派的会议上，卡卢金发表了关于克格勃的耸人听闻的讲话，证实了一些被政府所否认的关于克格勃活动的传闻。这次讲话后，他开始频繁地接受苏联和外国媒体的采访。1990年6月28日，克格勃发表了一份声明，称卡卢金的言论为诽谤。后来，根据克格勃的报告，戈尔巴乔夫总统下令剥夺了卡卢金所获的国家荣誉。苏联部长委员会下令免除了卡卢金的少将军衔，并剥夺了每月350美元的退休金和其他待遇。克格勃主席则下令剥夺了他的“优秀国家安全工作人员”称号。卡卢金还以上述决定违反法律为由，试图向法院提出起诉苏联总理雷日科夫和总统戈尔巴乔夫。

选择站到克格勃的对立面让卡卢金声名狼藉，但在苏联即将解体前的混乱时期，却也使他在政治上获得了更多的发展。1990年7月，卡卢金退出了苏联共产党，开始积极参与政治活动和莫斯科的群众集会。8月份，在一些政治活动家的支持下，卡卢金当选为克拉斯诺达尔边疆区的苏联最高苏维埃人民代表。10月，他参加了支持叶利钦的“民主俄罗斯”运动的制宪大会，还在“支持民主的军人”组织中发表讲话。

据卡卢金称，在1991年“8·19”事件发生前的几个小时，他就从自己原来的同事处得知了消息，与亚历山大·雅科夫列夫通电话之后，他便前往俄罗斯人民代表大会和最高苏维埃的办公场所“白宫”。“8·19”事件后，叶利钦为卡卢金平反，恢复其名誉和一切权利。俄检察机关也不再追究其泄露国家秘密的刑事责任。在跨共和国安全总局撤销之前，卡卢金还曾出任克格勃主席瓦季姆·巴卡京的顾问，但大多数国家安全机关的工作人员都对他极其反感。

1992年2月，卡卢金披露，克格勃在1973年之后曾在越南审问美国战俘，这一情报在美国社会引起了轰动。后来，卡卢金应战俘和失踪人员事务委员会的邀请，在美国参议院就越南战俘问题举行的听证会上发言。

1995年底，卡卢金携妻女移居美国马里兰州银泉市。凭借自己克格勃前高官的身份，卡卢金在美国情报研究中心、华盛顿安全和反间谍研究中心等多家涉及情报业务的公司找到了兼职工作，并参与开发间谍主题电脑游戏、经营华盛顿间谍博物馆等商业活动。据悉，早已得到美国联邦调查局信任的卡卢金还在华盛顿郊区的一所培养情报官员的情报学校任兼职教授。此外，具有新闻工作经历的卡卢金还经常活跃于公众视野，在美国各地作俄罗斯政策和情报工作方面的演讲，参与电视新闻和纪录片节目的制作，发表批评苏联及俄罗斯情报机构以及俄政府当局的言论。

20 世纪 90 年代以来，卡卢金的泄密行为不断。出国前在苏联电视台录制节目时，卡卢金便泄漏了很多关于克格勃机密行动的情报。例如，克格勃长期利用《明镜周刊》作为散播假情报的渠道；保加利亚持不同政见作家格奥尔吉·马尔科夫是保加利亚共产党第一书记托多尔·日夫科夫下令于 1978 年在伦敦杀害的，毒品和武器由克格勃提供，暗杀行动则由保加利亚秘密机构自己执行等等。1994 年，卡卢金与一位美国记者合作出版了第一本书《第一总局：我的 32 年反西方情报和间谍史》，引起了轰动。此后，颇具写作天赋的卡卢金陆续出版了《卢比扬卡即景》、《化为灰烬的桥梁》、《超级鼹鼠》、《再见了，卢比扬卡》等多部以克格勃活动为原型的书籍。这些书是克格勃内幕的大暴露，所泄露的机密涉及各个领域，其中包括在越南上空被击落的数十架美国飞机的情报、克格勃向西欧运送武器弹药和文件的渠道，以及克格勃与东欧国家情报机构的合作等等。卡卢金不仅系统地揭露了多年来苏俄针对美、英等西方国家的一系列间谍活动，还指名道姓地点出一个又一个深藏其间的苏俄间谍。例如，他在《再见了，卢比扬卡》一书中说，在美国国家安全局工作的一个化名为拉季亚的中年人不断地向苏联提供秘密情报。据此，美国联邦调查局于 1996 年初逮捕了 50 岁的斯特凡·利普科，指控他将美国国家安全局为白宫准备的各种秘密报告的复印件以及美军军事调动方面的秘密情报拱手送给了俄罗斯。

除了在自己的书中揭露克格勃内幕之外，卡卢金还利用各种公开场合和接受采访的机会不遗余力地披露各种惊人消息，甚至亲自出面指认为俄罗斯工作的美国人。1990 年 8 月，他在克拉斯诺达尔边疆区与选民见面时披露，克格勃曾利用美国核潜艇基地军官约翰·沃克及他的家人、朋友为其充当间谍，并称约翰·沃克在 17 年内向克格勃提供了大约 100 万页的情报资料。美国据此又重新审理了约翰·沃克案，对其成员加刑严判。正在美国服刑的沃克被判处两次终身监禁，外加 100 年徒刑，并永远不得要求减刑。

2001 年 3 月，卡卢金在对一家美国报纸谈及罗伯特·汉森暴露事件时指出，原俄罗斯驻联合国代表特列季亚科夫，以及原俄罗斯驻加拿大使馆官员托罗波夫都是情报官员。对此，俄联邦总军事检察院发表声明称，俄法律规定，情报人员的真实姓名及其有关重要资料均属国家机密，不准对外公开披露。卡卢金公开上述两人身份，有可能被以泄露国家机密罪提起诉讼。

2001 年 6 月 20 日，美国佛罗里达州坦帕区法院开庭审理美国陆军后备役上校乔治·特罗费莫夫充当苏联间谍案时，卡卢金出现在庭审现场。据美国媒体报道，卡卢金做证称，他曾在 20 世纪 70 年代中期亲自与特罗费莫夫见过面，在奥地利一个度假小镇进行的这次会面持续了数个小时，期间他们讨论了特罗费莫夫为苏联工作的事情。卡卢金还称，特罗费莫夫被克格勃内部认为是一个珍贵的情报来源。此前，特罗菲莫夫矢口否认自己有犯罪行为，拒绝承认任何指控。由于证据不足，法院对特罗费莫夫迟迟不能定罪。但卡卢金出庭做证，使苏俄这一长期潜伏的情报内线被判处终身监禁，成为被定间谍罪级别最高的美国军人。当时，特罗费莫夫的上诉律师克劳德·米勒曾表示，卡卢金出庭做证另有图谋，即为自己获得美国国籍积累资本。在俄罗斯，卡卢金的这次行为被看作是一种明确的叛国行为。

卡卢金以自己无以复加的泄密行为在西方赢得了“克格勃揭露者”之称，深得美国联邦调查局的赏识和信任。俄罗斯情报部门认为，卡卢金的行为给俄罗斯国家安全造成了严重损害，直接导致多名美国、加拿大、澳大利亚公民被指控为苏联充当间谍。而卡卢金的同事甚至怀疑他早在60年代，或者70年代就开始了叛国行为。1999年，克格勃前情报官员亚历山大·索科洛夫在莫斯科出版的《中央情报局在克格勃的超级鼹鼠：卡卢金将军的35年间谍生涯》一书中指出，卡卢金早在1959年在纽约时便被美国情报机构招募。普京总统指责卡卢金是“叛徒”，俄联邦安全总局也决定对他进行审判，将其永远钉在历史的耻辱柱上。

2002年4月，俄罗斯检察官向莫斯科市法院提起诉讼，指控卡卢金出版了大量的以克格勃内幕为原型的间谍书籍，暴露了一些俄罗斯驻外使领馆人员的特工身份，导致一些为俄罗斯工作的美国人、加拿大人和澳大利亚人在西方国家被捕。法院透过俄罗斯驻美国使馆向他发出了3次传票，要求他出庭接受审判，但卡卢金获得了美国的政治庇护，公开表示拒绝回国受审。

2002年6月22日，莫斯科市法院以缺席审判的方式判决卡卢金“叛国罪”成立，并判处其15年监禁，法庭还同时剥夺了他的军衔和国家荣誉，以及移居美国后仍在享受的退休金。这是1985年以来俄罗斯法庭首次对一位情报部门高级官员的缺席审判。

在卡卢金案件审理之前，俄罗斯还集中审理了多宗情报机构叛逃者和离职人员的案件。之所以选择在这个时间集中审理这类案件，是因为俄罗斯《刑事诉讼程序条例》将于2002年7月1日开始生效，该条例规定，禁止进行缺席审判。在这一背景之下，卡卢金一案的审判进度也在6月份加快进行，并在该条例生效前做出了判决。

对于俄罗斯法院的判处，卡卢金声称，自己是“政治报复的牺牲品”，缺席审判是克格勃同事对他进行报复的手段。而俄联邦安全总局社会联系中心评论对卡卢金的判决时则称，卡卢金拒绝出庭再次证实他已意识到自己对祖国及其人民所犯下的罪行。

2003年8月，卡卢金宣布自己已经成为美国公民，同时保留了俄罗斯国籍。这一消息引起俄罗斯方面的强烈反应。俄罗斯对外情报局发言人拉布索夫对卡卢金进行了猛力抨击，指出他是以叛国为代价成为美国公民的。“在这件事上，成为美国公民就像犹大为了30块银币出卖耶稣一样。”拉布佐夫说，“一名前情报官员只有诚实地交代他为苏联情报机构工作的情况，才能成为美国公民”，美国授予卡卢金公民资格“已证实了卡卢金是个叛国者”。

卡卢金的情报生涯与美国有着不解之缘。美国成就了他的事业，却也改变了他。长期的驻外经历使他早已习惯了美国的生活方式，接受了美国的民主自由价值理念。当他返回莫斯科时，对克格勃这个高度集权的情报机构的运作方式表现出不适应的地方，这最终导致他成为了它们的坚定的批判者，但当他在批判者的道路上渐行渐远时，却又走上了叛国的不归之路。

第五节　联邦安全总局中校亚历山大·利特维年科

1998 年，名不见经传的他，因公开披露俄联邦安全总局将金融寡头鲍里斯·别列佐夫斯基列为暗杀对象而在俄罗斯引起轩然大波。2006 年，他在英国因放射性元素钋 - 210 中毒身亡，再次引起了全世界的极大关注。他的死不仅引发了人们对于间谍、谋杀和投毒等流言的兴趣，也在俄罗斯和英国之间刮起了一场疑犯引渡风波和外交风暴。他就是前俄联邦安全总局中校亚历山大·瓦尔特洛维奇·利特维年科（Александр Вальтерович Литвиненко）。

利特维年科 1962 年 12 月 4 日出生于沃罗涅日一个医生家庭。1980 年中学毕业后曾在苏联内务部队服役，退役后进入位于弗拉季高加索的基洛夫高等军事学校学习，毕业后被分配到内务部队的一个摩托化步兵团。1986 年利特维年科进入克格勃工作，负责打击走私和盗窃武器弹药工作，1988 年开始在克格勃反间谍机构工作。苏联解体后，利特维年科相继留在俄联邦安全部、俄联邦反间谍总局、俄联邦安全总局任职，1997 年调入俄联邦安全总局调查和打击犯罪组织活动局，任第七处副处长，是负责打击恐怖主义和有组织犯罪工作的专家。

1998 年 11 月 17 日，利特维年科与几名同事在记者会上公开披露，1997 年 11 月时，他们曾接到调查和打击犯罪组织活动局领导的口头命令，杀害时任俄联邦安全委员会副秘书长的俄罗斯寡头鲍里斯·别列佐夫斯基。利特维年科称，在他和同事们拒绝执行命令，并提交书面报告后，他们被起诉，并遭到人身威胁。利特维年科的披露将联邦安全总局推到了舆论的风口浪尖。联邦安全总局领导人出面解释说，没有下达利特维年科提到的命令，只是偶尔说出了针对别列佐夫斯基的不谨慎的言论，而利特维年科及其同事都犯有绑架、向商家收取保护费、滥用职权等罪行。事件爆发后不久，时任联邦安全总局局长的尼古拉·科瓦廖夫被解职，调查和打击犯罪组织活动局被解散。而利特维年科也被联邦安全总局开除。

1999 年，利特维年科连续三次被起诉，前两次均被判无罪获释，第三次在他保证不会外逃后获得了自由。2000 年，听闻自己即将第四度被捕后，在由别列佐夫斯基资助的公民自由基金会主席亚历山大·戈尔德法尔布的帮助下，利特维年科逃出了俄罗斯。2001 年 5 月，他与妻子获得在英国政治避难身份，2006 年 10 月 12 日，获得英国公民身份。

2002 年 6 月 25 日，利特维年科被俄罗斯一家军事法院缺席判处 3 年半的监禁，缓刑一年，罪名为滥用职权和非法拥有爆炸物。

利特维年科在 1994 年因参与调查一起针对别列佐夫斯基的炸弹袭击事件而与后者结识，其后一直与之过从甚密。来到英国后，他每月从别列佐夫斯基设立的基金领取生活费，同时还从事咨询和中介的工作，介绍英国公司与它们感兴趣的俄罗斯人认识。

出逃后的利特维年科成为俄罗斯情报机构和普京政府的坚定反对者。2001年，利特维年科在纽约出版《俄联邦安全总局轰炸俄罗斯》，指责俄罗斯情报机构组织恐怖主义活动（其中包括1999年秋天在布伊纳克斯克、莫斯科、伏尔加顿斯克实施对民宅的轰炸，准备在梁赞实施类似的轰炸）、绑架和暗杀。利特维年科在书中指出，这些行动的目的是帮助普京当选总统。2002年，利特维年科出版《卢比扬卡罪犯集团》，指责克格勃和俄联邦安全总局贪污、受贿，与许多绑架、暗杀等犯罪行为关系密切。

利特维年科经常在接受媒体采访时，披露各种关于普京政府及其本人的“内幕”消息。此外，他还利用多年的人脉关系调查普京及其团队的腐败问题，以及俄罗斯国内的一些案件，其中包括以报道车臣问题而闻名的俄罗斯《新报》女记者、异议人士安娜·波里科夫斯卡娅遇害案件。

在2006年之前，利特维年科的故事与众多叛逃外国的俄罗斯情报官员的大同小异。但在2006年11月，当他因罕见病情被送医，利特维年科这个名字因前情报官员的身份、离奇的病情和无法确定的病因受到世界舆论的广泛关注。

据英国警方的调查和当事人的回忆，利特维年科于2006年11月1日14时来到伦敦市中心的皮卡迪利广场，在一家日本寿司店与意大利安全专家斯卡拉梅拉见面。据利特维年科回忆，斯卡拉梅拉表现得有些紧张，没有吃东西，只喝了些水。与斯卡拉梅拉分手后，利特维年科去了一趟别列佐夫斯基在伦敦的办公室，似乎是为了打印某些文件。16时左右，利特维年科来到位于格罗夫纳广场的千年饭店，在酒吧与一位认识的俄罗斯商人安德烈·卢戈沃伊会面。与安德烈·卢戈沃伊一起见利特维年科的还有他的合作伙伴兼朋友德特里·科夫图恩和维亚切斯拉夫·索科连科。19时30分，利特维年科返回了位于伦敦北部莫斯维尔山的家中。当晚，利特维年科因身体不适被送往医院。此后他的身体状况持续恶化，一度依靠生命支持系统维持生命。11 月 23 日，利特维年科不治身亡。

英国医生一开始认为利特维年科是金属铊中毒，后来又推翻了这种说法。11 月 24 日，英国卫生防护局宣布，利特维年科死于放射性元素钋－210 中毒，他们在利特维年科的尿液中检测到了这种放射性元素的残留物。

事件爆发后，11 月 1 日与利特维年科接触过的人都成为了怀疑对象。据马里奥·斯卡拉梅拉说，他在寿司店交给利特维年科一些关于杀害安娜·波里科夫斯卡娅的一个“圣彼得堡暗杀小组”的资料，这个“暗杀小组”正在计划除掉他和利特维年科，但马里奥·斯卡拉梅拉声称，他与利特维年科的死无关，并对自己的生命感到担心。马里奥·斯卡拉梅拉是原意大利议会委员会顾问，从事冷战期间苏联情报机构在意大利活动方面的研究。12 月 24 日，马里奥·斯卡拉梅拉在那不勒斯被意大利警方逮捕，原因是警方怀疑他在一起非法运输放射性铀的案件中做假证、泄露工作秘密、倒卖武器。

安德烈·卢戈沃伊在莫斯科召开记者招待会，宣称自己是无辜的，也遭到了放射性钋－210 的辐射，并声称他和利特维年科认识了 10 多年，最近几年经常有工作方面的交往。安德烈·卢戈沃伊是原俄联邦警卫总局人员，曾担任别列佐夫斯基的警卫。

虽然世界各国媒体对伤害利特维年科的元凶做出了多种猜测，但利特维年科本人及其亲属接受媒体采访时，都将矛头直指俄罗斯政府和情报机构。利特维年科在去世前委托朋友公布的一封声明信件中，甚至明确宣称俄罗斯总统普京应该对他的中毒事件负责。这种说法被西方媒体大肆渲染，有媒体猜测，利特维年科虽已离开俄罗斯，但他仍有关于普京情况的可靠的情报来源，并且多次曝光普京的负面消息，这令普京十分不满。还有媒体称，2006 年 10 月 28 日，利特维年科收到马里奥·斯卡拉梅拉的电子邮件，后者自称手里握有波里科夫斯卡娅遇害的内幕资料，要求面谈。而俄联邦安全总局官员很可能截获了利特维年科和斯卡拉梅拉的电子邮件联系情况。当他们看见利特维年科已经拿到了调查文件，就决定将他毒杀。

相对于西方媒体的强烈反应和热烈炒作，俄媒体对利特维年科中毒身亡事件的反应比较谨慎。俄罗斯政府和情报部门则对外界的怀疑和猜测予以断然否认。2006 年 11 月 20 日，克里姆林宫发言人德姆特里·巴斯科夫表示，俄罗斯对外情报局绝对不可能参与这样毫无意义的事件。俄罗斯对外情报局发言人谢尔盖·伊万诺夫当天也表示，他们与利特维年科的中毒案没有任何关系，对俄罗斯对外情报局的指控是毫无根据的，俄情报机构早就停止使用下毒以及任何其他暗杀手段。对于利特维年科临终时的控诉，普京总理表现得愤怒但大度。他并没有三缄其口，而是大大方方地回击这是"毫无根据的政治丑闻"、"被政治敌人利用的悲剧"，并表示愿意为有关调查提供帮助。俄罗斯国防部长伊万诺夫 12 月 15 日晚会见外国记者时表示，西方媒体将利特维年科描述成被俄罗斯谋杀的特工，让他想到了冷战时期的西方宣传方法。俄罗斯其他官员此前也曾经表示，如果莫斯科想要针对一个叛变的前情报官员，那么要有很多比利特维年科更合适的人选。

英国警方从事件爆发后便开始介入调查，半年后的 2007 年 5 月 22 日，英国皇家检察院检察长肯·麦克唐纳宣布，决定控告安德烈·卢戈沃伊有预谋地毒杀利特维年科。麦克唐纳还表示，英国方面要求将卢戈沃伊从俄罗斯引渡至英国以便进行审判。

对于英国的控告，俄总检察院当日便表示不会同意引渡卢戈沃伊。5 月 31 日，卢戈沃伊在莫斯科召开新闻发布会，再次坚称自己无辜。他还对利特维年科中毒案提出了新说法，即利特维年科是被英国情报机构或别列佐夫斯基下手毒杀的。他向媒体披露，利特维年科是英国情报机构的间谍，曾试图拉拢他为英情报机构服务，并指派他搜集有损俄总统普京及其家庭名誉的信息，以及俄联邦安全总局有关英国的情报。对此，俄联邦安全总局宣布，在对卢戈沃伊提供的情况进行审核后，俄决定就利特维年科遇害相关案件展开刑事调查。

其实，从利特维年科遇害之初，俄方就开始怀疑别列佐夫斯基与案件“有染”。包括俄罗斯国家杜马国家事务委员会主席康斯坦丁·科萨切夫在内的一些俄罗斯官员还公开表示，别列佐夫斯基是俄罗斯叛逃特工中毒案的“关键人物”，认为别列佐夫斯基靠牺牲利特维年科制造事端，借机指责莫斯科卷入政治谋杀。一直以来，俄罗斯政府对英国政府给别列佐夫斯基提供政治避难十分愤怒。2007年4月，别列佐夫斯基在接受英国《卫报》记者采访时宣称，“俄罗斯是极权政权，有必要用武力将其推翻。”后来，俄联邦安全总局调查发现，别列佐夫斯基不仅公开煽动武力推翻俄罗斯现政权，还出资雇人在俄境内从事相关活动。俄总检察院将此作为刑事案件立案调查，向英方提出终止别列佐夫斯基的难民身份，将其引渡回俄罗斯的要求。但2007年7月5日，英国检察机构以别列佐夫斯基有权“坚持自己的行为方式”等为由，拒绝将其遣返回国。英国的态度引起俄罗斯的强烈不满，俄总检察院当日便以俄宪法规定本国公民只能在本国受审为由，正式拒绝英国提出的引渡卢戈沃伊的要求，还指责伦敦警察厅提供的证据不足、不够客观，在刑事调查中带有政治偏见。

利特维年科中毒案掀起的风波不可避免地波及到了英俄两国的政治关系。2006年11月案件爆发后，由于英国各界均认为俄罗斯政府和情报机构为幕后主使，两国间的关系便开始紧张起来。2007年5月两国之间上演的“引渡战”则使两国本来就冷淡的政治关系雪上加霜。俄总检察院5月22日表示俄不会向英国引渡卢戈沃伊后，英国外交大臣贝克特当日便召见了俄罗斯驻英国大使费多托夫，异常严厉地说，俄罗斯应对英国的合法要求予以正面、积极回应，尽管两国存在重要的政治、经济联系，“但任何情况下不应蔑视国际法。”

7月5日俄罗斯正式拒绝了英国引渡卢戈沃伊的要求后，英俄两国之间的外交危机愈演愈烈。7 月 10 日，英国外交部官员表示，对利特维年科的谋杀是一起非常严重的刑事案件，俄方拒绝引渡嫌疑人卢戈沃伊是不可接受的。英首相办公室发言人也认为，英国将继续寻求与俄罗斯发展建设性伙伴关系，但鉴于俄拒绝在利特维年科案件上予以合作，英国需要仔细考虑两国进行合作的情况。7 月 16 日，英国宣布，由于俄罗斯拒绝向英国引渡利特维年科一案的嫌疑犯卢戈沃伊，英国将驱逐 4 名俄外交官。7 月 19 日，俄罗斯外交部发言人米哈伊尔·卡梅宁宣布，作为对英方行为的回应，俄罗斯决定驱逐四名英国外交官，被驱逐的外交官应该在 10 天内离开俄罗斯。

两国还在签证问题上相互较量。首先是英国对俄罗斯官方人士的签证申请进行严格审查，作为回应，俄罗斯外交部宣布，俄罗斯官员不会访问英国，也不会接受英国官方人士的签证申请。有英国媒体评论说，这场“引渡战”和驱逐外交官风波使得英俄关系跌至 20 年来的最低点。

关于利特维年科是否为英国情报机构工作的问题，他本人生前始终否认。但 2007 年 10 月，英国《每日邮报》报道称，据来自情报机构和外交机构的可靠消息，利特维年科是由英国军情六局的局长约翰·斯卡雷特亲自招募，到英国后每月领取 2000 英镑的工资。这种说法遭到利特维年科妻子的否认。不过，2011 年 10 月，英国《星期日邮报》报道，他的妻子后来公开承认，利特维年科为英国情报充当打击欧洲境内的俄罗斯有组织犯罪方面的顾问，并得到数十万英镑的报酬。

利特维年科中毒身亡的真实原因目前仍然悬而未决，或许还将永远成为谜团，但不可质疑的是，这位俄罗斯情报机构的叛逃官员因神秘中毒身亡而声名大噪，而该事件也让人们联想起苏联克格勃制造的那些暗杀事件。

结　语

俄罗斯情报工作历史源远流长，早在沙皇俄国时期，便从早期的秘密警察队伍发展组建了完善的情报机构，在中央集权的专制主义中孕育产生的情报工作传统也对后来的情报工作产生了深远的影响。

苏联成立后，作为世界上最大的社会主义国家联盟，它不仅创造了人类历史上史无前例的政治体制模式，也打造了世界上最庞大的情报系统。苏联情报机构具有高度集权的情报工作体制，高效的情报官员管理机制，极强的人力情报搜集能力。在第二次世界大战和冷战期间，苏联情报机构充当了捍卫国家安全的第一道防线，为保卫苏联国家安全做出了突出的贡献，也在世界情报战争舞台上大放异彩，屡创辉煌，留下了浓墨重彩的一笔。

但是，在苏联高度集权的政治体制下形成的情报工作体制与国家政治生活密切联系，与苏维埃政权的命运休戚相关，因此，当政治体制积弊成疾、丧失活力时，情报体制不可避免地与它所维护的政治体制一同走向灭亡。

在“8·19”事件中，国家安全委员会作为苏联国家机器和政治势力的重要一环，扮演了关键角色。职权过于集中的国家安全委员会对国家政治生活的巨大干预能力，让叶利钦对情报机构产生了一种既利用又防备、既倚重又猜忌的矛盾而复杂的态度。在苏联解体之前，叶利钦便开始着手巩固和扩充俄罗斯情报机构，曾下令成立

“俄联邦安全和内务部”，最后被迫收回成命。后来，为稳固自己的执政根基，叶利钦又对情报机构采取“分而治之”的策略，对原国家安全委员会系统进行了大刀阔斧的改组，最终形成了联邦安全局、对外情报局、联邦政府通讯和信息局、联邦保卫局和联邦边防局等多个相互独立的情报部门。期间，叶利钦频繁地改组机构，更换机构首脑，仅从1991年到1995年，俄联邦安全总局就六易领导六改建制。

叶利钦希望各情报机构可以相互制约，达到权力制衡的目的，然而，实践表明，这些举措并未使各个情报机构发挥出应有的生机和活力，反而造成了机构间任务重叠、职权混乱，以及跨部门行动难以协调等各种弊端，机构改组过程中，也造成了情报官员的严重流失，俄罗斯情报系统整体工作能力下降，尤其是在打击民族分立主义、宗教极端主义、恐怖主义等行动中显得力不从心，也无法应对外国情报机构日益加强的对俄罗斯情报活动，给俄罗斯国家安全带来了极大的危害。

普京执政后，针对情报工作存在的迫切问题，因应俄罗斯国家安全战略的调整，重新确定了情报工作的重点方向，明确了情报工作的主要任务和重点内容，着力完善俄罗斯情报机构结构设置，对承担边防、特种通信与信息职能的机构进行了裁撤，相关职能进行了整合，打破了机构重叠、职能混乱的现象，完善了资源配置，提高了各情报机构之间的协调效率。同时，作为一名国家安全委员会情报官员出身的总统，普京十分重视加强情报机构的作用，提升情报系统在国家政权体系中的地位，并通过完善规章制度，加强内部人员的管理，改变情报工作的形象。

经过普京总统的改革，俄罗斯有效地扭转了当时情报工作实力下降、情报机构协调不力、情报工作效率低下、情报人员流失严重，以及情报工作质量下滑的趋势，情报系统的地位不断提高，作用不断增强，情报工作逐步走向正轨。

目前，俄罗斯建立了内外分立、分工明确的情报机构格局，形成了情报工作领导机制、协调机制和监督机制，在情报立法方面取得了长足的进步。未来，俄罗斯情报工作机制将进入成熟期，俄罗斯情报机构将在继承苏联时期优秀人力情报工作传统的同时，更多地发展技术情报，提升情报分析能力，为俄罗斯强国复兴提供重要保障。

图书在版编目（CIP）数据

俄罗斯情报组织揭秘／艾红，王君，慕尧著．—北京：时事出版社，2013.10

ISBN 978-7-80232-605-7

Ⅰ.①俄…　Ⅱ.①艾…　②王…　③慕…　Ⅲ.①情报机构—概况—俄罗斯　Ⅳ.①D751.236

中国版本图书馆 CIP 数据核字（2013）第 205651 号

出 版 发 行：时事出版社
地　　　址：北京市海淀区巨山村 375 号
邮　　　编：100093
发 行 热 线：（010）82546061　82546062
读者服务部：（010）61157595
传　　　真：（010）82546050
电 子 邮 箱：shishichubanshe@sina.com
网　　　址：www.shishishe.com
印　　　刷：北京百善印刷厂

开本：787×1092　1/16　印张：17.75　字数：230 千字
2013 年 10 月第 1 版　2013 年 10 月第 1 次印刷
定价：48.00 元